Die kleine AG

Eine Rechtsform für das mittelständische Unternehmen

RA Heinz-Peter Verspay
Dipl. Wirtsch.-Ing. (FH), Dipl.-Betr.-Päd. Andreas Sattler

2., aktualisierte und erweiterte Auflage

Kontakt & Studium
Band 561

Herausgeber:
Prof. Dr.-Ing. Wilfried J. Bartz
Technische Akademie Esslingen
Weiterbildungszentrum
DI Elmar Wippler
expert verlag

Die Deutsche Bibliothek – CIP-Einheitsaufnahme

Verspay, Heinz-Peter:
Die kleine AG : eine Rechtsform für das mittelständische Unternehmen / Heinz-Peter Verspay ; Andreas Sattler. – 2., aktualisierte und erw. Aufl., – Renningen-Malmsheim : expert-Verl., 2000
(Kontakt & Studium ; Bd. 561)
ISBN 3-8169-1847-6

ISBN 3-8169-1847-6

2., aktualisierte und erweiterte Auflage 2000
1. Auflage 1999

Bei der Erstellung des Buches wurde mit großer Sorgfalt vorgegangen; trotzdem können Fehler nicht vollständig ausgeschlossen werden. Verlag und Autoren können für fehlerhafte Angaben und deren Folgen weder eine juristische Verantwortung noch irgendeine Haftung übernehmen. Für Verbesserungsvorschläge und Hinweise auf Fehler sind Verlag und Autoren dankbar.

Herausgeber-Vorwort

Bei der Bewältigung der Zukunftsaufgaben kommt der beruflichen Weiterbildung eine Schlüsselstellung zu. Im Zuge des technischen Fortschritts und der Konkurrenzfähigkeit müssen wir nicht nur ständig neue Erkenntnisse aufnehmen, sondern Anregungen auch schneller als der Wettbewerber zu marktfähigen Produkten entwickeln. Erstausbildung oder Studium genügen nicht mehr – lebenslanges Lernen ist gefordert!

Berufliche und persönliche Weiterbildung ist eine Investition in die Zukunft.

- Sie dient dazu, Fachkenntnisse zu erweitern und auf den neuesten Stand zu bringen
- sie entwickelt die Fähigkeit, wissenschaftliche Ergebnisse in praktische Problemlösungen umzusetzen
- sie fördert die Persönlichkeitsentwicklung und die Teamfähigkeit.

Diese Ziele lassen sich am besten durch die Teilnahme an Lehrgängen und durch das Studium geeigneter Fachbücher erreichen.

Die Fachbuchreihe Kontakt & Studium wird in Zusammenarbeit des expert verlages mit der Technischen Akademie Esslingen herausgegeben.

Mit ca. 500 Themenbänden, verfaßt von über 2.000 Experten, erfüllt sie nicht nur eine lehrgangsbegleitende Funktion. Ihre eigenständige Bedeutung als eines der kompetentesten und umfangreichsten deutschsprachigen technischen Nachschlagewerke für Studium und Praxis wird von den Rezensenten und der großen Leserschaft gleichermaßen bestätigt. Herausgeber und Verlag würden sich über weitere kritisch-konstruktive Anregungen aus dem Leserkreis freuen.

Möge dieser Themenband vielen Interessenten helfen und nützen.

Prof. Dr.-Ing. Wilfried J. Bartz   Dipl.-Ing. Elmar Wippler

Vorwort zur 2. Auflage

Die erste Auflage unseres Buches ist bald vergriffen gewesen - ein Beweis für das Interesse vieler Unternehmer an der Rechtsform der Aktiengesellschaft. Wir haben den Text für die zweite Auflage deutlich erweitert und insgesamt kritisch überarbeitet.

Köln/Schorndorf, im November 1999   Heinz-Peter Verspay
Andreas Sattler

Vorwort zur 1. Auflage

Die Aktiengesellschaft war wegen der hohen Anforderungen über Jahrzehnte hinweg in erster Linie die Rechtsform des großen, börsennotierten Unternehmens. Mit der Aktienrechtsreform des Jahres 1994 wurden einige Erleichterungen eingeführt, die die Verwendung dieser Rechtsform gerade für den Mittelstand wieder attraktiv machen. Die Aktiengesellschaft ist unter zwei Gesichtspunkten besonders interessant: die Eignung zur Gestaltung der Unternehmensnachfolge mit Trennung von Unternehmensleitung und Gesellschafterstellung und zur Eigenkapitalbeschaffung auf dem Kapitalmarkt.

Das Buch stellt in verständlicher Form die Grundzüge der für mittelständische Unternehmen praktisch wichtigen aktienrechtlichen Vorschriften dar. Es zeigt auf, wie die Aktiengesellschaft durch Neugründung oder durch Umwandlung bestehender Unternehmen errichtet wird. Einen großen Raum nimmt die Beschreibung der Funktionen und der Rechte und Pflichten von Vorstand, Aufsichtsrat und Hauptversammlung ein. Nicht behandelt werden die Bereiche des Aktienrechts, die für mittelständische Unternehmen von geringerer Bedeutung sind.

Das Buch wendet sich an Unternehmer, die den Bestand ihres Unternehmens mit der Rechtsform Aktiengesellschaft langfristig sichern wollen, ferner an Führungskräfte, die den Gesellschaftern des von ihnen geleiteten Unternehmens Vorschläge zur Gestaltung der Unternehmensverfassung zu unterbreiten haben.

Köln/Schorndorf, im November 1998   Heinz-Peter Verspay
Andreas Sattler

Inhaltsverzeichnis

1   Vorgeschichte; wirtschaftliche Bedeutung

Die Aktiengesellschaft ist im Vergleich zu der 1892 geschaffenen GmbH eine schon recht alte Rechtsform. In Preußen waren bereits vor 1800 Aktiengesellschaften errichtet worden. Die älteste börsennotierte deutsche Aktiengesellschaft ist die im Jahre 1826 gegründete Köln-Düsseldorfer Rheinschiffahrts AG. Einen großen Aufschwung nahm die Rechtsform der Aktiengesellschaft nach 1870.

In den folgenden Jahrzehnten sah der Gesetzgeber sich veranlaßt, die gesetzlichen Regelungen Schritt für Schritt zu reformieren. Das Ziel der letzten großen Aktienrechtsreform im Jahre 1965 war die Stärkung der Aktionäre und der Hauptversammlung sowie die Verbesserung der Publizität. Leitbild des Gesetzgebers war dabei die große, börsennotierte Publikumsaktiengesellschaft.

Die Folge der Verschärfungen des Aktienrechts mit ihrem Höhepunkt im Jahre 1965 war ein starker Rückgang der Zahl der Aktiengesellschaften. Während es Mitte der zwanziger Jahre ca. 13.000 Aktiengesellschaften gab, wurden im Jahre 1991 noch 2.682 gezählt. Dagegen gab es im Jahre 1960 37.901 Gesellschaften mit beschränkter Haftung, im Jahre 1991 bereits 433.731. Zwischenzeitlich sind diese Zahlen weiter gestiegen. Ende 1996 standen den rund 660.000 Gesellschaften mit beschränkter Haftung knapp 4.000 Aktiengesellschaften, von denen etwa ein Drittel an der Börse zugelassen ist, gegenüber.

Als wichtigste Ursache für die zurückhaltende Nutzung der Rechtsform Aktiengesellschaft durch mittelständische Unternehmer in der Vergangenheit galten die rechtsformbedingten Erschwerungen, insbesondere die unternehmerische Mitbestimmung der Arbeitnehmer über den Aufsichtsrat und die unnötig erscheinenden kostenauslösenden Formalitäten. Es war auch nicht einsehbar, warum etwa bei einer Familiengesellschaft mit einem Dutzend Gesellschaftern die gleichen Regeln gelten sollen wie z.B. bei einer Publikumsgesellschaft, deren Aktien sich in den Händen von mehreren hunderttausend Aktionären befinden.

Seit Mitte der achtziger Jahre wurde über Maßnahmen zur Erleichterung des Zugangs mittelständischer Unternehmen zum Eigenkapitalmarkt diskutiert. Dabei wurden zwei denkbare Lösungsmöglichkeiten angeboten: zum einen die Erleichterung des Handels vom GmbH- und Kommanditanteilen, zum anderen die Schaffung von Erleichterungen im Aktienrecht. Die zuerst genannte Mög-

1

lichkeit wurde nicht weiter verfolgt. Vielmehr sollte der Wechsel des mittelständischen Unternehmens in die Rechtsform der Aktiengesellschaft erleichtert werden.

In der amtlichen Begründung zum Gesetz für kleine Aktiengesellschaften und zur Regulierung des Aktienrechts heißt es, daß durch die neue Regelung die Attraktivität der Rechtsform Aktiengesellschaft für den Mittelstand mittels besonderer Vorschriften für kleine Aktiengesellschaften gesteigert werden solle. Expandierende Unternehmen dieser Größenordnung sollen in die Lage versetzt werden, Eigenkapital an der Börse zu beschaffen. Des weiteren soll die Struktur der Aktiengesellschaft den *Familiengesellschaften* helfen, den anstehenden Generationswechsel zu vollziehen und die Selbständigkeit zu sichern.

Mit der Änderung des Aktiengesetzes steht jetzt auch für Unternehmen, die auf absehbare Zeit noch gar nicht an den Börsengang denken, die Aktiengesellschaft als echte Alternative zur GmbH bzw. zur GmbH & Co. KG zur Verfügung. Der Gesetzgeber geht davon aus, daß ein zur Aktiengesellschaft umgewandeltes Unternehmen sich zunächst in der neuen Rechtsform einrichtet und, vergleichbar einer GmbH, einen überschaubaren Gesellschafterkreis beibehält. Die kleine Aktiengesellschaft ist damit sozusagen ein *Übungsinstrument* zur Gewöhnung an diese komplizierte Rechtsform. Wenn die Handhabung sich eingespielt hat und die Beteiligten dieses Instrument sicher beherrschen, dann wird die Scheu vor dem Börsengang wegfallen, das Unternehmen wird dem "Charme des going public" erliegen, wie es die damalige Bundesjustizministerin im Jahre 1994 formulierte.

Jeder Unternehmer sollte jetzt darüber nachdenken, wie die Rechtsform der Aktiengesellschaft nutzbar gemacht werden kann. Dabei spielen folgende Gesichtspunkte eine Rolle:

Eigenkapitalausstattung
Eine unzureichende Eigenkapitalausstattung wirkt sich als Hemmnis bei Investitionen aus mit der Folge, daß das Unternehmen nicht das nötige Wachstum erreicht und gegenüber Konkurrenten zurückfällt. Das Unternehmen ist zudem krisenanfälliger, weil das Fremdkapital auch in ertragsschwachen Phasen weiterbedient werden muß.

Durch den Gang an die Börse erschließen Gesellschaften sich den Eigenkapitalmarkt, an dem ihnen fremde Anleger, die Kapital plazieren wollen, gegenüberstehen. Die Zufuhr von Eigenkapital wird somit unabhängig gemacht von der finanziellen Kraft des bisherigen Gesellschafterkreises.

2

Generationswechsel im Mittelstand

Es ist weithin bekannt, daß dem deutschen Mittelstand ein gewaltiger Generationswechsel bevorsteht. Nach Schätzungen steht in ca. 700.000 Unternehmen in den nächsten zehn Jahren die Nachfolge an. Nicht selten ist aber in der zweiten oder dritten Generation das unternehmerische Engagement nicht mehr so stark ausgeprägt. Dazu kommt, daß in der Folgegeneration oftmals das Einvernehmen der Gesellschafter untereinander nicht mehr so gut ist wie bei den Gründern, daß also die Gefahr der Uneinigkeit besteht. Dies alles wirkt sich in der Aktiengesellschaft nicht bzw. nicht so gravierend aus, weil die Aktiengesellschaft von dem "unter eigener Verantwortung" handelnden Vorstand geleitet wird, der keinen Weisungen seitens der Aktionäre unterliegt. Die fehlende unternehmerische Qualifikation eines Aktionärs oder die Streitigkeiten von Aktionären untereinander schlagen somit nicht bis zur Geschäftsleitung durch. Schließlich wird der Generationswechsel dadurch erleichtert, daß die Aktiengesellschaft nicht durch Abfindungsansprüche ausscheidender Gesellschafter finanziell belastet wird.

Qualifiziertes Management

Stehen im Gesellschafterkreis keine hinreichend qualifizierten Personen zur Verfügung, so ist ein Außenstehender mit der Geschäftsleitung zu betrauen. Die Position des Vorstands einer Aktiengesellschaft ist leichter zu besetzen als die eines Geschäftsführers einer GmbH, weil für qualifizierte Führungskräfte ausschlaggebend sein kann, daß der Vorstand weisungsfrei ist und somit fehlendes Einvernehmen unter den Gesellschaftern sich nicht auf die Leitung des Unternehmens auswirkt und zudem das Amt des Vorstandes ein erheblich höheres Ansehen als das des Geschäftsführers hat.

Sicherung der Selbständigkeit

Ist ein Unternehmen unzureichend kapitalisiert, so ist der Inhaber in wirtschaftlich angespannten Zeiten möglicherweise zum Verkauf gezwungen. Beim Verkauf unter Druck läßt sich der wahre Wert des Unternehmens nicht immer realisieren. Durch rechtzeitige Hereinnahme von Eigenkapital gegen Ausgabe von Aktien läßt sich die Unabhängigkeit langfristig sichern.

Mitarbeiterbeteiligung

Durch die Ausgabe von Belegschaftsaktien wird nicht nur das Eigenkapital verstärkt, sondern auch die Bindung der Arbeitnehmer an das Unternehmen erhöht, ohne daß den Arbeitnehmern daraus bis in die Unternehmensführung wirkende gesellschaftsrechtliche Teilhaberechte erwachsen.

Belegschaftsaktien werden bislang insbesondere von börsennotierten Aktiengesellschaften ausgegeben. Bei nicht an der Börse notierten mittelständischen Aktiengesellschaften sind Preisbildung und Veräußerungsmodalitäten individuell zu regeln.

Die Aktienrechtsreform des Jahres 1994 zeitigt Erfolge, die Zahl der Aktiengesellschaften ist seitdem spürbar gestiegen. Ende 1998 bestanden laut Kapitalmarktstatistik der Deutschen Bundesbank 5.468 Aktiengesellschaften.

2 Änderungen des Aktiengesetzes seit dem Jahre 1994

Dieses Kapitel gibt einen Überblick zu den wichtigsten Änderungen des Aktiengesetzes seit 1994. Es hat mehrere Änderungen gegeben, die hier aber nicht alle dargestellt werden sollen. Der großen Aktienrechtsreform 1965 war eine mehr als zehn Jahre dauernde Vorbereitung vorausgegangen, nach deren Abschluß seinerzeit alle geplanten Neuerungen in einem einzigen großen Reformgesetz zusammengefaßt wurden. Heute geht der Gesetzgeber anders vor: die Änderungen werden Stück für Stück realisiert, die Aktienrechtsreform wird sozusagen in Raten betrieben.

2.1 Gesetz für kleine Aktiengesellschaften und zur Deregulierung

Die bedeutendste Reform des Aktienrechts seit 1965 war das "Gesetz für kleine Aktiengesellschaften und zur Deregulierung des Aktienrechts" vom 2.8.1994. Dabei erscheint die "kleine Aktiengesellschaft" nur als Bezeichnung in der Gesetzesüberschrift, im Gesetzestext kehrt der Begriff nicht wieder. Dennoch ist diese prägnante Bezeichnung nicht unzutreffend, denn bestimmte Vorschriften des Gesetzes knüpfen an Merkmale an, die weniger bei Großunternehmen als bei kleinen und mittelständischen Unternehmen vorliegen dürften. Für die kleine Aktiengesellschaft gelten grundsätzlich alle Vorschriften des Aktiengesetzes, wobei die weiter unten zusammengestellten Neuregelungen im Einzelfall Erleichterungen mit sich bringen.

Der Begriff der kleinen Aktiengesellschaft deckt sich nicht mit dem der kleinen Kapitalgesellschaft im Sinne des § 267 Abs. 1 HGB (dazu Kap. 9.1). So kann beispielsweise auch eine kleine Aktiengesellschaft wegen ihrer Bilanzsumme, ihres Umsatzes und der Zahl der Arbeitnehmer eine mittelgroße oder sogar große Kapitalgesellschaft im handelsrechtlichen Sinne und damit prüfungspflichtig sein. Umgekehrt gibt es kleine Kapitalgesellschaften im Sinne des § 267 Abs. 1 HGB, die die Erleichterungen der Aktienrechtsreform des Jahres 1994 nicht oder nicht allesamt in Anspruch nehmen dürfen, z. B. wenn die Aktionäre nicht alle namentlich bekannt sind; eine kleine Kapitalgesellschaft in der Rechtsform der Aktiengesellschaft, die bis zum 10. August 1994 in das Handelsregister eingetragen worden war, muß den mitbestimmten Aufsichtsrat auch dann beibehalten, wenn sie weniger als 500 Arbeitnehmer hat.

Folgende Neuregelungen aus dem Jahre 1994 sind hervorzuheben:

Gründerzahl, § 2 AktG
Die Aktiengesellschaft kann durch eine oder mehrere Personen gegründet werden; früher waren dazu mindestens fünf Personen nötig. Dabei wurden nicht selten Strohleute hinzugezogen, wodurch dieses gesetzliche Erfordernis ausgehöhlt war.

Mindestnennbetrag, § 8 Abs. 1 AktG
Durch das Zweite Finanzmarktförderungsgesetz vom 26.7.1994 wurde der Mindestnennbetrag der Aktie von 50 DM auf 5 DM zur Erhöhung der Attraktivität der Aktie und zur Angleichung an internationale Standards herabgesetzt. Zwischenzeitlich ist der Mindestnennbetrag noch weiter herabgesetzt worden, er beträgt seit dem 1.1.1999 nur noch 1 Euro.

Einzelverbriefung, § 10 Abs. 5 AktG
Bei allen Aktiengesellschaften und nicht nur bei der kleinen Aktiengesellschaft wurde ermöglicht, den Anspruch des Aktionärs auf Einzelverbriefung der Aktien durch die Satzung auszuschließen. Früher konnte der Aktionär verlangen, daß ihm jede Aktie einzeln ausgestellt wird. Bei einem Grundkapital von DM 100.000 und einer Stückelung von DM 100 waren nach früherem Recht demnach 1.000 Urkunden auszustellen - so entschieden vom Amtsgericht Köln auf die Klage eines Aktionärs im Jahre 1993 (AG Köln, WM 1993, S. 2010).

Nach der Neuregelung 1994 hatte der Aktionär zwar weiterhin einen Anspruch auf die Ausstellung von Aktien, aber nicht für jedes einzelne Stück, sofern die Satzung eine entsprechende Einschränkung enthält. Die Satzung konnte vorsehen, daß ein Aktionär nur die Ausstellung einer einzigen Urkunde für alle seine Aktien verlangen kann, oder aber daß er die Kosten für den Druck der Aktien übernehmen muß, wenn er sämtliche Aktien einzeln verbrieft haben will. Seit dem Jahre 1998 besteht die weitergehende Möglichkeit, den Verbriefungsanspruch gänzlich auszuschließen, dazu Kap. 3.4.

Einberufung, Tagesordnung, §§ 121 Abs. 4, 124 Abs. 1 AktG
Sind die Aktionäre der Aktiengesellschaft namentlich bekannt, so kann die Einberufung der Hauptversammlung ebenso wie die Bekanntmachung der Tagesordnung durch Einschreibebriefe an die Aktionäre erfolgen (dazu Kap. 8.4).

Vollversammlung, § 121 Abs. 6 AktG
Sind alle Aktionäre erschienen oder vertreten, findet also mit anderen Worten eine sogenannte Vollversammlung statt, so kann diese auch ohne vorherige frist- und formgerechte Einberufung als Hauptversammlung Beschlüsse fassen. Die Vollversammlung kann an jedem beliebigen Ort stattfinden und es können über jeden Gegenstand Beschlüsse gefaßt werden, sofern kein Aktionär der Beschlußfassung widerspricht. Für die Niederschrift der von der Vollversammlung

6

gefaßten Hauptversammlungsbeschlüsse gilt § 130 Abs. 1 AktG (dazu nachstehend); zur Vollversammlung siehe auch Kap. 8.4.

Niederschrift, § 130 Abs. 1 AktG
Früher war jeder Hauptversammlungsbeschluß notariell zu beurkunden. Nach der Neuregelung reicht bei einer nicht börsennotierten Aktiengesellschaft eine vom Aufsichtsratsvorsitzenden unterschriebene, beim Handelsregister einzureichende Niederschrift aus. Werden allerdings Beschlüsse gefaßt, für die das Gesetz eine Dreiviertelmehrheit oder mehr verlangt, so besteht für diese nach wie vor Beurkundungspflicht. Das gilt insbesondere für Satzungsänderungen und für Abschluß und Änderung von Unternehmensverträgen. Zur Niederschrift siehe Kap. 8.6.

Verwendung des Jahresüberschusses, § 58 Abs. 2 AktG
Nach § 58 Abs. 2 AktG sind Vorstand und Aufsichtsrat berechtigt, einen Teil des Jahresüberschusses, höchstens aber die Hälfte davon, in die Gewinnrücklagen einzustellen mit der Folge, daß dieser Betrag nicht an die Aktionäre ausgeschüttet werden kann. Diese gesetzliche Regelung war bis 1994 nach unten satzungsfest, konnte also nicht in der Weise durch die Satzung abgeändert werden, daß nur ein geringerer Anteil als die Hälfte von Vorstand und Aufsichtsrat thesauriert werden darf; erlaubt war hingegen die Satzungsregelung, daß mehr als 50 %, also zum Beispiel 75 % oder gar 100 %, von Vorstand und Aufsichtsrat in die Rücklagen eingestellt werden dürfen mit der Konsequenz, daß die Aktionäre nur über den Restbetrag in der Hauptversammlung beschließen konnten.

Seit der Gesetzesänderung kann nun bei der nicht börsennotierten Aktiengesellschaft die Satzung der Verwaltung (Vorstand und Aufsichtsrat) die Berechtigung zur Bildung von Rücklagen einschränken oder ganz entziehen mit der Folge, daß die Aktionäre einen höheren Teil des Jahresüberschusses, im äußersten Fall den gesamten Jahresüberschuß, auch gegen den Willen des Vorstands an sich ausschütten lassen können. Zu den Einstellungen in Gewinnrücklagen siehe Kap. 9.4 und 9.5.

Unternehmerische Mitbestimmung, § 76 BetrVG 1952
Aufgrund des § 76 des Betriebsverfassungsgesetzes 1952 unterliegen Aktiengesellschaften der Drittel-Mitbestimmung über den Aufsichtsrat. Die einzige Ausnahme bestand bislang für Familiengesellschaften mit weniger als 500 Arbeitnehmern. Nach der Neufassung der Vorschrift des § 76 Abs. 6 BetrVG 1952 sind die nach dem 10.08.1994, dem Zeitpunkt des Inkrafttretens des Gesetzes, eingetragenen Aktiengesellschaften mit weniger als 500 Arbeitnehmern generell von der Drittel-Mitbestimmung freigestellt. Für die vor diesem Stichtag in das Handelsregister eingetragenen Aktiengesellschaften mit weniger als 500 Arbeitnehmern bleibt es dabei, daß sie nur dann der Mitbestimmung nicht un-

terliegen, wenn es sich um Familiengesellschaften handelt. Mit dieser politisch sehr umstrittenen Einschränkung der Mitbestimmung ist ein nicht zu unterschätzendes psychologisches Hemmnis für die Gründung der Aktiengesellschaft weggefallen. Zur Mitbestimmung siehe Kap. 7.2.

2.2 Gesetz zur Bereinigung des Umwandlungsrechts

Ebenfalls im Jahre 1994 hat der Gesetzgeber.das Umwandlungsrecht grundlegend reformiert. Die zuvor in mehreren Gesetzen verstreuten Vorschriften wurden zusammengefaßt und geändert. Die bis 1994 im Aktiengesetz geregelten Tatbestände der Verschmelzung, Vermögensübertragung und "Umwandlung" (Formwechsel) sind seitdem nicht mehr im Aktiengesetz, sondern im Umwandlungsgesetz enthalten. Das Umwandlungsgesetz vom 28.10.1994 ist eine systematische und abschließende Regelung, welche Rechtsträger umgewandelt werden können, wer als übernehmender oder neuer Rechtsträger in Betracht kommt und wie diese Umwandlung rechtlich durchzuführen ist, und soll möglichst vielen Rechtsträgern erleichterte Umwandlungsmöglichkeiten eröffnen. Die durch Nichtberücksichtigung der Partnerschaftsgesellschaft entstandene Regelungslücke wurde im Jahre 1998 geschlossen (dazu Kap. 2.6). Das Umwandlungsgesetz ist bei der Umwandlung bestehender Unternehmen in die Rechtsform der Aktiengesellschaft von großer praktischer Bedeutung; zur Gründung der Aktiengesellschaft durch Umwandlung siehe Kap. 5.

2.3 Stückaktiengesetz

Durch Gesetz vom 25.03.1998 wurde die Stückaktie eingeführt. Der Aktiengesellschaft steht es danach frei, ob sie Nennbetragsaktien oder Stückaktien begibt (§ 8 AktG). Diese Formen können nicht nebeneinander bestehen, die Aktiengesellschaft muß sich auf eine von beiden festlegen. Bei der herkömmlichen Nennbetragsaktie ist ein Nennbetrag angegeben, z. B. 5 DM oder 1 Euro. Bei der Stückaktie fehlt diese Angabe. Die Aktie selbst läßt nicht erkennen, welchen Bruchteil am Grundkapital sie verkörpert. Diese Quote läßt sich nur mit Hilfe der Satzung rechnerisch ermitteln. Bestehen z. B. für eine Aktiengesellschaft mit einem Grundkapital von 1 Mio. Euro insgesamt 200.000 Stückaktien, so hat der Inhaber von 150.000 Aktien eine für Satzungsänderungen ausreichende Beteiligung von 75 %. Wird das Kapital erhöht durch Ausgabe neuer Aktien, so ändert sich die Beteiligungsquote, wenn der Altaktionär keine neuen Aktien übernimmt. Die Stückaktie selbst wird dadurch nicht berührt, da sie die Beteiligungsquote nicht zum Ausdruck bringt. Wird also im obigen Beispiel das Grundkapital erhöht auf 2 Mio. Euro, so errechnet sich für die 150.000 Aktien nur noch eine Beteiligungsquote von 37,5 %.

Die Einführung der Stückaktie wurde schon seit Jahrzehnten diskutiert, zuletzt vor der Aktienrechtsreform 1965. Den Befürwortern der Stückaktie ging es um die Abschaffung der Nennwertaktie im Hinblick darauf, daß der Nennwert einer Aktie keine Aussagekraft hat und zu falschen Vorstellungen über den Wert der Aktie verleiten kann (vgl. Funke, Die AG 1997, S. 385). Die Einführung des Euro hat dann den entscheidenden Impuls für die Einführung der Stückaktie gebracht. Mit der Stückaktie läßt sich die Umrechnung der Aktiennennwerte von DM auf Euro, die entweder zu ungeraden Beträgen führt oder eine Kapitalerhöhung notwendig macht, vermeiden.

2.4 Gesetz zur Kontrolle und Transparenz im Unternehmensbereich (KonTraG)

Das KonTraG vom 27.04.1998 brachte weitere wichtige Neuerungen.

Börsennotierung
Das Merkmal "börsennotiert" (§ 3 Abs. 2 AktG) ist von Bedeutung bei einigen Vorschriften des Aktiengesetzes, die die Inanspruchnahme von Erleichterungen davon abhängig machen, daß die betreffende Aktiengesellschaft nicht börsennotiert ist.

Beispiele:

§ 58 AktG   Satzungsmäßige Befugnis zu Einstellungen in Gewinnrücklagen
§ 110 AktG   Häufigkeit der Einberufung des Aufsichtsrats
§ 130 AktG   Niederschrift von Hauptversammlungsbeschlüssen durch den Aufsichtsratsvorsitzenden statt durch einen Notar.

Börsennotiert im Sinne des Aktiengesetzes sind nach der klarstellenden Neufassung des § 3 Abs. 2 AktG durch das Gesetz vom 16.07.1998 die Gesellschaften, deren Aktien zu einem Markt zugelassen sind, der von staatlich anerkannten Stellen geregelt und überwacht wird, regelmäßig stattfindet und für das Publikum mittelbar oder unmittelbar zugänglich ist. Erfaßt werden somit die Aktiengesellschaften, deren Aktien zum Amtlichen Handel und zum Geregelten Markt zugelassen sind einschließlich derjenigen, deren Aktien am Neuen Markt gehandelt werden; auch eine vergleichbare Auslandsnotierung ist umfaßt, nicht aber der Handel im Freiverkehr.

Erwerb eigener Aktien
Nach altem Recht war der Erwerb eigener Aktien durch die Aktiengesellschaft nur in ganz engen Ausnahmefällen zulässig, insbesondere zur Begebung von Belegschaftsaktien an Arbeitnehmer. Nach der neu eingeführten Vorschrift des § 71 Abs. 1 Nr. 8 AktG kann der Vorstand für die Aktiengesellschaft mit Ge-

nehmigung der Hauptversammlung eigene Aktien von Aktionären erwerben; dazu Kap. 6.5.1, Ziff. 3.

Berichtspflicht
Die Berichtspflicht des Vorstandes gegenüber dem Aufsichtsrat wurde durch das KonTraG erweitert auf die Unternehmensplanung, insbesondere die Finanz-, Investitions- und Personalplanung (§ 90 Abs. 1 Nr. 1 AktG; dazu Kap. 6.4).

Risikomanagement
Durch die Neuregelung des § 91 Abs. 2 AktG wird der Vorstand verpflichtet, geeignete Maßnahmen zu treffen, insbesondere ein Überwachungssystem einzurichten, damit den Fortbestand der Gesellschaft gefährdende Entwicklungen früh erkannt werden, sog. Risikomanagement (dazu Kap. 6.1.4).

Aufsichtsrat
Das KonTraG schränkt die Übernahme von Aufsichtsratsämtern ein. Auf die schon seit längerem geltende Höchstzahl von 10 Mandanten werden nunmehr die mit dem Aufsichtsratvorsitz verbundenen Ämter doppelt angerechnet (§ 100 Abs. 2 AktG).

Aktienbezugsrechte (Stock Options)
Nach ausländischen Vorbildern wurde die Möglichkeit zur Schaffung von Aktienoptionsplänen zu Gunsten des Vorstands und der Arbeitnehmer neu eingeführt (§§ 192, 193 AktG; dazu Kap. 6.2.3).

2.5 Euro-Einführungsgesetz

Durch das Euro-Einführungsgesetz vom 09.06.1998 wurde mit Wirkung vom 1.1.1999 der Mindestbetrag des Grundkapitals auf 50.000 Euro festgesetzt. Werden Nennbetragsaktien ausgegeben, so ist der Mindestbetrag 1 Euro, das ist gegenüber der Nennwertaktie mit 5 DM wertmäßig eine Halbierung. Aktiengesellschaften, die vor dem 01.01.1999 in das Handelsregister eingetragen worden waren, dürfen die Nennbeträge ihres Grundkapitals und ihre Aktien weiter in DM bezeichnen. Bis zum 31. Dezember 2001 dürfen Aktiengesellschaften neu eingetragen werden, deren Grundkapital auf Deutsche Mark oder auf Euro lautet. Danach dürfen Aktiengesellschaften nur eingetragen werden, wenn die Nennbeträge von Grundkapital und Aktien in Euro bezeichnet sind; das gleiche gilt für Beschlüsse über die Änderung des Grundkapitals (§ 1 Abs. 2 des Einführungsgesetzes zum Aktiengesetz).

2.6 Umwandlungsgesetz-Änderung

Durch Gesetz vom 22. Juli 1998 sind das Umwandlungsgesetz und das Partnerschaftsgesellschaftsgesetz geändert worden. Nunmehr kann auch die Partnerschaftsgesellschaft, das ist die im Jahre 1994 geschaffene besondere Gesellschaftsform für den Zusammenschluß von Angehörigen Freier Berufe, an Umwandlungsvorgängen nach dem Umwandlungsgesetz teilnehmen. So kann beispielsweise eine aus Ingenieuren bestehende, im Partnerschaftsregister eingetragene Partnerschaft durch Formwechsel in eine Aktiengesellschaft umgewandelt werden.

3 Die Aktie

Der Begriff der Aktie wird nicht einheitlich verwandt, er hat verschiedene Bedeutungen:

Als Aktie wird die *Mitgliedschaft* des Aktionärs an der Aktiengesellschaft bezeichnet. Diese Mitgliedschaft ist ein Rechtsverhältnis zwischen der Aktiengesellschaft und dem Aktionär, sie löst auf beiden Seiten bestimmte Rechte und Pflichten aus. Die vermögensrechtlichen Ansprüche sind gerichtet auf Dividende, auf den Bezug neuer Aktien bei Kapitalerhöhungen und auf Teilhabe beim Abwicklungserlös. Hinzu treten Verwaltungsrechte wie Stimmrecht, Anfechtungsrecht, Anspruch auf Auskunft sowie ggf. Entsendungsrechte. Hingegen erschöpfen sich die Verpflichtungen des Aktionärs regelmäßig in der Einzahlung der Einlage und des Aufgelds. Die in der Gründungsphase bestehenden weiteren Verpflichtungen werden weiter unten in Kapitel 4 dargestellt.

Ferner wird die *Beteiligungsquote* eines Aktionärs als Aktie bezeichnet, vergleiche § 1 Abs. 2 AktG. Die Beteiligungsquote eines Aktionärs ergibt sich aus der Relation zwischen dem Nennwert seiner Aktien und dem Betrag des Grundkapitals bzw. zwischen der Zahl seiner Aktien und der Gesamtzahl der begebenen Stückaktien.

Schließlich wird als Aktie die *Urkunde* bezeichnet, die die Mitgliedschaft verbrieft.

Nach § 53a AktG gilt der Grundsatz der *Gleichbehandlung* der Aktionäre. Ungeachtet dessen können die Aktien unterschiedlich ausgestattet sein:

- nach Art der Übertragbarkeit,
- nach Gattungen,
- nach der Form.

Die Bestimmungen darüber sind in der Satzung der Aktiengesellschaft zu treffen, wobei die Gründer die verschiedenen Merkmale teilweise nach ihren Vorstellungen kombinieren können.

3.1 Inhaberaktie/Namensaktie

Nach § 10 Abs. 1 AktG können Aktien auf den Inhaber oder auf Namen lauten.

Die auf den *Inhaber* lautende Aktie (§ 10 Abs. 1 AktG) kann wie eine bewegliche Sache durch schlichte Einigung und Übergabe an einen Dritten weiterübertragen werden (vgl. § 793 BGB). Wer Eigentum an dem die Aktie verkörpernden Papier erwirbt, der ist Aktionär, also Gesellschafter der Aktiengesellschaft. Zum Vergleich und zur Verdeutlichung: die Gesellschafterstellung an einer GmbH oder KG ist durch Abtretung zu übertragen, wobei die Abtretung bei der GmbH der notariellen Beurkundung bedarf.

Das Gegenstück zur Inhaberaktie ist die *Namensaktie*. Ob Inhaber- oder Namensaktien oder beide Arten von Aktien ausgegeben werden, steht im Ermessen der Gründer, es sei denn, die Aktien werden zunächst nur teilweise eingezahlt, dann *muß* die Aktie auf den Namen lauten (§ 10 Abs. 2 AktG). Bei der Namensaktie erfolgt die Übertragung in der Weise, daß das Papier übergeben wird und zudem auf der Aktie oder einem mit der Aktie verbundenen Anhang ein Indossament angebracht wird, d. h. der Übertragende muß zumindest unterschreiben (§ 68 Abs. 1 AktG i. V. m. Artikel 12, 13 WG).

Für die Namensaktien ist bei der Gesellschaft ein *Aktienbuch* zu führen, in das die Aktieninhaber mit Namen, Wohnort und Beruf einzutragen sind (§ 67 Abs. 1 AktG). In das Aktienbuch ist auf Verlangen jedem Aktionär Einsicht zu gewähren (§ 67 Abs. 5 AktG). Erwirbt jemand eine Namensaktie, so hat er dies gemäß § 68 Abs. 3 AktG der Aktiengesellschaft mitzuteilen. Unterläßt der Erwerber die Anmeldung, so gilt gemäß § 67 Abs. 2 AktG der Gesellschaft gegenüber weiterhin der Eingetragene als Berechtigter mit der Folge, daß der Erwerber die mitgliedschaftlichen Rechte nicht ausüben kann, zum Beispiel auf Zahlung von Dividende oder Teilnahme an der Hauptversammlung. Diese Regelung ist praktisch bedeutsam insbesondere bei der kleinen Aktiengesellschaft, die die Aktionäre gemäß § 121 Abs. 4 AktG brieflich zur Hauptversammlung einberufen will.

Aufgrund der Satzung kann die Aktie *vinkuliert*, d.h. ihre Übertragung an die Zustimmung der Gesellschaft gebunden werden (§ 68 Abs. 2 AktG). Die Ausgabe vinkulierter Namensaktien ist sinnvoll, wenn es Gründe gibt, den Zugang zum Aktionärskreis zu kontrollieren.

Beispiele:

- bei nicht voll eingezahlten Aktien, wo es auf die Zahlungsfähigkeit des Aktionärs ankommt,

- bei der Freiberufler-Aktiengesellschaft, wo bestimmte Qualifikationen gesetzlich vorgeschrieben sind,
- bei der Familien-Aktiengesellschaft, bei der keine Aktien an Familienfremde gelangen sollen.

Bei Inhaberaktien und nicht vinkulierten Namensaktien können die Aktionäre durch Abschluß entsprechender Vereinbarungen untereinander außerhalb der Satzung (Pool-/Konsortialverträge) die Veräußerbarkeit der Aktien einschränken und damit eine der Vinkulierung vergleichbare Wirkung erzielen.

In Deutschland hat immer noch die Inhaberaktie die größte Verbreitung., während z. B. in den USA die Namensaktie („Registered Share") Standard ist. Da die Führung des Aktienbuchs mittels elektronischer Datenverarbeitung keinen nennenswerten Mehraufwand für die Gesellschaft mehr mit sich bringt und die Verbriefung von Aktien im Regelfall nicht mehr stattfindet, gewinnt die Namensaktie in Deutschland zunehmend an Bedeutung; einige große Publikumsgesellschaften haben im Jahre 1999 auf die Namensaktie umgestellt.

Ob die Aktie als Namens- oder Inhaberpapier begeben wird, ist durch die Satzung festzulegen (§ 23 Abs. 3 Nr. 5 AktG). Sind Aktien gar nicht ausgefertigt, z. B. aus Kostengründen, so kann der Aktionär ggf. von der Aktiengesellschaft die Verbriefung verlangen und sodann über die ihm ausgelieferten Aktien verfügen. Die Übertragung der Aktionärsstellung bei unverbrieften Aktien geschieht durch Abtretung gemäß §§ 398, 413 BGB.

3.2 Stammaktie/Vorzugsaktie

Der nach § 53a AktG geltende Grundsatz der Gleichbehandlung der Aktionäre kann durch entsprechende Satzungsbestimmungen durchbrochen werden. Insbesondere kann die Satzung bei der Verteilung des Gewinns und des Gesellschaftsvermögens unterschiedliche Rechte gewähren, wobei Aktien mit gleichen Rechten eine *Gattung* bilden (§ 11 AktG). Bestehen mehrere Aktien, so sind das in der Praxis zumeist Stammaktien und Vorzugsaktien. Die mit allen Rechten ausgestatteten Aktien werden als Stammaktien bezeichnet. Der Inhaber der Vorzugsaktie genießt gegenüber dem Stammaktionär Priorität bei der *Dividendenzahlung*, denn bei der Ausschüttung werden erst die Vorzugsaktien mit der in der Satzung angegebenen Quote bedient. Ist der Bilanzgewinn dadurch verbraucht, so gehen die Stammaktionäre leer aus. Ferner werden auf Vorzugsaktien üblicherweise höhere Dividenden gezahlt (z. B. BMW-Vorzugsaktien: Vorabgewinn - Mehrdividende - DM 1 je 50 DM-Aktie für 1998).

Diese Bevorzugung wird mit dem Nachteil erkauft, daß Vorzugsaktien üblicherweise kein *Stimmrecht* gewähren (§§ 12 Abs. 1, 139 Abs. 1 AktG). Voraus-

14

setzung für den Stimmrechtsausschluß ist, daß die Aktien mit einem nachzuzahlenden Vorzug bei der Verteilung des Gewinns ausgestattet sind. Üblich ist ein fester Prozentsatz in Höhe von 4 - 6 % des Aktiennennbetrags. Fällt die Dividende aus und wird sie auch im Folgejahr nicht komplett nachgezahlt, so lebt das Stimmrecht auf bis zur vollständigen Begleichung des rückständigen Vorzugsbetrags (§ 140 Abs. 2 AktG). Die Vorzugsaktien dürfen nicht mehr als die Hälfte des gesamten Grundkapitals ausmachen (§ 139 Abs. 2 AktG). Vorzugs- und Stammaktien können gleichermaßen als Inhaber- oder Namensaktien ausgegeben werden und umgekehrt. Wegen des fehlenden Stimmrechtes werden Vorzugsaktien an der Börse oft zu einem niedrigeren Kurs als Stammaktien gehandelt.

3.3 Nennbetragsaktie/Stückaktie

Hinsichtlich der *Form* der Aktien besteht die Wahl, ob sie auf Nennbeträge lauten oder ob Stückaktien begründet werden; beide Formen können nicht nebeneinander bestehen. Bis zum Inkrafttreten des Stückaktiengesetzes waren ausschließlich Aktien möglich, die auf einen Nennbetrag lauten. Der Mindestnennbetrag belief sich bis 1965 auf DM 100, dann bis 1994 auf DM 50, seitdem auf DM 5 bzw. 1 Euro, wobei es nach oben keine Grenzen gibt. Die Aktien müssen auch nicht alle auf den gleichen Betrag lauten. Zwingend ist nur, daß der Nennbetrag auf volle Euro lautet oder bei Nennbetragsaktien in DM durch fünf teilbar ist.

Bei *Stückaktien* (dazu auch Kap. 2.3) bestimmt sich der Anteil des Aktionärs an der Aktiengesellschaft nach der Zahl der ausgegebenen Aktien (§ 8 Abs. 4 AktG). Der auf die einzelne Stückaktie entfallende anteilige Betrag des Grundkapitals darf 5 DM bzw. 1 Euro nicht unterschreiten (§ 8 Abs. 3 AktG). Durch die Einführung der Stückaktie wird für die Aktiengesellschaften die Umstellung von DM auf Euro technisch erheblich erleichtert. Zahlreiche Aktiengesellschaften haben davon Gebrauch gemacht.

3.4 Verbriefung

Für alle Aktien gilt, daß die Verbriefung nicht zwingend ist, daß also die Ausgabe von Aktienurkunden nicht notwendig ist.

Nach dem Aktiengesetz 1965 hatte der Aktionär einen Anspruch auf Ausstellung einer Urkunde für jede einzelne von ihm gehaltene Aktie; seit der Aktienrechtsderegulierung 1994 konnte die *Einzelverbriefung* durch eine entsprechende Satzungsbestimmung ausgeschlossen oder eingeschränkt werden, also zum Beispiel von der Übernahme der dadurch entstehenden Kosten durch den Aktionär abhängig gemacht werden (§ 10 Abs. 5 AktG). Der Verbriefungsanspruch als solcher konnte aber durch die Satzung nicht gänzlich entzogen werden, der Inhaber einer Mehrzahl von Aktien hatte daher immer zumindest einen Anspruch auf Erteilung einer *Globalaktie*, also einer Urkunde, die die von ihm gehaltenen Aktien zusammenfaßt. Durch das KonTraG wird die Möglichkeit eröffnet, die Verbriefung durch eine entsprechende Satzungsbestimmung gänzlich auszuschließen. Hintergrund dieser Gesetzesänderung ist die Umstellung auf den Euro. Die Kosten für Umstempelung oder Neudruck und Umtausch der Aktienurkunden sollen vermieden werden. Dazu kommt, daß Aktienurkunden seit langem an Bedeutung verlieren, der Aktienhandel wird heutzutage nicht mehr mit effektiven Stücken durchgeführt.

Die *Aktienurkunde* bedarf keiner besonderen Ausstattung, sie kann auch mit der Schreibmaschine ausgestellt werden. Die nach § 13 AktG erforderliche Unterzeichnung der Aktie geschieht durch den Vorstand entsprechend der Vertretungsregelung (§ 78 AktG). Die Unterzeichnung muß nicht eigenhändig erfolgen, die Vervielfältigung der Unterschrift reicht aus. Durch Satzungsbestimmung oder aufgrund eines Hauptversammlungsbeschlusses können zusätzliche Erfordernisse gemäß § 13 Satz 2 AktG begründet werden, z. B. die zusätzliche Unterschrift durch ein Aufsichtsratsmitglied. Für zum Börsenhandel zugelassene Aktien ist eine besondere Druckausstattung zwingend erforderlich, die insbesondere die Fälschungssicherheit gewährleistet (vgl. § 38 BörsG).

4   Gründung

Die Gründung der Aktiengesellschaft vollzieht sich in mehreren Schritten und läuft deshalb zeitlich gestreckt ab.

4.1   Errichtung der Aktiengesellschaft

Der erste Schritt ist die Errichtung der Gesellschaft durch die Gründer. Die Errichtung erfolgt durch Feststellung der Satzung und *Übernahme* aller Aktien durch die Gründer (§ 29 AktG).

Satzung ist die Bezeichnung des Gesellschaftsvertrages im Aktienrecht (§ 2 AktG); Gründer sind die Gesellschafter, die die Satzung festgestellt haben, und nur sie sind zur Übernahme der Aktien zugelassen. Die Satzung hat zwei Funktionen: zum einen ist sie die von den Gründern miteinander getroffene Vereinbarung über die Gesellschaftsgründung - davon abweichend wird bei der Einmann-Aktiengesellschaft die Satzung durch einseitiges Rechtsgeschäft festgestellt; zum anderen stellt die Satzung für die errichtete Aktiengesellschaft die von dem Gründerwillen verselbständigte rechtliche *Unternehmensverfassung* dar.

Übernahme der Aktien bedeutet, daß die Gründer eine einklagbare Verpflichtung zur Leistung der vereinbarten Einlagen eingehen. Die Einlage wird, wenn nicht Sacheinlagen festgesetzt sind, durch Geldzahlung geleistet (§ 54 Abs. 2 AktG). Die notariell zu beurkundende Gründungsurkunde muß die Aktienübernahmeerklärung mit folgenden Angaben enthalten (§ 23 Abs. 2 AktG):

- die Gründer,
- die Aktien, die jeder Gründer übernimmt,
- den eingezahlten Betrag des Grundkapitals.

Als *Gründer* kommen in Betracht natürliche und juristische Personen, ferner Personenhandelsgesellschaften (OHG, KG) und nach neuerer Rechtsprechung des Bundesgerichtshofs auch die Gesellschaften bürgerlichen Rechts (BGH NJW 1992, S. 499). Gründer kann nur sein, wer auch Aktien übernimmt.

Die von den Gründern übernommenen Aktien sind in der Gründungsurkunde detailliert *aufzugliedern* nach

- Nennbetrag/Zahl,
- Ausgabebetrag,
- Gattung
(§ 23 Abs. 2 AktG).

Bei Nennbetragsaktien sind Zahl und Nennbetrag, bei Stückaktien nur die Zahl der übernommenen Aktien anzugeben.

Ausgabebetrag der Aktien kann bei Nennbetragsaktien der Nennwert oder ein höherer Betrag sein; der Unterschiedsbetrag zwischen dem Nennwert und dem Ausgabebetrag ist das *Agio* (Aufgeld). Bei Stückaktien ergibt sich das Agio durch Ermittlung des Unterschieds zwischen dem Ausgabebetrag und dem rechnerisch auf die Aktie entfallenden anteiligen Betrag am Grundkapital. Unzulässig ist die Ausgabe von Aktien unterhalb des *geringsten Ausgabebetrags*, also zu einem niedrigeren Betrag als dem Nennwert bzw. bei Stückaktien dem auf die Aktie entfallenden anteiligen Betrag des Grundkapitals (§ 9 Abs. 1 AktG).

Die Angabe zur Gattung der von den Gründern übernommenen Aktien ist nur geboten, wenn nach der Satzung mehrere Gattungen von Aktien bestehen. Hauptfall in der Praxis ist die Begründung von stimmrechtslosen Vorzugsaktien neben Stammaktien (dazu oben Kap. 3.2).

Sind von den Gründern zum Zeitpunkt der Feststellung der Satzung bereits Einzahlungen auf das Grundkapital bewirkt worden, so ist dies nach § 23 Abs. 2 Nr. 3 AktG anzugeben.

4.2 Notwendiger Inhalt der Satzung

Die Satzung wird der Gründungsurkunde als Anlage beigefügt. Die Satzung muß zwingend folgende Bestimmungen treffen (§ 23 Abs. 3, 4 AktG):

4.2.1 Firma und Sitz

Die Firma ist der Name des kaufmännischen Unternehmens (§ 17 HGB). Die Vorschriften über die Firmierung sind durch das Handelsrechtsreformgesetz vom 22. Juni 1998 generell liberalisiert und vereinfacht worden. Die Firma der Aktiengesellschaft muß nicht mehr dem Gegenstand des Unternehmens entnommen sein, und statt des ausgeschriebenen Wortes Aktiengesellschaft kann auch eine Abkürzung, z. B. AG, als Rechtsformzusatz gebraucht werden (§ 4

AktG). Nunmehr sind für die Aktiengesellschaft Personalfirmen, Sachfirmen oder Phantasiefirmen zulässig, wenn sie nur drei Voraussetzungen erfüllen:

- die Firma muß zur Kennzeichnung geeignet sein und Unterscheidungskraft besitzen (§ 18 Abs. 1 HGB),
- die Firma darf keine irreführenden Angaben enthalten (§ 18 Abs. 2 HGB),
- wie bisher muß die Firma sich von allen an demselben Ort bestehenden eingetragenen Firmen deutlich unterscheiden (§ 30 Abs. 1 HGB).

Als den *Sitz* der Gesellschaft hat die Satzung in der Regel den Ort zu bestimmen, wo sie einen Betrieb hat oder wo sich die Geschäftsleitung befindet oder die Verwaltung geführt wird (§ 5 AktG). Gewöhnlich sind der Ort der Geschäftsleitung und der Ort der Verwaltungsführung derselbe. Die Aktiengesellschaft muß ihren Sitz im Inland nehmen.

4.2.2 Gegenstand des Unternehmens

Der *Gesellschaftszweck* ist in der Regel die Gewinnerzielung; der Unternehmensgegenstand bezeichnet demgegenüber das Mittel, mit dem der Gesellschaftszweck erreicht werden soll. Der *Unternehmensgegenstand* muß derartig individualisiert sein, daß der Schwerpunkt der Geschäftstätigkeit erkennbar wird. Anzugeben ist z. B., ob Produkte erzeugt, bearbeitet oder gehandelt werden; die Produkte sind der Art nach zu bezeichnen. Bei Dienstleistungsunternehmen ist die Tätigkeit anzugeben. Verbote und Beschränkungen aus anderweitigen gesetzlichen Vorschriften sind zu beachten, etwa für Angehörige bestimmter freier Berufe, für Arzneimittelhersteller, Bankhäuser usw.

4.2.3 Höhe des Grundkapitals

Das Grundkapital beträgt mindestens 50.000 Euro (§ 7 AktG). Bei der Gründung von Gesellschaften, die in dem Zeitraum vom 1.1.1999 bis zum 31.12.2001 eingetragen werden, kann das Grundkapital in Deutscher Mark oder in Euro (100.000 DM oder 50.000 Euro) ausgedrückt werden, danach nur noch in Euro.

4.2.4 Aufteilung des Grundkapitals

Nach § 23 Abs. 3 Nr. 4 AktG ist die Aufteilung des Grundkapitals mit folgenden Angaben in der Satzung darzustellen:

Zerlegung des Grundkapitals in Nennbetragsaktien oder Stückaktien, bei Nennbetragsaktien deren Nennbeträge und die Zahl der Aktien jeden Nennbetrags,

bei Stückaktien deren Zahl,

außerdem, wenn mehrere Gattungen bestehen, die Gattung der Aktien und die Zahl der Aktien jeder Gattung.

Die Nennbetragsaktien können, wie das Grundkapital auch, vorübergehend entweder in Deutscher Mark oder in Euro ausgedrückt werden, nach Ablauf der Übergangzeit nur noch in Euro. Bei Ausgabe von Aktien zum Mindestbetrag entstehen bei auf Deutsche Mark lautenden Aktien 20.000 Stück zu 5 DM, bei Ausgabe in Euro 50.000 Stück zu 1 Euro.

4.2.5 Inhaber- oder Namensaktien

Anzugeben ist, ob Inhaber- oder Namensaktien oder beide Aktienarten ausgegeben werden. Auch wenn beide Aktienarten nebeneinander bestehen, muß nicht angegeben werden, wie hoch die jeweilige Anzahl ist. Wenn die Aktien voll eingezahlt sind, besteht für die Gründer die freie Wahl, ob sie Inhaber- oder Namensaktien ausgeben. Solange die Aktien indessen nicht voll eingezahlt sind, müssen sie auf Namen lauten (§ 10 Abs. 2 AktG).

4.2.6 Zahl der Vorstandsmitglieder

Die Satzung kann festlegen, daß der Vorstand nur aus einer einzigen Person besteht (§ 76 Abs. 2 AktG). Sie kann auch eine höhere Zahl festlegen oder eine Mindest- und Höchstzahl vorgeben oder anordnen, daß die Zahl vom Aufsichtsrat festgelegt wird. Nach § 76 Abs. 2 S. 2 AktG hat der Vorstand bei Gesellschaften mit einem Grundkapital von mehr als 3 Mio. DM bzw. 3 Mio. Euro aus mindestens zwei Personen zu bestehen. Durch eine entsprechende Satzungsbestimmung können die Gründer bzw. die Aktionäre jedoch regeln, daß der Vorstand auch bei einem diese Beträge übersteigenden Grundkapital nur aus einer Person besteht. Unterliegt die Gesellschaft der Mitbestimmung nach dem Mitbestimmungsgesetz 1976 (dazu Kap. 7.2), ist als gleichberechtigtes Vorstandsmitglied ein Arbeitsdirektor zu bestellen (vgl. § 76 Abs. 2 S. 3 AktG i. V. m. § 33 MitbestG); der Vorstand besteht dann aus mindestens zwei Personen.

4.2.7 Bekanntmachungen der Gesellschaft

Ist die Aktiengesellschaft aufgrund des Aktiengesetzes oder ihrer Satzung zur Vornahme von Bekanntmachungen verpflichtet, so geschieht dies durch Einrücken in den *Bundesanzeiger* (§ 25 AktG).

4.2.8 Sondervorteile, Gründungsaufwand

Die Einräumung *besonderer Vorteile* bedarf gem. § 26 Abs. 1 AktG der Verankerung in der Satzung. Gemeint sind Gläubigerrechte, die Aktionären oder Dritten in sachlichem Zusammenhang mit der Gründung gewährt werden. Beispiele sind Warenbezugsrechte oder Ansprüche auf Umsatzprovision.

Des weiteren ist nach § 26 Abs. 2 AktG jeglicher *Gründungsaufwand*, der von der Aktiengesellschaft zu tragen ist, in der Satzung gesondert festzusetzen. Der Gründungsaufwand umfaßt Gründungsentschädigung und Gründerlohn. Die Gründungsentschädigung ist der Ersatz von Aufwendungen der Gründer für den beurkundenden Notar, Gerichts- und Veröffentlichungskosten, Gründungsprüfer und ggf. für den Druck von Aktienurkunden. Unter Gründerlohn versteht man unabhängig von der gewählten Bezeichnung sämtliche Tätigkeitsvergütungen an Gründer oder an Dritte für die Mitwirkung bei der Gründung und ihrer Vorbereitung, einschließlich der Honorare für Gutachten, Beratung oder Vermittlung, ferner die Bezüge des Vorstands vor der Eintragung der Aktiengesellschaft in das Handelsregister (siehe auch Kap. 4.3.2). Dies ist erwähnenswert im Hinblick darauf, daß auch die Unterlagen über den Gründungsaufwand der Einsichtnahme von jedermann unterliegen und überdies bekanntzumachen sind (vgl. Kap. 4.7.2 und 4.7.3).

Werden zu Lasten der Aktiengesellschaft Leistungen, die als Sondervorteile oder Gründungsaufwand zu qualifizieren sind, ohne satzungsmäßige Grundlagen erbracht, so hat die Aktiengesellschaft Rückforderungsansprüche gegen den Empfänger.

4.2.9 Sacheinlagen, Sachübernahmen

Nach § 27 AktG sind bei der *Sachgründung*, die mittels Sacheinlage oder Sachübernahme geschieht, bestimmte Festsetzungen in der Satzung zu treffen.

Sacheinlage ist jede Einlage, die nicht durch Geldzahlung zu erbringen ist. Einlagefähig sind indessen nur Vermögensgegenstände, deren wirtschaftlicher Wert feststellbar ist.

Beispiele:

Grundstücke, Darlehensforderungen, Betriebe, Gesellschaftsanteile, Patente.

Die Satzung muß den Gegenstand der Sacheinlage, die Person des einlegenden Gründers und den Nennbetrag der im Gegenzug zu gewährenden Aktien angeben.

Als *Sachübernahme* bezeichnet § 27 AktG die Übernahme von Vermögensge-genständen, insbesondere von vorhandenen oder herzustellenden Anlagen, durch die Gesellschaft. Der übernommene Vermögensgegenstand muß, wie die Sacheinlage auch, einen feststellbaren wirtschaftlichen Wert haben. Die Grün-der zahlen zunächst Bargeld in die Gesellschaft ein; diese erwirbt aus den ein-gelegten Mitteln den Vermögensgegenstand von einem Gründer oder von einem Dritten. Eine solche Sachübernahme ist wirtschaftlich das gleiche, wie wenn der Gründer den ihm gehörenden Vermögensgegenstand als Sacheinlage einbringt oder, wenn er nicht dessen Eigentümer ist, den Vermögensgegenstand von drit-ter Seite erwirbt und ihn als Sacheinlage einbringt; die Ähnlichkeit dieser Sach-verhalte rechtfertigt die Gleichbehandlung der Sachübernahme mit der Sacheinlage durch das Aktiengesetz.

Die Satzung muß bei der Sachübernahme den Gegenstand der Sachübernahme, die Person des Veräußerers und die Höhe der an ihn zu zahlenden Vergütung angeben.

Wird unter Verstoß gegen § 27 Abs. 1 AktG statt einer Bareinlage eine Sacheinlage geleistet, so erlischt die auf Geldzahlung gerichtete Forderung der Gesellschaft gegen den Gründer nicht. Dieser muß Zahlung leisten, er hat we-gen seiner Rückforderungsansprüche aus der fehlgeschlagenen Einlage weder das Recht zur Aufrechnung noch ein Zurückbehaltungsrecht gegenüber der Ge-sellschaft. Befindet sich die Gesellschaft in der Insolvenz, so gehen die Rück-forderungsansprüche möglicherweise in vollem Umfang ins Leere.

Bleibt der Wert des durch Sachgründung eingebrachten Vermögensgegenstan-des hinter dem Wert der übernommenen Aktien (Nennbetrag zuzüglich Auf-geld, vgl. § 36a Abs. 2 S. 3 AktG) zurück, so ist der sacheinlagepflichtige Gründer verpflichtet, den *Unterschiedsbetrag* in bar zu leisten (Differenzhaf-tung). Bei Bestehen von Leistungsstörungen nach dem Bürgerlichen Gesetz-buch (Unmöglichkeit, Verzug, Rechts- oder Sachmängel) ist der betreffende Gründer ebenfalls zur baren Deckung verpflichtet. Ist also beispielsweise der Wert des Gegenstands durch einen Sachmangel gemindert, so ist der Minde-rungsbetrag in bar aufzufüllen.

Beispiel:

Der Gründer hat sich zur Einlage eines Personenwagens mit einem Zeitwert von 50.000 DM verpflichtet, wobei dieser Wert durch ein aktuelles Sachverständi-gengutachten belegt ist. Nach Erstellung des Gutachtens und vor der Eintragung der Gesellschaft in das Handelsregister wird das Auto zufällig beschädigt; einen

Schadensersatzpflichtigen gibt es nicht, eine Vollkaskoversicherung greift nicht ein.

Der Gründer muß die Wertdifferenz, die sich aus der Addition der Reparaturkosten und einer etwaigen Wertminderung ergibt, bei wirtschaftlichem Totalschaden den vollen Zeitwert, in bar einzahlen.

4.2.10 Grundsatz der Satzungsstrenge

Die meisten Satzungen beschränken sich allerdings nicht auf den vorstehend dargestellten Mindestinhalt, sondern treffen auch andere Regelungen. Dabei besteht für die Gründer aber nur ein begrenzter Spielraum, denn nach § 23 Abs. 5 AktG kann die Satzung von den gesetzlichen Vorschriften nur abweichen, wenn das ausdrücklich vom Gesetz zugelassen ist, und ergänzende Bestimmungen sind nur dann zulässig, wenn das Gesetz nicht eine abschließende Regelung enthält. Diese *Einschränkung der Satzungsautonomie* bezweckt den Schutz von Gläubigern und künftigen Aktionären.

Hier unterscheidet sich die Aktiengesellschaft ganz wesentlich von der GmbH. Die Vorschriften des GmbH-Gesetzes sind überwiegend dispositiv, das heißt sie können durch die Satzung abbedungen oder modifiziert werden, soweit das Gesetz sie nicht ausdrücklich als zwingend bezeichnet, z.B. § 51a Abs. 3 GmbHG, also genau umgekehrt wie bei der Aktiengesellschaft.

4.3 Bestellung des Aufsichtsrats, des Abschlußprüfers und des Vorstands

Mit der Errichtung der Aktiengesellschaft ist diese noch nicht handlungsfähig, deshalb sind im zweiten Schritt die Organe zu bestellen.

4.3.1 Bestellung des ersten Aufsichtsrats und des Abschlußprüfers

Die Beschlußfassung über die Bestellung der Aufsichtsratsmitglieder und des Abschlußprüfers für das erste Geschäftsjahr obliegt den Gründern. Sie beschließen mit einfacher Mehrheit, wobei die Teilnahme aller Gründer an der Abstimmung nicht zwingend erforderlich ist. Die Bestellung bedarf der notariellen Beurkundung (§ 30 Abs. 1 AktG), und sie findet in aller Regel unmittelbar im Anschluß an die Errichtung der Gesellschaft statt, so daß die Gründer zumeist vollständig teilnehmen.

Bei der Bestellung des ersten Aufsichtsrats sind mitbestimmungsrechtliche Vorschriften über die Bestellung von Arbeitnehmervertretern nicht anzuwenden (§ 30 Abs. 2 AktG); das gilt indessen nicht, wenn eine Sachgründung mit Einbringung oder Übernahme eines Unternehmens oder Unternehmensteils vorliegt (§ 31 AktG).

Entsteht die Aktiengesellschaft nicht durch Gründung, sondern durch Umwandlung, dann gilt wegen § 197 S. 2 UmwG die Vorschrift des § 30 Abs. 2 AktG nicht, vielmehr ist bei Vorliegen der Voraussetzungen der Aufsichtsrat unter Beachtung des Mitbestimmungsrechts (§ 76 BetrVG 1952, Mitbestimmungsgesetz, Montanmitbestimmung) zu bilden (vgl. Lutter, Rz. 33 ff. zu § 197 UmwG).

Die Mitglieder des ersten Aufsichtsrats können gemäß § 30 Abs. 3 AktG nicht für eine längere Zeit als bis zur Beendigung der Hauptversammlung bestellt werden, die über die Entlastung für das erste Geschäftsjahr beschließt, das sind praktisch höchstens 20 Monate. Der Grund dafür ist, daß den Arbeitnehmern, die in dem ersten Aufsichtsrat nicht vertreten sind, alsbald nach Entstehung der Aktiengesellschaft eine Beteiligung im Aufsichtsrat verschafft werden soll. Deshalb gilt diese Höchstdauer nicht, wenn bei Einbringung oder Übernahme eines Unternehmens bzw. einer Umwandlung der Aufsichtsrat von vornherein nach den mitbestimmungsrechtlichen Vorschriften zusammengesetzt ist (§ 203 UmwG). Die zeitliche Begrenzung des § 30 Abs. 3 AktG gilt auch dann nicht, wenn infolge der Umwandlung erstmals ein Aufsichtsrat zu bilden ist, denn dabei sind die mitbestimmungsrechtlichen Vorschriften bereits zu beachten.

Die *Auswahl* der von den Gründern zu Aufsichtsratsmitgliedern zu bestellenden Personen ist eine unternehmerische Entscheidung von nicht zu unterschätzender Tragweite. Die Wahl sollte auf erfahrene Unternehmerpersönlichkeiten mit guten Verbindungen sowie Branchenkenntnis fallen. Diese werden in der Lage sein, für das Unternehmen neue Kontakte zu knüpfen, und sie werden dem Vorstand als Partner für einen kritischen Dialog über die Unternehmensführung zur Verfügung stehen. Für die Position des Aufsichtsratsvorsitzenden werden oftmals aktienrechtlich erfahrene Juristen ausgesucht, die die Einhaltung der Vorschriften des Aktiengesetzes bei der Amtsausübung des Aufsichtsrats und bei den Hauptversammlungen gewährleisten können. Bei kleineren Aktiengesellschaften ist gelegentlich zu beobachten, daß Aufsichtsräte ohne nennenswerte berufliche Erfahrung aus dem familiären Umfeld bestellt werden. Die dadurch erzielte Kostenersparnis ist abzuwägen mit dem Nachteil, den der Verzicht auf die unternehmerische Beratung durch Außenstehende bedeutet. Kritisch ist auch die Bestellung von Beratern, die schon laufend für das Unternehmen tätig sind. Der Rat dieser Personen steht dem Vorstand ohnehin zur Verfügung, und es ist nicht ausgeschlossen, daß sie im Hinblick auf die eigenen wirtschaftlichen und vertraglichen Beziehung zu der Aktiengesellschaft in einen Interessenkonflikt geraten zu können. Steht bei mittelständischen Unternehmen der Generationswechsel an, so ist es in vielen Fällen sinnvoll, daß der Übernehmer in die Geschäftsleitung eintritt und der Übergeber sich auf die überwachende Funktion des Aufsichtsrats zurückzieht.

Die *Bestellung* des ersten Abschlußprüfers ist zu unterscheiden von der *Beauftragung* des Abschlußprüfers, d. h. der Herbeiführung des Vertragsabschlusses zwischen Aktiengesellschaft und Abschlußprüfer. Diesen Auftrag können die Gründer bereits im Namen der Aktiengesellschaft erteilen, sie können das aber auch dem Aufsichtsrat überlassen (§ 111 Abs. 2 S. 3 AktG).

4.3.2 Bestellung des Vorstands

Den Vorstand bestellen nicht die Gründer, das ist vielmehr Aufgabe des Aufsichtsrats (§ 30 Abs. 4 AktG; vgl. auch § 84 AktG für die eingetragene Aktiengesellschaft). Die Bestellung erfolgt durch mit einfacher Mehrheit zu fassenden Beschluß des Aufsichtsrats. Der Beschluß bedarf nicht der notariellen Beurkundung, er wird jedoch in der Praxis häufig der Einfachheit halber unmittelbar im Anschluß an die Beurkundung der Errichtung der Aktiengesellschaft und der Bestellung des Aufsichtsrats vom Notar mitbeurkundet.

Die *Aufgaben* des Vorstands in der Gründungsphase sind:

- Gründungsprüfung (§ 33 AktG),
- Anmeldung der Gesellschaft (§ 36 AktG),
- Einfordern der Bareinlagen bei den Gründern (§ 36a Abs. 1, § 63 AktG),
- Einfordern der an die Gesellschaft zu übertragenden Sacheinlagen (§ 36a Abs. 2 AktG),
- Vollzug von Sachübernahmeverträgen (§§ 27 Abs. 1, 37 Abs. 4 Nr. 2 AktG),
- Weiterführung eines durch Sachgründung eingebrachten Unternehmens,
- Maßnahmen zur Erhaltung von Sacheinlagen einschließlich der Abwehr von Rechtsverletzungen,
- Aufnahme der Geschäftätigkeit bei Vorliegen eines entsprechenden einstimmigen Beschlusses der Gründer,
- Ermittlung einer etwaigen Unterbilanz bei Aufnahme der Geschäftätigkeit vor Eintragung und Geltendmachung der anteiligen Haftung bei den Gründern (vgl. dazu Kap. 4.8 und 6.1.8).

Sofern dem Vorstand *Pflichtverletzungen* bei der Gründung unterlaufen, ist er der Gesellschaft zum Schadensersatz verpflichtet (§ 48 AktG). Der Vorstand ist insbesondere dafür verantwortlich, daß die Kapitaleinzahlungen an eine hierzu geeignete Stelle erfolgen und daß die eingezahlten Beträge zu seiner freien Verfügung stehen.

Der *Vergütungsanspruch* für die Tätigkeit als Vorstand ergibt sich aus dem Anstellungsvertrag, der üblicherweise im Zeitpunkt der Bestellung von Aufsichtsrat (§ 112 AktG) und Vorstand unterzeichnet wird. Nach herrschender Meinung im aktienrechtlichen Schrifttum ist die dem Vorstand bis zur Eintragung der Aktiengesellschaft im Handelsregister gezahlte Vergütung als Gründungsaufwand im Sinne des § 26 Abs. 2 AktG zu behandeln (dazu oben Kap. 4.2.8).

Mit der Aufnahme der Tätigkeit als Vorstand läuft die 5-Jahres-Frist des § 84 Abs. 1 S. 1 AktG an, nach deren Ablauf das Amt als Vorstand endet.

4.4 Gründungsbericht

Nachdem der Vorstand bestellt ist, haben die Gründer einen schriftlichen Bericht über den Hergang der Gründung zu erstatten (§ 32 Abs. 1 AktG). Der Gründungsbericht ist von allen Gründern zu unterschreiben. Der Bericht erstreckt sich auf alle für die Entstehung der Aktiengesellschaft wesentlichen Umstände, soweit sie bis zum Zeitpunkt der Prüfung eingetreten sind. Erforderlich sind somit insbesondere folgende Angaben:

- Errichtung der Aktiengesellschaft (Tag der Satzungsfeststellung, Höhe des Grundkapitals),
- Zahl und Aufgliederung der von jedem Gründer übernommenen Aktien,
- ggf. Höhe der geleisteten Einzahlungen,
- Tag der Bestellung des Aufsichtsrats, des Vorstands und des Abschlußprüfers,
- die Namen der Mitglieder des Aufsichtsrats und des Vorstands,
- Angabe, ob und in welchem Umfang bei der Gründung für Rechnung eines Mitglieds des Vorstands oder des Aufsichtsrats Aktien übernommen worden sind (§ 32 Abs. 3 AktG),
- Angabe, ob und in welcher Weise ein Mitglied des Vorstands oder des Aufsichtsrats sich einen besonderen Vorteil oder für die Gründung oder ihre Vorbereitung eine Entschädigung oder Belohnung ausbedungen hat (§ 32 Abs. 3 AktG),
- Personengleichheit von Gründern und Vorstands- und Aufsichtsratsmitgliedern.

Bei Vorliegen einer *Sachgründung* sind noch weitere Angaben zu machen (§ 32 Abs. 2 AktG). Und zwar haben die Gründer in dem Bericht die wesentlichen Umstände darzulegen, von denen die Angemessenheit der Leistungen für Sacheinlagen oder Sachübernahmen abhängt. Die Angemessenheit ist zu bejahen, wenn der Wert der Sacheinlagen oder Sachübernahmen den geringsten Ausgabebetrag (§ 9 Abs. 1 AktG) der dafür zu gewährenden Aktien oder den Wert der dafür zu gewährenden Leistungen erreicht (vgl. § 34 Abs. 1 Nr. 2

AktG). Anzugeben sind im Bericht z. B. die Beschaffenheit der eingebrachten oder übernommenen Gegenstände, bei Gründstücken etwa Größe und Lage und Mieterträge; dem ist der Nennbetrag bzw. bei Stückaktien der Anteil am Grundkapital der als Gegenleistung gewährten Aktien gegenüberzustellen. Nach § 32 Abs. 2 S. 2 AktG sind bei der Sachgründung im Bericht zwingend anzugeben - und ggf. durch Fehlanzeige ausdrücklich zu verneinen:

1. Die vorausgegangenen, auf den Erwerb der Sacheinlage durch die Aktiengesellschaft hinzielenden Rechtsgeschäfte der Gründer, die Sacheinlagen leisten;

2. die auf den Gegenstand verwandten Anschaffungs- und Herstellungskosten aus den letzten beiden Jahren. Mit Hilfe dieser Angaben ist feststellbar, ob die Gegenleistung der Gesellschaft höher ist als der Betrag, den der Einlegende selbst für den Gegenstand aufgewandt hatte;

3. beim Übergang eines Unternehmens auf die Gesellschaft die Betriebserträge aus den letzten beiden Geschäftsjahren. Unter Betriebsertrag ist der Jahresüberschuß im Sinne der §§ 266, 275 HGB zu verstehen.

4.5 Gründungsprüfung

Nach § 33 Abs. 1 AktG haben die Mitglieder des Vorstands und des Aufsichtsrats den Hergang zu prüfen. Daraus ergibt sich, daß die Prüfung nicht vor dem Zeitpunkt der Bestellung von Aufsichtsrat und Vorstand erfolgen kann; die Prüfung muß spätestens bis zur Anmeldung der Gesellschaft zum Handelsregister vorgenommen worden sein, denn der Prüfungsbericht ist der Anmeldung beizufügen. Die Prüfung kann vor der Einzahlung der Bareinlagen und vor der dinglichen Übertragung der Sacheinlagen an die Gesellschaft durchgeführt werden. Ist die Bareinzahlung im Zeitpunkt der Prüfung bereits erfolgt, so erstreckt sich die Prüfung auch darauf.

Zweck der Gründungsprüfung ist die Sicherstellung der ordnungsgemäßen Errichtung der Aktiengesellschaft im Interesse der künftigen Gläubiger und Aktionäre. Außerdem soll die gerichtliche Überprüfung der Gründung (§ 38 AktG) erleichtert werden. Seine besondere Bedeutung erhält der Gründungsprüfungsbericht dadurch, daß ihn jedermann beim Handelsregister einsehen kann (§ 34 Abs. 3 S. 2 AktG).

Wegen des umfassenden Zwecks der Prüfung sind alle tatsächlichen und rechtlichen Vorgänge, die mit der Gründung zusammenhängen, zu prüfen.

Beispiele:

die Feststellung der Satzung (§ 23 Abs. 1 AktG),
der Inhalt der Satzung (§ 23 Abs. 2 - 4 AktG),
die Bestellung der Organe und des Abschlußprüfers (§§ 30, 31 AktG),
der Gründungsbericht (§ 32 AktG).

Nach § 33 Abs. 2 AktG hat außerdem ein externer Prüfer, in der Regel ein Wirtschaftsprüfer oder vereidigter Buchprüfer, als *Gründungsprüfer* den Hergang der Gründung zu prüfen, wenn eine der folgenden Voraussetzungen vorliegt:

1. Ein Mitglied des Vorstands oder des Aufsichtsrats gehört zu den Gründern; das ist bei mittelständischen Unternehmen meistens der Fall, weil in der Regel einer der Gründer Mitglied des Vorstands oder des Aufsichtsrats wird;

2. bei der Gründung sind für Rechnung eines Mitglieds des Vorstands oder des Aufsichtsrats Aktien übernommen worden;
   mit dieser Regelung wird eine Umgehung von Ziffer 1 ausgeschlossen;

3. ein Mitglied des Vorstands oder des Aufsichtsrats hat sich einen besonderen Vorteil oder für die Gründung oder ihre Vorbereitung eine Entschädigung oder Belohnung ausbedungen hat;
   Hintergrund dieser Regelung ist die Überlegung, daß Vorstands- und Aufsichtsratsmitglieder nicht als objektive Prüfer tätig werden können, wenn es um die Beurteilung rechtlicher Beziehungen zwischen ihnen selbst und der Gesellschaft geht;

4. eine Gründung erfolgt mit Sacheinlagen oder Sachübernahmen.

Eine Gründungsprüfung gem. § 33 Abs. 2 AktG ist ferner durchzuführen, wenn eine formwechselnde Umwandlung in eine Aktiengesellschaft stattfindet (§§ 245 Abs. 1, 220 Abs. 3 UmwG).

In der Praxis bedeutet das, daß die externe Gründungsprüfung immer dann durchzuführen ist, wenn eine Sachgründung vorliegt oder die Aktiengesellschaft durch einen Formwechsel entsteht. Bei der reinen Bargründung wird der Gründungsprüfer nicht gebraucht, wenn nicht einer der Tatbestände der Ziffern 1- 3 erfüllt ist.

Ist die Gründungsprüfung durchzuführen, so erstreckt sich diese auch auf die Gründungsprüfungsberichte des Vorstandes und des Aufsichtsrates. Der Gründungsprüfer kann von den Gründern alle Aufklärungen und Nachweise verlangen, die für eine sorgfältige Prüfung notwendig sind (§ 35 Abs. 1 AktG). Die

Bestellung des Gründungsprüfers erfolgt nicht durch die Gründer oder die Organe der Gesellschaft, sondern durch das Amtsgericht nach Anhörung der Industrie- und Handelskammer (§ 33 Abs. 3 AktG).

In der Vorschrift des § 34 Abs. 1 AktG werden einige *Prüfungsgegenstände* besonders hervorgehoben:

- Prüfung, ob die *Angaben* der Gründer über die Übernahme der Aktien, über die Einlagen auf das Grundkapital und über die Festsetzungen nach §§ 26 und 27 richtig und vollständig sind (§ 34 Abs. 1 Nr. 1 AktG). Zu prüfen ist demnach insbesondere, ob die Bareinlagen, wenn sie denn schon geleistet worden sind, ordnungsgemäß eingezahlt worden sind und endgültig zur freien Verfügung des Vorstands stehen. Des weiteren erstreckt sich die Prüfung darauf, ob Sondervorteile eingeräumt sind und diese in der Satzung zutreffend festgesetzt sind unter Beachtung des § 26 Abs. 1 AktG. Ferner ist zu prüfen, ob der Gründungsaufwand (§ 26 Abs. 2 AktG) in der Satzung zutreffend festgesetzt ist. Im Zusammenhang damit ist zu prüfen, ob die Sondervorteile und der Gründerlohn der Höhe nach angemessen sind.

- Prüfung bei Vorliegen einer Sachgründung, ob der *Wert* der Sacheinlagen oder Sachübernahmen den geringsten Ausgabebetrag (§ 9 Abs. 1 AktG) der dafür zu gewährenden Aktien oder den Wert der dafür zu gewährenden Leistungen erreicht (§ 34 Abs. 1 Nr. 2 AktG).

Der *Prüfungsbericht* hat alle Punkte zu umfassen, auf die sich die Prüfung nach §§ 33, 34 AktG zu beziehen hat. Der Bericht muß so detailliert sein, daß das prüfende Gericht sich aufgrund der dargelegten Tatsachen ein eigenes Urteil über den Gegenstand der Prüfung bilden kann. Für die Sachgründung schreibt § 34 Abs. 2 S. 2 AktG vor, daß der Gegenstand jeder Sacheinlage oder Sachübernahme im Prüfungsbericht zu beschreiben und die bei der Ermittlung seines Wertes angewandte Bewertungsmethode anzugeben ist.

4.6 Anmeldung der Gesellschaft

Die Gesellschaft ist bei dem Amtsgericht, in dessen Bezirk sich ihr Sitz befindet, zur Eintragung in das *Handelsregister* anzumelden (§ 36 Abs. 1 AktG). Anders als bei der GmbH sind nicht alleine die Vorstandsmitglieder als die gesetzlichen Vertreter, sondern auch die Aufsichtsratsmitglieder und die Gründer anmeldepflichtig. Entsteht die Aktiengesellschaft durch formwechselnde Umwandlung einer GmbH, so sind deren Geschäftsführer zur Vornahme der Anmeldung verpflichtet (§ 246 Abs. 1 UmwG).

4.6.1 Zeitpunkt der Anmeldung

Die Anmeldung darf erst erfolgen, wenn auf jede Aktie der eingeforderte Betrag, mindestens 25 % des geringsten Ausgabebetrags, und das Agio - das Agio in voller Höhe und nicht lediglich zu 25 % - eingezahlt ist und die eingeforderten Beträge, nur gekürzt um etwa bereits beglichene Steuern und Gebühren, zur freien Verfügung des Vorstands stehen (§ 36 Abs. 2 AktG). Die *freie Verfügbarkeit* ist immer dann gegeben, wenn der Vorstand über das bei einer Bank eingezahlte Kapital uneingeschränkt verfügen kann; das ist nicht der Fall, wenn die Einlagen auf ein debitorisches Konto eingezahlt wurden und die Bank die Einzahlung mit dem Kontosaldo verrechnen kann. Zahlt bei der Einmann-Aktiengesellschaft der Gründer die Bareinlage nicht in voller Höhe ein, so hat er zusätzlich für den Teil der Geldeinlage, der den eingeforderten Betrag übersteigt, eine Sicherheit zu bestellen (§ 36 Abs. 2 S. 2 AktG); das entspricht der Rechtslage bei der GmbH (vgl. § 7 Abs. 2 S. 3 GmbHG).

Bei der Sachgründung ist es nicht erforderlich, daß der Gegenstand der Sacheinlage schon im Zeitpunkt der Anmeldung an die Aktiengesellschaft übertragen worden ist; die Vorschrift des § 36a Abs. 2 S. 2 AktG besagt, daß die Übereignung bzw. Abtretung der eingelegten Vermögensgegenstände binnen 5 Jahren ab der Eintragung in das Handelsregister vorzunehmen ist. Maßgeblich ist bei der Sacheinlage, daß die *Sacheinlagevereinbarung*, d. h. die Rechtspflicht zur Übertragung des Gegenstands an die Gesellschaft, wirksam gemäß § 27 Abs. 1 AktG begründet worden ist.

4.6.2 Inhalt der Anmeldung

Die Anmeldung bedarf gem. § 12 Abs. 1 HGB der notariellen Beglaubigung. Die Anmeldung muß gem. § 37 AktG folgendes enthalten:

1. Erklärung, daß auf jede Aktie, soweit nicht Sacheinlagen vereinbart sind, der eingeforderte Betrag (mindestens 25 % des geringsten Ausgabetrages und das Agio) ordnungsgemäß eingezahlt worden ist und, soweit er nicht bereits zur Bezahlung der bei der Gründung angefallenen Steuern und Gebühren verwandt wurde, endgültig *zur freien Verfügung* des Vorstands steht. Dabei sind der Betrag, zu dem die Aktien ausgegeben werden, und der darauf eingezahlte Betrag anzugeben. Die Einzahlung der Bareinlagen zur freien Verfügung des Vorstands ist durch *Bankbestätigung* nachzuweisen. Nachzuweisen sind ebenfalls die aus dem Einzahlungsbetrag gezahlten Steuern und Gebühren (z. B. Notar- und Gerichtskosten, Grunderwerbsteuern), und zwar nach Art und Höhe (§§ 37 Abs. 1, 36 Abs. 2 AktG).

2. Bei Sacheinlagen ist zu erklären, daß diese vollständig geleistet sind und ihr *Wert* dem Nennbetrag zuzüglich Agio entspricht.

3. Die Vorstandsmitglieder haben zu versichern, daß keine Umstände vorliegen, die ihrer Bestellung nach § 76 Abs. 3 S. 3 und 4 AktG entgegenstehen, und daß sie über ihre unbeschränkte Auskunftspflicht gegenüber dem Gericht, ggf. durch den beurkundenden Notar, belehrt worden sind. Der Zweck der Abgabe dieser Versicherung liegt darin, daß Personen, die nach einer rechtskräftigen Verurteilung wegen einer Konkursstraftat fünf Jahre lang kein Vorstandsamt übernehmen dürfen, nicht bestellt werden sollen. Entsprechendes gilt für Personen, die mit einem einschlägigen Berufsverbot belegt worden sind (§ 76 Abs. 3 S. 4 AktG).

4. In der Anmeldung ist anzugeben, welche *Vertretungsbefugnis* die Vorstandsmitglieder haben, also Gesamtvertretungs- oder Einzelvertretungsbefugnis (§ 37 Abs. 3 AktG).

4.6.3 Anlagen zur Anmeldung

Einige notwendige Anlagen zur Anmeldung sind bereits in Kapital 4.6.2 aufgeführt. Beizufügen sind des weiteren (§ 37 Abs. 4 AktG):

1. die Satzung und die Urkunden, in denen die Satzung festgestellt worden ist und die Aktien von den Gründern übernommen worden sind;
2. im Fall der §§ 26 (Sondervorteile, Gründungsaufwand) und 27 (Sacheinlagen, Sachübernahmen) die Verträge, die den Festsetzungen zugrundeliegen oder zu ihrer Ausführung geschlossen worden sind, und eine *Berechnung* des der Gesellschaft zur Last fallenden Gründungsaufwands; in der Berechnung sind die Vergütungen nach Art und Höhe und die Empfänge einzeln anzuführen;
3. die Urkunden über die Bestellung des Vorstands und des Aufsichtsrats;
4. der Gründungsbericht und die Prüfungsberichte der Mitglieder des Vorstands und des Aufsichtsrats sowie der Gründungsprüfer nebst ihren urkundlichen Unterlagen;
5. die Genehmigungsurkunde, sofern der Gegenstand des Unternehmens oder eine andere Satzungsbestimmung der staatlichen Genehmigung bedarf; z. B. Makler, Bauträger, Baubetreuer nach § 34c GewO; Steuerberater nach § 49 StBerG;
6. Unterschriftsproben der Vorstandsmitglieder (§ 37 Abs. 5 AktG).

4.7 Gerichtliche Prüfung, Eintragung, Bekanntmachung

Erst die nach Prüfung durch das Gericht erfolgende Eintragung in das Handelsregister läßt die juristische Person Aktiengesellschaft zur Entstehung gelangen und verleiht ihr die Fähigkeit, selbst Träger von Rechten und Pflichten zu werden (vgl. §§ 1 Abs. 1, 41 Abs. 1 AktG).

4.7.1 Prüfung durch das Gericht

Das Gericht prüft auf der Grundlage der Anmeldung und der beigefügten Unterlagen, ob die Gesellschaft ordnungsgemäß errichtet und angemeldet ist (§ 38 Abs. 1 AktG). Wenn das der Fall ist, nimmt das Gericht die Eintragung vor; bestehen Eintragungshindernisse, die behebbar sind, so hat das Gericht in der Regel den Beteiligten Abhilfe zu ermöglichen. Erscheinen die Mängel indessen nicht behebbar, so kann das Gericht die Rücknahme der Anmeldung zwecks Kostenersparnis anregen oder sogleich nach vorherigem rechtlichen Gehör durch einen mit Gründen zu versehenen Beschluß die Eintragung ablehnen.

Das Gericht prüft zunächst die Ordnungsmäßigkeit der Anmeldung, d. h. das Vorliegen der Voraussetzungen des § 37 AktG. Die inhaltliche Prüfung durch das Gericht erstreckt sich auf die ordnungsgemäße Errichtung der Aktiengesellschaft, insofern besteht weitgehend Deckungsgleichheit mit dem Prüfungsgebiet der Gründungsprüfung. Darüber hinaus ist die Vereinbarkeit mit der Rechtsordnung generell zu untersuchen, z. B. die Rechtsfähigkeit und die Vertretung von als Gründern auftretenden ausländischen juristischen Personen, die ordnungsgemäße Vertretung von nicht rechtsfähigen natürlichen Personen, die Zulässigkeit des Unternehmensgegenstands. Ergibt der Gründungsprüfungsbericht, daß der Wert der Sacheinlagen unzureichend ist, so kann die Eintragung nicht vorgenommen werden (§ 38 Abs. 2 AktG). Das Gericht kann dem betreffenden Gründer die Gelegenheit geben, die Wertdifferenz durch Bareinlage aufzufüllen. Entsprechendes gilt, wenn durch Aufnahme der Geschäftstätigkeit vor der Eintragung eine Unterbilanz eingetreten ist. Ist das Gericht der Auffassung, daß die Ansprüche der Gesellschaft gegen die Gründer auf Ausgleich der Unterbilanz mangels finanzieller Leistungsfähigkeit der Gründer ernsthaft gefährdet sind, muß es die Eintragung ablehnen.

Nicht jede Fehlerhaftigkeit der Satzung führt zwingend zur Ablehnung des Eintragungsantrags. Nach § 38 Abs. 3 AktG darf das Gericht in diesen Fällen die Eintragung nur ablehnen, wenn die fehlerhafte Regelung die nach § 23 Abs. 3 AktG oder anderen zwingenden gesetzlichen Vorschriften notwendigen Regelungen oder einzutragende bzw. vom Gericht bekanntzumachende Umstände betrifft, oder wenn sie gläubigerschützende Vorschriften betrifft oder die Nichtigkeit der Satzung zur Folge hat.

4.7.2 Inhalt der Eintragung

In das Handelsregister sind gemäß § 39 AktG einzutragen:

- Firma und Sitz,
- Gegenstand des Unternehmens,
- Höhe des Grundkapitals,
- Tag der Feststellung der Satzung,
- die Vorstandsmitglieder und deren Vertretungsbefugnis,
- ggf. die Bestimmungen über die Dauer der Gesellschaft oder über das genehmigte Kapital.

Die Eintragung erfolgt in Abteilung B des Handelsregisters. Die Eintragung und die mit der Anmeldung eingereichten Schriftstücke unterliegen der *Einsicht* von jedermann, ohne daß ein berechtigtes Interesse nachgewiesen werden muß (vgl. §§ 9 Abs. 1 HGB, 40 Abs. 2 AktG).

4.7.3 Bekanntmachung der Eintragung

Die Bekanntmachung der Eintragung erfolgt gemäß § 10 Abs. 1 HGB im *Bundesanzeiger* und mindestens in einem weiteren Blatt, in der Regel in einer bedeutenden örtlichen Tageszeitung. Die Bekanntmachung umfaßt nicht nur den Inhalt der Eintragung gemäß § 39 AktG (dazu Kap. 4.7.2), sondern auch die folgenden weiteren Angaben (§ 40 AktG):

- die zwingenden Satzungsbestimmungen nach § 23 Abs. 3 und 4 AktG (dazu Kap. 4.2.1 bis 4.2.7),
- ggf. die Satzungsbestimmung, daß auf Verlangen eines Aktionärs seine Inhaberaktie in eine Namensaktie und umgekehrt umzuwandeln ist (§ 24 AktG),
- ggf. die in der Satzung bestimmten weiteren Gesellschaftsblätter (§ 25 S. 2 AktG),
- Sondervorteile und Gründungsaufwand gem. § 26 AktG (dazu Kap. 4.2.8),
- Satzungsbestimmungen über Sacheinlagen und Sachübernahmen gem. § 27 AktG (dazu Kap. 4.2.9),
- Bestimmung der Satzung über die Zusammensetzung des Vorstands,
- der Ausgabebetrag der Aktien (dazu Kap. 4.1),
- Name und Wohnort der Gründer,
- Name, Beruf und Wohnort der Mitglieder des ersten Aufsichtsrats,
- Hinweis auf das jedermann zustehende Recht, die mit der Anmeldung eingereichten Schriftstücke bei Gericht einzusehen.

Die Bekanntmachung der Eintragung erfolgt nicht nur im Bundesanzeiger und dem dafür bestimmten weiteren Blatt, sondern auch durch Übermittlung einer Eintragungsnachricht an die Personen, die die Anmeldung bewirkt haben (§ 130 Abs. 2 FGG).

4.8 Wirkungen der Eintragung

Erst durch die Eintragung im Handelsregister entsteht die Aktiengesellschaft als juristische Person. Bis zu diesem Zeitpunkt hatte sie als Vor-Aktiengesellschaft bestanden. Die *Vor-Aktiengesellschaft* ist von der Rechtsprechung als eigenständige Organisationsform anerkannt. Sie entsteht bei Errichtung (§ 29 AktG) der Aktiengesellschaft durch mindestens zwei Gründer. Die Vor-Aktiengesellschaft ist eine teilrechtsfähige Gesamthandsgesellschaft eigener Art, kann also Träger von Rechten und Pflichten sein. Bei der Einmann-Aktiengesellschaft ist das anders; hier wird das dem Unternehmen zuzuordnende Vermögen des Gründers als dessen Sondervermögen behandelt, wenn er die ihm als Gründer obliegenden Verpflichtungen erfüllt hat und die Einlage geleistet ist (vgl. Hüffer, Rz. 17d zu § 41 AktG).

Kommt es nicht zur Eintragung in das Handelsregister, so haften die Gründer für die Verbindlichkeiten der Vor-Aktiengesellschaft, soweit diese nicht durch deren Vermögen gedeckt sind. Bei der Einmann-Aktiengesellschaft fällt das Sondervermögen an den Gründer zurück, der im übrigen ohne weiteres für die in der Vor-Aktiengesellschaft entstandenen Verbindlichkeiten haftet.

Der Vorstand haftet gemäß § 41 Abs. 1 S. 2 AktG für die von ihm vor der Eintragung der Aktiengesellschaft in deren Namen eingegangenen Verbindlichkeiten persönlich. Werden die Vorstandsmitglieder aus der *Handelndenhaftung* nach § 41 Abs. 1 AktG in Anspruch genommen, so haben sie Rückgriffsansprüche gegen die Gesellschaft. Wird die Aktiengesellschaft eingetragen, so erlischt die Handelndenhaftung.

Die Vermögensgegenstände, Verbindlichkeiten und Verträge der Vor-Aktiengesellschaft gehen im Zeitpunkt der Handelsregistereintragung im Wege der Gesamtrechtsnachfolge auf die Aktiengesellschaft über. Bleibt der Wert des Gesellschaftsvermögens im Eintragungszeitpunkt hinter dem Betrag des Nennkapitals zurück (*Unterbilanz*), so sind die Gründer der Aktiengesellschaft gegenüber zur Deckung des Verlustes und der Vorstand zur Geltendmachung dieses Anspruchs bei den Gründern verpflichtet (dazu Kap. 4.3.2).

Die Vor-Aktiengesellschaft ist zu unterscheiden von der *Vor-Gründungsgesellschaft*, die vor der Errichtung der Aktiengesellschaft zwischen den Gründern bestehen kann. Es handelt sich dabei um eine Gesellschaft bürgerlichen Rechts, die ohne Liquidation mit der Eintragung der Aktiengesellschaft im Handelsregister endet. Die in der Vor-Gründungsgesellschaft etwa entstandenen Rechte und Pflichten gehen nicht auf die Vor-Aktiengesellschaft oder auf die Aktiengesellschaft über.

4.9 Gründerhaftung

Die Gründer, also die Aktionäre, die die Satzung festgestellt haben (§ 28 AktG), sind der Gesellschaft gem. § 46 AktG für den Gründungshergang verantwortlich. Mit den Vorschriften über die Verantwortlichkeit der Gründer wird die Sicherung der Kapitalaufbringung bezweckt. Die Gründerhaftung knüpft an folgende Tatbestände an:

§ 46 Abs. 1 AktG
Die Gründer sind verantwortlich
- für die Richtigkeit und Vollständigkeit der Angaben, die zum Zwecke der Gründung der Gesellschaft über Übernahme der Aktien, Einzahlung auf die Aktien, Verwendung eingezahlter Beträge, Sondervorteile, Gründungsaufwand, Sacheinlagen und Sachübernahmen gemacht worden sind;
- für die Auswahl einer für die Annahme von Einzahlungen auf das Grundkapital geeigneten Stelle;
- daß die eingezahlten Beträge zur freien Verfügung des Vorstands stehen.

§ 46 Abs. 2 AktG
Eine Schadensersatzpflicht der Gründer tritt des weiteren ein, wenn die Aktiengesellschaft durch Einlagen, Sachübernahmen oder Gründungsaufwand vorsätzlich oder aus grober Fahrlässigkeit geschädigt wird. Das kann geschehen durch die Überbewertung von Sacheinlagen, überhöhte Vergütungen im Rahmen des Gründungsaufwands oder Scheinzahlung der Bareinlage.

§ 46 Abs. 4 AktG
Entsteht der Gesellschaft ein Ausfall dadurch, daß ein Aktionär zahlungsunfähig oder zur Leistung der Sacheinlage unfähig ist, so sind diejenigen Gründer schadensersatzpflichtig, welche die Beteiligung dieses Aktionärs in Kenntnis seiner Zahlungsunfähigkeit oder Leistungsunfähigkeit angenommen haben.

Ein Gründer ist nicht nach § 46 Abs. 1 und Abs. 2 AktG schadensersatzpflichtig, wenn er die die Ersatzpflicht begründenden Tatsachen weder kannte noch bei Anwendung der Sorgfalt eines ordentlichen Geschäftsmannes kennen mußte (§ 46 Abs. 3 AktG).

Gläubiger des Anspruchs ist grundsätzlich die Aktiengesellschaft, nicht etwa Gläubiger der Gesellschaft. Die Ansprüche richten sich außer gegen die Gründer auch gegen die Personen, für deren Rechnung die Gründer Aktien übernommen haben (§ 46 Abs. 5 AktG). Ferner können *andere Personen* neben den Gründern und deren Hintermännern nach § 47 AktG schadensersatzpflichtig sein, wenn sie

1. bei Empfang einer Vergütung, die entgegen den Vorschriften nicht in den Gründungsaufwand aufgenommen ist, wußten oder nach den Umständen annehmen mußten, daß die Verheimlichung beabsichtigt oder erfolgt war, oder wenn sie zur Verheimlichung wissentlich mitgewirkt haben;

2. im Fall einer vorsätzlichen oder grobfahrlässigen Schädigung der Gesellschaft durch Einlagen oder Sachübernahmen an der Beschädigung wissentlich mitgewirkt haben;

3. vor Eintragung der Gesellschaft in das Handelsregister oder in den ersten zwei Jahren nach der Eintragung die Aktien öffentlich ankündigen, um sie in den Verkehr einzuführen, wenn sie die Unrichtigkeit oder Unvollständigkeit der Angaben, die zum Zwecke der Gründung der Gesellschaft gemacht worden sind, oder die Schädigung der Gesellschaft durch Einlagen oder Sachübernahmen kannten oder bei Anwendung der Sorgfalt eines ordentlichen Geschäftsmannes kennen mußten.

Schließlich werden auch die Mitglieder des Vorstands und des Aufsichtsrats, die bei der Gründung der Aktiengesellschaft ihre Pflichten verletzen, über die Vorschriften des § 48 AktG neben den Gründern in die Haftung einbezogen; daneben kommt gem. § 49 AktG ferner eine Haftung der Gründungsprüfer nach Maßgabe des § 323 Abs. 1 bis 4 HGB in Betracht.

Zuständig für die Geltendmachung der Ansprüche aus Gründerhaftung einschließlich der Haftung bei Nachgründung aus § 53 AktG (dazu Kap. 4.10) ist grundsätzlich der Vorstand, sofern nicht wegen § 112 AktG die Vertretung beim Aufsichtsrat liegt (dazu Kap. 7.4). Vorstand bzw. Aufsichtsrat *müssen* diese Ansprüche geltend machen, wenn es die Hauptversammlung beschließt oder eine Minderheit von 10 % es verlangt (§ 147 Abs. 1 AktG). Wird die Geltendmachung von Ansprüchen aus Gründerhaftung weder von der Hauptversammlung beschlossen noch von einer – ausreichenden – Minderheit verlangt, so hat das Registergericht auf Antrag von Aktionären, deren Anteile zusammen 10 % des Grundkapitals oder 500.000 Euro erreichen, *besondere Vertreter* zu bestellen, wenn Tatsachen vorliegen, die den Verdacht rechtfertigen, daß der Gesellschaft durch Unredlichkeiten oder grobe Verletzungen des Gesetzes oder der Satzung Schaden zugefügt wurde; der gerichtlich bestellte Vertreter hat die Ansprüche geltend zu machen, wenn nach seiner pflichtgemäßen Beurteilung die

Rechtsverfolgung einen hinreichende Aussicht auf Erfolg bietet (§ 147 Abs. 3 AktG).

Zur Geltendmachung der Ansprüche aus Gründerhaftung kann auch die Hauptversammlung von vornherein besondere Vertreter bestellen, wenn sie die Durchsetzung der Ansprüche nicht dem Vorstand bzw. dem Aufsichtsrat überlassen will. Auf Antrag von Aktionären, deren Anteile zusammen 10 % des Grundkapitals oder 1 Mio. Euro ausmachen, bestellt das Registergericht, wenn ihm dies für eine gehörige Geltendmachung zweckmäßig erscheint, *andere* Personen (als die Mitglieder von Vorstand und Aufsichtsrat und den von der Hauptversammlung gewählten besonderen Vertreter) als Vertreter der Gesellschaft (§ 147 Abs. 2 AktG).

Die Ansprüche gegen die Mitglieder des Vorstands und des Aufsichtsrats können gem. § 48 S. 2 und § 93 Abs. 5 AktG auch von *Gläubigern* der Aktiengesellschaft geltend gemacht werden, soweit sie von dieser keine Befriedigung erlangen können. Das gilt nicht, wenn gegenüber den Gläubigern der Beweis geführt wird, daß keine gröbliche Verletzung der Sorgfalt eines ordentlichen und gewissenhaften Geschäftsleiters vorliegt.

Ein *Verzicht oder Vergleich* hinsichtlich der Ansprüche aus Gründerhaftung ist erst nach Ablauf von drei Jahren nach Eintragung der Gesellschaft in das Handelsregister möglich unter der Voraussetzung, daß die Hauptversammlung zustimmt und nicht eine Minderheit von 10 % der Aktionäre dem widerspricht (§ 50 AktG).

4.10 Nachgründung

Die in § 52 AktG geregelte Nachgründung ist nicht etwa eine der Bargründung oder der Sachgründung vergleichbare Gründungsmodalität, wie es die Bezeichnung nahelegt. Es geht dabei vielmehr um den Abschluß wirtschaftlich bedeutsamer Rechtsgeschäfte binnen zwei Jahren ab Gründung. Die dem Schutz der Aktionäre dienende Regelung des § 52 AktG verfolgt den Zweck, die Umgehung der Sachgründungsvorschriften und insbesondere der Gründungsprüfungsvorschriften (§§ 27, 32 ff. AktG) zu verhindern.

4.10.1 Anwendungsbereich

Die Vorschrift des § 52 AktG betrifft *Verträge* über den Erwerb von *Vermögensgegenständen*, insbesondere von vorhandenen oder herzustellenden Anlagen, die in den ersten zwei Jahren seit der Eintragung der Aktiengesellschaft in das Handelsregister geschlossen werden. Dabei werden nicht nur Geschäfte mit Gründern, sondern auch solche mit fremden Dritten erfaßt. Der Begriff des

Vermögensgegenstandes ist weit zu fassen, umfaßt also auch Forderungen gegen Dritte, sonstige Rechte (wie z. B. Gesellschaftsanteile, Patente), Sach- und Rechtsgesamtheiten sowie einen Kundenstamm oder den Goodwill, nicht aber Dienstleistungen. Auf die Art des Vertrages kommt es nicht an, deshalb werden außer Kaufverträgen auch beispielsweise Werkverträge erfaßt. Leasingverträge sind nicht bilanzierungsfähig und unterfallen deshalb nicht der Nachgründung. Die Nachgründungsvorschriften können nicht dadurch umgangen werden, daß ein einheitlicher wirtschaftlicher Vorgang in mehrere Verträge zerlegt wird. Auf der anderen Seite sind mehrere Verträge mit einem Vertragspartner grundsätzlich getrennt zu betrachten. Die Vorschrift des § 52 AktG ist auch dann anzuwenden, wenn im maßgeblichen Zeitraum eine Sachkapitalerhöhung (§ 183 AktG) erfolgt, die in ihrem Umfang 10 % des Grundkapitals übersteigt, ferner wenn die Aktiengesellschaft übernehmender Rechtsträger bei einer Verschmelzung oder Spaltung zur Aufnahme ist und die zu gewährenden Aktien 10 % des Grundkapitals übersteigen (§§ 67, 125 UmwG).

Weitere Voraussetzung des § 52 AktG ist, daß die Vergütung mehr als 10 % des Grundkapitals ausmacht. Maßgeblich ist die Höhe des Grundkapitals im Zeitpunkt des Vertragsschlusses. Die Gewinn- und Kapitalrücklagen bleiben außer Betracht. Wird das Grundkapital innerhalb des Zweijahreszeitraumes erhöht, so ist ab Eintragung der Durchführung der Kapitalerhöhung in das Handelsregister das höhere Grundkapital maßgebend.

Bei der Berechnung der Zweijahresfrist ist auf die Eintragung der Aktiengesellschaft in das Handelsregister abzustellen. Das gilt auch für eine Aktiengesellschaft, die durch Umwandlung eines seit langen Jahren bestehenden Unternehmens entstanden ist; maßgeblich ist hier die Eintragung der Umwandlung in die Aktiengesellschaft.

Die Vorschriften über die Nachgründung gelten nach § 52 Abs. 9 AktG nicht, wenn der Erwerb der Vermögensgegenstände den Gegenstand des Unternehmens bildet oder wenn sie in der Zwangsvollstreckung erworben werden. Während der Erwerb in der Zwangsvollstreckung in der Praxis keine große Rolle spielt, ist der andere Ausnahmetatbestand durchaus von Bedeutung. Maßgeblich ist der in der Satzung angegebene Unternehmensgegenstand (dazu Kap. 4.2.2); Hauptfall ist der Erwerb von Grundbesitz durch Immobiliengesellschaften. Aber auch die sogenannten Hilfsgeschäfte, also solche, ohne die der Unternehmensgegenstand nicht verfolgt werden kann, fallen unter den Ausnahmetatbestand. Das betrifft insbesondere den Erwerb von Gegenständen des Umlaufvermögens, also z. B. von Roh- und Hilfsstoffen für die Fertigung.

4.10.2 Rechtliche Bestimmungen für Nachgründungsverträge

Der Abschluß dieser Rechtsgeschäfte bedarf der Zustimmung der Hauptversammlung und - nach erfolgter Gründungsprüfung - der Eintragung in das Handelsregister.

Nachgründende Verträge sind in *Schriftform* zu schließen, sofern nicht gesetzlich eine strengere Form vorgeschrieben ist. Der Aufsichtsrat hat den Vertrag zu prüfen und einen schriftlichen Bericht zu erstatten (Nachgründungsbericht); für den Nachgründungsbericht gelten die Vorschriften über den Gründungsbericht (§ 32 AktG) sinngemäß. Des weiteren hat eine Prüfung durch einen Gründungsprüfer in analoger Anwendung der Vorschrift des § 33 AktG stattzufinden. Bei der Nachgründung gelten die Vorschriften über die Gründerhaftung gem. § 46 ff. AktG mit Ausnahme des § 48 über die Ersatzansprüche der Aktiengesellschaft sinngemäß (dazu Kap. 4.9).

Der geprüfte Vertrag ist der Hauptversammlung zur Zustimmung vorzulegen. Dabei ist der Vertrag vom Zeitpunkt der Einberufung der Hauptversammlung an in den Geschäftsräumen der Aktiengesellschaft zur Einsicht der Aktionäre auszulegen. Auf Verlangen ist jedem Aktionär unverzüglich eine Abschrift des Vertrages zu erteilen, der im übrigen in der Hauptversammlung auszulegen und vom Vorstand zu erläutern ist.

Der Zustimmungsbeschluß der Hauptversammlung bedarf einer Dreiviertelmehrheit; wird der Vertrag im ersten Jahre nach der Eintragung der Aktiengesellschaft in das Handelsregister geschlossen, müssen außerdem die Anteile der zustimmenden Mehrheit mindestens ein Viertel des gesamten Grundkapitals erreichen. Nach Zustimmung der Hauptversammlung hat der Vorstand den Vertrag zur Eintragung in das Handelsregister anzumelden, wobei der Anmeldung der Vertrag mit dem Nachgründungsbericht und dem Bericht des Gründungsprüfers beizufügen ist. Mit der Eintragung der Tatsache des Vertragsschlusses - nicht des Textes des Vertrages - unter Angabe des Tages des Vertragsschlusses, der Zustimmung der Hauptversammlung sowie des zu erwerbenden Vermögensgegenstandes, der Person des Veräußerers und der ihm zu gewährenden Vergütung, wird der Vertrag wirksam.

Ein ohne die Zustimmung der Hauptversammlung und Eintragung in das Handelsregister geschlossener nachgründender Vertrag ist ebenso wie eine etwaige Übereignung des Gegenstandes *schwebend unwirksam*. Das bedeutet allerdings nicht, daß der Veräußerer sich in der Schwebezeit gem. § 178 BGB von dem Vertrag durch Widerruf wieder lösen könnte. Der Veräußerer ist gebunden, und das Wirksamwerden des Vertrages hängt nur noch von der Hauptversammlung der erwerbenden Aktiengesellschaft ab. Der Vertrag wird endgültig unwirksam, wenn die Hauptversammlung dem Vertrag ihre Zustimmung versagt.

Ist die Zweijahresfrist des § 52 Abs. 1 AktG verstrichen, so können der Vorstand der Aktiengesellschaft und der Veräußerer dem nachgründenden Vertrag gem. § 141 Abs. 2 BGB durch *Bestätigung* zur Wirksamkeit verhelfen. Zu Beweiszwecken ist es dringend angeraten, die beiderseitige Vornahme der Bestätigung schriftlich zu dokumentieren. Dann braucht die Hauptversammlung nicht mehr zuzustimmen, um den Vertrag voll wirksam werden zu lassen, und das weitere Nachgründungsverfahren entfällt (vgl. Geßler/Eckardt, Rz. 13 zu § 52 AktG).

5 Umwandlung

Die Aktiengesellschaft kann durch Neugründung oder durch Umwandlung eines bestehenden Unternehmens errichtet werden. Das Aktiengesetz geht erkennbar von der Neugründung als dem Regelfall aus. Dies entspricht aber nicht der Wirklichkeit, denn neue Unternehmen beginnen durchweg als Einzelunternehmen, Personengesellschaft oder Gesellschaft mit beschränkter Haftung und nicht sogleich als Aktiengesellschaft. Die meisten neuen Aktiengesellschaften entstehen daher durch Umwandlung von bereits existierenden Unternehmen.

Rechtsgrundlage für die Errichtung der Aktiengesellschaft durch Umwandlung ist das Umwandlungsgesetz vom 28.10.1994.

5.1 Arten der Umwandlung

Die Umwandlung eines bestehenden Unternehmens in die Aktiengesellschaft kann durch Verschmelzung, Spaltung oder Formwechsel geschehen. Außer Betracht bleibt hier die Umwandlung gem. §§ 174 - 189 UmwG durch Vermögensübertragung unter Beteiligung von Körperschaften des öffentlichen Rechts oder von Versicherungsunternehmen. Ein bestehendes Unternehmen kann auch durch *Einbringung* im Rahmen einer Sachgründung bzw. einer Sachkapitalerhöhung in die Rechtsform der Aktiengesellschaft überführt werden; zur Einbringung Kap. 5.6.

5.1.1 Verschmelzung

Bei der Verschmelzung werden die Vermögen mehrerer Rechtsträger miteinander vereinigt. Die Verschmelzung kommt in Betracht, wenn mehrere Unternehmen zur Errichtung einer Aktiengesellschaft zusammengeschlossen werden sollen. Bei der Verschmelzung durch *Aufnahme* (§§ 4 ff. UmwG) geht das Vermögen des übertragenden Rechtsträgers auf den übernehmenden Rechtsträger über, bei der Verschmelzung durch *Neugründung* (§§ 36 ff. UmwG) gehen die Vermögen der an der Verschmelzung beteiligten Rechtsträger auf einen anderen, neu gegründeten Rechtsträger über. Der Übergang erfolgt im Wege der *Gesamtrechtsnachfolge*, wobei die übertragenden Rechtsträger ohne Liquidation aufgelöst und im Handelsregister gelöscht werden. Den Anteilsinhabern der übertragenden Rechtsträger werden im Gegenzug Anteile an dem aufnehmenden bzw. dem neugegründeten Rechtsträger gewährt. Die Verschmelzung wird in dieser Darstellung der kleinen Aktiengesellschaft nicht weiter behandelt.

5.1.2 Spaltung

Die Aktiengesellschaft kann auch aus der Spaltung eines bestehenden Unternehmens hervorgehen. Während durch die Verschmelzung eine Vereinigung von Vermögen erfolgt, bedeutet Spaltung die Trennung von Vermögen. Dies geschieht durch die drei Spaltungsarten Aufspaltung, Abspaltung und Ausgliederung (§ 123 UmwG).

Aufspaltung und *Abspaltung* haben gemeinsam, daß die Anteilsinhaber des gespaltenen Rechtsträgers nach erfolgter Spaltung an den aus der Spaltung hervorgegangenen neuen Rechtsträgern beteiligt sind. Auf- und Abspaltung werden hier nicht näher dargestellt.

Die *Ausgliederung* unterscheidet sich von Auf- und Abspaltung dadurch, daß die Beteiligung an dem Rechtsträger, der den ausgegliederten Vermögensteil übernimmt, nicht den Anteilsinhabern der ausgliedernden Gesellschaft zusteht, sondern der ausgliedernden Gesellschaft selbst. Die Ausgliederung ist deshalb vor allem dann ein interessantes Gestaltungsmittel, wenn ein Unternehmen nur mit einem bestimmten Unternehmenszweig und nicht als Ganzes die Rechtsform der Aktiengesellschaft anstrebt. Bei der Ausgliederung aus dem Vermögen eines Einzelkaufmanns (§§ 152 ff. UmwG) steht diesem die Beteiligung zu. Eine Ausgliederung kann auf bereits bestehende oder auf neugegründete Gesellschaften vorgenommen werden. Die Ausgliederung ist für den Einzelkaufmann die einzige Gestaltungsmöglichkeit, um für sein Unternehmen die Rechtsform der Aktiengesellschaft durch eine Umwandlung nach dem Umwandlungsgesetz zu erlangen; zur Ausgliederung aus dem Vermögen eines Einzelkaufmanns siehe Kap. 5.5.

5.1.3 Formwechsel

Durch Umwandlung mittels Formwechsel (§§ 190 ff. UmwG) ändert sich die Rechtsform, also die äußere Form, während die rechtliche und wirtschaftliche *Identität* gewahrt bleibt. Es handelt sich um denselben Rechtsträger vor und nach dem Formwechsel, ein Vermögensübergang findet nicht statt.

Wird also beispielsweise eine Kommanditgesellschaft in eine Aktiengesellschaft umgewandelt, so besteht die Veränderung darin, daß anschließend statt der Vorschriften des Handelsgesetzbuches die des Aktiengesetzes anzuwenden sind; es wurde lediglich das "Rechtskleid" gewechselt.

Der Formwechsel ist die in der Praxis bedeutsamste Art der Umwandlung, insbesondere zur Errichtung von Aktiengesellschaften; siehe dazu Kap. 5.3.

5.2 Umwandlungsfähige Rechtsträger

Nicht alle Rechtsträger können zur Aktiengesellschaft umgewandelt werden. Umwandlungen in die Aktiengesellschaft nach Maßgabe des Umwandlungsgesetzes kommen nach § 3 UmwG insbesondere in Betracht für

- Kapitalgesellschaften
  (Gesellschaft mit beschränkter Haftung, Kommanditgesellschaft auf Aktien),
- Personenhandelsgesellschaften
  (offene Handelsgesellschaft, Kommanditgesellschaft),
- Partnerschaftsgesellschaften,
- Einzelkaufleute.

Die GmbH & Co. KG wird über einen Umweg umgewandelt, dazu Näheres bei der Umwandlung der Kapitalgesellschaften (Kap. 5.3.7).

Die Gesellschaft bürgerlichen Rechts kann nicht nach dem Umwandlungsgesetz umgewandelt werden. Möglich ist hier nur die *Einbringung* des Vermögens der Gesellschaft in die Aktiengesellschaft im Rahmen einer Sachgründung (§ 27 AktG) bzw. Sachkapitalerhöhung (§ 183 AktG), dazu Kap. 5.6. Entsprechendes gilt für den nicht im Handelsregister eingetragenen Einzelunternehmer, insbesondere für den Freiberufler.

Besteht eine Gesellschaft bürgerlichen Rechts ausschließlich aus natürlichen Personen, die sich zur Ausübung eines freien Berufs zusammengeschlossen haben, so können sie eine Partnerschaft nach dem Gesetz über Partnerschaftsgesellschaften Angehöriger Freier Berufe (Partnerschaftsgesellschaftsgesetz-PartGG) miteinander eingehen. Durch die Eintragung in das Partnerschaftsregister wandelt sich die Gesellschaft bürgerlichen Rechts im Verhältnis zu Dritten in eine Partnerschaft (§ 7 PartGG), und sie erlangt Umwandlungsfähigkeit nach den Vorschriften des Umwandlungsgesetzes (§ 3 Abs. 1 Nr. 1 UmwG); ihr steht dann auch die formwechselnde Umwandlung in die Aktiengesellschaft offen (siehe dazu unten, Kap. 5.4).

5.3 Formwechsel der GmbH

Die Umwandlung der GmbH durch Formwechsel ist hier entsprechend ihrer großen Bedeutung in der Praxis eingehend zu behandeln. Man kann davon ausgehen, daß die meisten neu eingetragenen Aktiengesellschaften zuvor die Rechtsform der GmbH hatten, und daß die Umwandlung durch einen Formwechsel erfolgt ist. Der Ablauf des Formwechsels von der GmbH zur Aktiengesellschaft ist in den §§ 190 ff., insbesondere 226 ff., UmwG geregelt.

5.3.1 Umwandlungsbericht

Der Umwandlungsbericht (§ 192 UmwG) ist beim Formwechsel von zentraler Bedeutung. Zuständig für die Erstellung des Umwandlungsberichts ist die Geschäftsführung der umzuwandelnden GmbH. In dem Umwandlungsbericht sind der Formwechsel und insbesondere die künftige Beteiligung der Geschäftsanteilsinhaber an der Aktiengesellschaft rechtlich und wirtschaftlich zu erläutern und zu begründen.

Der Bericht beginnt mit einer *Darstellung* der umzuwandelnden GmbH, verbunden mit einem Überblick über die bisherige rechtliche und wirtschaftliche Entwicklung. Die Gründe für den vorgesehenen Wechsel in die Rechtsform der Aktiengesellschaft werden sich daraus ableiten und der Formwechsel als Fortsetzung der bisherigen Entwicklung darstellen lassen. So kann z. B. das stetige Wachstum eines zunächst in der Rechtsform einer Personengesellschaft und später einer GmbH geführten Familienunternehmens und der damit verbundene Kapitalbedarf für die Finanzierung der weiteren Expansion die Öffnung des Unternehmens für Dritte und zu diesem Zweck den Formwechsel in eine Aktiengesellschaft nahelegen (vgl. Lutter, Rz. 11 zu § 192 UmwG). Des weiteren ist an die im Hinblick auf die *Generationenfolge* vorgesehene Trennung zwischen Gesellschafterstellung und Geschäftsleitung zu denken.

Die *Zweckmäßigkeit* des Formwechsels und die damit erstrebten Vorteile sind aus den in dem Bericht dargelegten rechtlichen und wirtschaftlichen Gründen abzuleiten. Etwaige Nachteile der angestrebten Rechtsform sind indessen nicht zu verschweigen, sofern sie schon erkennbar sind. In diesem Falle ist auszuführen, warum die Vorteile die Nachteile des Formwechsels überwiegen. Die im Rahmen der Vorüberlegungen angestellte Prüfung, ob statt des Formwechsels zur Aktiengesellschaft auch andere Maßnahmen zur Verwirklichung des angestrebten Ziels in Betracht kommen, sind darzulegen.

Des weiteren sind die rechtlichen und wirtschaftlichen *Folgen* des Formwechsels zu erläutern und zu begründen. Besonders hervorgehoben ist die Verpflichtung zur Erläuterung der künftigen Beteiligung. Die sich aus der qualitativen Veränderung der Gesellschaftsanteile, also Aktien statt Geschäftsanteile, ergebenden Änderungen sind zu erklären. Darzustellen ist beispielsweise, daß der GmbH-Gesellschafter ein weitgehendes Auskunfts- und Einsichtsrecht nach § 51a GmbHG besitzt, wohingegen dem Aktionär lediglich das Auskunftsrecht in der Hauptversammlung (§ 131 AktG) zusteht. So ist auch zu erläutern, daß die Zuständigkeiten und Befugnisse der Hauptversammlung (AG) im Vergleich zu der Gesellschafterversammlung (GmbH) sehr stark zurückbleiben, dies verbunden mit einer Zuweisung wichtiger Kompetenzen an den Aufsichtsrat.

Schließlich ist im Umwandlungsbericht zweckmäßigerweise die Höhe der *Barabfindung* (dazu Kap. 5.3.2.5) zu erläutern, die von der Gesellschaft an diejenigen Gesellschafter zu leisten ist, die in der Gesellschafterversammlung gegen den Umwandlungsbeschluß Widerspruch zur Niederschrift erklären und aus der Gesellschaft ausscheiden.

Der Umwandlungsbericht ist von den Geschäftsführern spätestens zusammen mit der Einberufung der Gesellschafterversammlung, in der über den Formwechsel beschlossen werden soll, allen Gesellschaftern zu *übersenden* (§§ 238, 230 Abs. 1 UmwG); zudem ist der Umwandlungsbericht in der Gesellschafterversammlung für die Gesellschafter auszulegen (§ 239 Abs. 1 UmwG).

Ein Umwandlungsbericht ist nicht erforderlich, wenn eine *Einmann-GmbH* umgewandelt wird oder wenn sämtliche Gesellschafter der GmbH durch notariell beurkundete Erklärungen auf den Bericht *verzichten* (§§ 238, 192 Abs. 3 UmwG).

Grundsätzlich gilt beim Formwechsel, daß der Umwandlungsbericht eine *Vermögensaufstellung* als Bestandteil zu enthalten hat (§ 192 Abs. 2 UmwG). Die Vermögensaufstellung soll den Anteilsinhabern als Grundlage zur Beurteilung des Abfindungsgebotes dienen, daneben soll dem Registergericht bei der Anwendung der Gründungsvorschriften die Prüfung ermöglicht werden, ob das Grundkapital gedeckt ist (Lutter, Rz. 38 zu § 192 UmwG). Die Positionen der Vermögensaufstellung sind nicht zu den Buchwerten gem. Handelsbilanz (§§ 242 ff. HGB), sondern unter Aufdeckung der stillen Reserven zum wirklichen Wert anzusetzen. Einer Vermögensaufstellung bedarf es nicht, wenn der Formwechsel von einer Kapitalgesellschaft zu einer Kapitalgesellschaft anderer Rechtsform erfolgt. Beim Formwechsel von der GmbH zur Aktiengesellschaft ist deshalb gemäß § 238 S. 2 UmwG dem Umwandlungsbericht keine Vermögensaufstellung beizufügen.

5.3.2 Umwandlungsbeschluß

Die Umwandlung erfordert einen Gesellschafterbeschluß der Inhaber der Geschäftsanteile der umzuwandelnden GmbH (§§ 240, 193 UmwG).

5.3.2.1 Vorbereitung

Die Geschäftsführer der formwechselnden GmbH haben die Gesellschafter unter Beachtung der gesetzlichen und vertraglichen Formen und Fristen zu der Gesellschafterversammlung *einzuberufen*. Dabei ist der Formwechsel als Gegenstand der Beschlußfassung schriftlich anzukündigen, der Umwandlungsbericht ist beizufügen. Des weiteren ist nach §§ 238, 231 UmwG den Gesellschaftern das Barabfindungsangebot nach § 207 UmwG zu übersenden (vgl. unten 5.3.2.5). Der Entwurf des Umwandlungsbeschlusses ist spätestens einen Monat vor der Beschlußfassung über den Formwechsel dem zuständigen *Betriebsrat* zuzuleiten (§ 194 Abs. 2 UmwG).

In der Gesellschafterversammlung, die den Formwechsel beschließen soll, ist der Umwandlungsbericht zur *Einsichtnahme* auszulegen (§ 239 Abs 2 UmwG).

Ist das Stammkapital der umzuwandelnden GmbH geringer als das Mindestgrundkapital der Aktiengesellschaft von 50.000 Euro bzw. 100.000 DM (§ 6 AktG), so ist vor der Umwandlung das Stammkapital auf den Mindestbetrag zu *erhöhen* (§ 243 Abs. 2 UmwG).

5.3.2.2 Beschlußfassung

Der Umwandlungsbeschluß ist nach § 193 Abs. 1 S. 2 UmwG im Rahmen einer *Gesellschafterversammlung* zu fassen, nicht etwa im Umlaufverfahren oder in sonstiger Art und Weise, wie sie § 48 GmbHG oder ggf. die Satzung der GmbH für Gesellschafterbeschlüsse vorsehen. Der Umwandlungsbeschluß bedarf gem. § 240 Abs. 1 UmwG einer Mehrheit von mindestens drei Vierteln der bei der Gesellschafterversammlung abgegebenen Stimmen. Sollte der Gesellschaftsvertrag der GmbH eine größere Mehrheit vorsehen, so ist diese maßgebend.

Der Umwandlungsbeschluß muß insbesondere folgende *Bestimmungen* treffen (§§ 194, 243, 218 UmwG):

1. die durch den Formwechsel erlangte Rechtsform (Aktiengesellschaft);
2. die Firma der durch Formwechsel entstehenden Aktiengesellschaft (dazu Kap. 4.2.1);
3. Zahl und Art der Aktien, die die Gesellschafter durch den Formwechsel erlangen;
4. das Angebot auf Zahlung einer Barabfindung gemäß § 207 UmwG, die dem Gesellschafter zu leisten ist, sofern er nach Widerspruch gegen die Umwandlung als Gesellschafter ausscheidet (dazu Kap. 5.3.2.5);
5. die Folgen des Formwechsels für die Arbeitnehmer und ihre Vertretungen sowie die insoweit vorgesehenen Maßnahmen;
   der Formwechsel berührt die Arbeitsverträge nicht, da die Identität der arbeitgebenden Gesellschaft unberührt bleibt und die Rechte und Pflichten der Arbeitnehmer aus den bestehenden Arbeitsverträgen unverändert fortbestehen. Aus diesem Grunde kommt auch nicht die Vorschrift des § 613a BGB (Betriebsübergang) zum Tragen. Das Direktionsrecht des Arbeitgebers wird nach der Umwandlung durch den Vorstand der Aktiengesellschaft ausgeübt. Umsetzungen oder gar betriebsbedingte Kündigungen kann der Formwechsel

nicht auslösen. Bestehende Betriebsvereinbarungen und Tarifverträge gelten fort. Die Betriebsverfassung nach dem Betriebsverfassungsgesetz bleibt unberührt, die Organe, Ausschüsse und sonstigen Einrichtungen nach dem Betriebsverfassungsgesetz bleiben bestehen. Mußte bereits die GmbH einen Aufsichtsrat bilden, so bestehen die Aufsichtsratsmandate in der Aktiengesellschaft fort (§ 203 UmwG). Tritt durch die Umwandlung erstmals Mitbestimmungspflicht ein, z. B. bei der Umwandlung einer GmbH & Co. KG mit mindestens 500 Arbeitnehmern, so ist wegen § 197 S. 2 UmwG nicht ein "erster Aufsichtsrat" mit begrenzter Amtsdauer i. S. d. § 30 AktG ohne Arbeitnehmervertreter zu wählen, vielmehr ist der Aufsichtsrat gem. § 96 AktG zu bilden, d. h. die Aktionäre wählen nach § 101 AktG und die Arbeitnehmer nach den mitbestimmungsrechtlichen Vorschriften ihre Vertreter;

6. Feststellung der Satzung der Aktiengesellschaft;

in die Satzung sind Festsetzungen über Sondervorteile, Gründungsaufwand, Sacheinlagen und Sachübernahmen aus dem Gesellschaftsvertrag der formwechselnden GmbH zu übernehmen (§§ 243 Abs. 1, 218 Abs. 1 UmwG).

5.3.2.3 Niederschrift

Der Umwandlungsbeschluß muß notariell beurkundet werden, und auf Verlangen ist jedem Geschäftsanteilsinhaber auf seine Kosten unverzüglich eine Abschrift zu erteilen (§ 193 Abs. 3 UmwG). In der Niederschrift sind die als Gründer geltenden Gesellschafter, die für den Formwechsel gestimmt haben, namentlich zu bezeichnen (§ 244 Abs. 1 UmwG).

5.3.2.4 Klagen gegen die Wirksamkeit; Zuzahlung in bar

Mit der Beschlußfassung läuft die einmonatige Frist für die *Klage* gegen die Wirksamkeit des Umwandlungsbeschlusses gemäß § 195 Abs. 1 UmwG an. Die Klage ist zu erheben, wenn der Gesellschafter die Nichtigkeit, Unwirksamkeit oder Anfechtbarkeit des Umwandlungsbeschlusses geltend machen will. Durch einen mit dem Umwandlungsbeschluß zu beurkundenden Verzicht der Anteilseigner auf die Klageerhebung wird die Eintragung des Formwechsels beschleunigt, da das Registergericht nicht der Frage nachgehen muß, ob innerhalb der Einmonatsfrist des § 195 Abs. 1 UmwG eine Klage gegen den Umwandlungsbeschluß erhoben worden ist.

Die Klage ist nach § 195 Abs. 2 UmwG allerdings ausdrücklich unzulässig, wenn es dem Kläger nur darum geht, daß die Anteile an der Aktiengesellschaft zu niedrig bemessen sind oder die Aktien keinen ausreichenden Gegenwert für die weggefallenen Geschäftsanteile darstellen. In diesem Fall ist der Gesellschafter darauf angewiesen, gemäß § 196 UmwG von der Aktiengesellschaft einen Ausgleich durch bare Zuzahlung zu erlangen, worüber im *Spruchverfah-*

ren gemäß §§ 305 ff. UmwG durch das zuständige Landgericht - Kammer für Handelssachen - entschieden wird.

5.3.2.5 Barabfindung

Nach § 207 UmwG ist jedem Gesellschafter der GmbH, der an der Gesellschafterversammlung teilgenommen und gegen den Umwandlungsbeschluß gestimmt und darüber hinaus gegen den Formwechsel *Widerspruch* eingelegt hat, eine angemessene Barabfindung anzubieten. Die Gesellschafter können übereinstimmend auf die Unterbreitung eines Angebots zur Barabfindung durch notariell beurkundete Erklärungen verzichten (Lutter, Rz. 19 zu § 207 UmwG). Eine Barabfindung scheidet aus, wenn der betreffende Gesellschafter den Formwechsel durch seine Gegenstimme verhindern kann, beispielsweise bei gesellschaftsvertraglichem Einstimmigkeitserfordernis. Die Abfindungslast trägt die Gesellschaft.

Der Formwechsel hat wegen § 71 Abs. 2 AktG (trotz § 71 Abs. 1 Nr. 3 AktG) zu unterbleiben, wenn von vornherein abzusehen ist, daß die gegen die Abfindungszahlung zurückzunehmenden *eigenen Aktien* mehr als 10 % des Grundkapitals ausmachen. Sollte der Formwechsel zu scheitern drohen, weil die 10 %-Grenze überschritten oder die Erhaltung des Grundkapitals nicht gewährleistet ist, kann dem in geeigneten Fällen dadurch begegnet werden, daß die Gesellschafter, die den Formwechsel nicht mitvollziehen wollen, zuvor zum Verkauf ihrer Geschäftsanteile an die anderen Gesellschafter bewegt werden. Stellt sich erst *nach* der Beschlußfassung heraus, daß die zurückzunehmenden Aktien mehr als 10 % des Grundkapitals ausmachen, ist der Beschluß wirksam und die Gesellschaft zum Erwerb der Aktien und zur Abfindung der ausscheidenden Gesellschafter verpflichtet (vgl. § 207 Abs. 1 S. 1 2. Halbsatz UmwG). Der Formwechsel ist ferner zu unterlassen, wenn die für den Erwerb eigener Aktien durch die Aktiengesellschaft vorgeschriebene Rücklage für eigene Aktien (§ 272 Abs. 4 HGB) nicht aus freien Mitteln gebildet werden kann (vgl. Lutter, Rz. 13 zu § 207 UmwG). Zur Vorstandshaftung nach § 93 Abs. 3 S. 3 AktG bei unzulässigem Erwerb eigener Aktien siehe Kap. 6.5.1.

Die Abfindung wird auf der Grundlage des *Ertragswertverfahrens* ermittelt, dessen Grundsätze das Institut der Wirtschaftsprüfer in der Stellungnahme des Hauptfachausschusses HFA 2/1983 (Grundsätze zur Durchführung von Unternehmensbewertungen) veröffentlicht hat. Bei der Bemessung der Barabfindung kommt es auf die Verhältnisse der GmbH im Zeitpunkt der Beschlußfassung über den Formwechsel an. Die Angemessenheit der Barabfindung ist durch einen vom Gericht zu bestellenden *Sachverständigen* zu prüfen, sofern die ausscheidungswilligen Gesellschafter nicht darauf durch notariell beurkundete Erklärungen verzichten (§§ 208, 30 UmwG).

48

Hält ein Anteilseigner die ihm nach § 207 Abs. 1 UmwG angebotene Barabfindung für zu niedrig, so hat auf seinen Antrag das zuständige Landgericht im Rahmen eines Spruchverfahrens die angemessene Barabfindung zu bestimmen (§§ 212, 305 - 312 UmwG); die Erhebung einer Klage gegen die Wirksamkeit des Umwandlungsbeschlusses unter Berufung auf eine zu niedrige Bemessung der Barabfindung ist dagegen nach § 210 UmwG ausdrücklich ausgeschlossen. Bestimmt das Landgericht in dem Spruchverfahren eine höhere Abfindung, so steht diese auch denjenigen ausscheidenden Gesellschaftern zu, die keinen Antrag auf gerichtliche Entscheidung gestellt hatten (§ 311 UmwG). Der Anspruch auf Zahlung der Barabfindung entsteht mit der Eintragung der Umwandlung in das Handelsregister, er ist sofort fällig und verzinslich (§§ 208, 30 UmwG).

5.3.3 Gründungsvorschriften

Beim Formwechsel in die Aktiengesellschaft sind gem. § 197 S. 1 UmwG die für diese Rechtsform geltenden Gründungsvorschriften anzuwenden, das sind die §§ 1 - 53 AktG. Zwar ist der Formwechsel keine Sachgründung (Lutter, Rz. 5 zu § 197 UmwG), doch wird der Formwechsel wie eine Sachgründung behandelt.

Die nach § 245 Abs. 1 UmwG als Gründer geltenden Gesellschafter, die für den Formwechsel gestimmt haben, müssen einen Gründungsbericht erstatten (§ 32 AktG). Der Nennbetrag des Grundkapitals der Aktiengesellschaft darf das nach Abzug der Schulden verbleibende Vermögen der formwechselnden Gesellschaft nicht übersteigen (§§ 245 Abs. 1 S. 2, 220 Abs. 1 UmwG); maßgeblich sind die Verkehrswerte der Vermögensgegenstände (Lutter, Rz. 13 zu § 220 UmwG). Des weiteren sind in dem Gründungsbericht auch der bisherige Geschäftsverlauf und die Lage der formwechselnden Gesellschaft darzulegen (§ 220 Abs. 2 UmwG). Vorstand und Aufsichtsrat haben gem. § 33 Abs. 1 AktG den Hergang der Umwandlung zu prüfen; die Gründungsprüfung gem. § 33 Abs. 2 AktG durch einen Wirtschaftsprüfer oder vereidigten Buchprüfer ist in jedem Fall durchzuführen (§ 220 Abs. 3 UmwG).

5.3.4 Anmeldung

Der Formwechsel und die Namen der Vorstandsmitglieder sind durch die Geschäftsführer der formwechselnden GmbH bei dem für sie zuständigen Amtsgericht zur Eintragung in das Handelsregister anzumelden (§ 246 UmwG). Sie haben zu erklären, daß gegen den Umwandlungsbeschluß eine Klage nicht oder nicht fristgemäß erhoben oder eine solche Klage rechtskräftig abgewiesen oder zurückgenommen worden ist (§ 198 Abs. 3 UmwG i. V. m. § 16 Abs. 2 und 3 UmwG); dessen bedarf es nicht, wenn alle Anteilseigner auf die Klageerhebung verzichtet haben (dazu Kap. 5.3.2.4).

Der Anmeldung sind insbesondere folgende *Unterlagen* beizufügen:

- die Niederschrift des Umwandlungsbeschlusses einschließlich der Satzung der Aktiengesellschaft (§§ 199, 243, 218 UmwG),
- das Verzeichnis der den Gründern gleichstehenden Gesellschafter (§ 244 Abs. 1 UmwG),
- der Umwandlungsbericht oder die Erklärungen über den Verzicht auf seine Erstellung (§ 199 UmwG),
- ein Nachweis über die Zuleitung des Entwurfs des Umwandlungsbeschlusses gem. § 194 Abs. 2 UmwG an den Betriebsrat der formwechselnden Gesellschaft, sofern ein solcher besteht (§§ 199, 194 Abs. 2 UmwG);

nach § 197 S. 1 UmwG:

- Berechnung des Aufwands für den Formwechsel (§ 37 Abs. 4 Nr. 2 AktG),
- Liste mit Name, Beruf und Wohnort der Aufsichtsratsmitglieder,
- Urkunden über die Bestellung der Vorstandsmitglieder und deren Vertretungsbefugnis sowie des Aufsichtsrats (§ 37 Abs. 4 Nr. 3 AktG),
- Gründungsbericht und Prüfungsberichte der Mitglieder des Vorstandes und des Aufsichtsrats sowie der Gründungsprüfer nebst Unterlagen (§ 37 Abs. 4 Nr. 4 AktG),
- wenn der Gegenstand des Unternehmens oder eine andere Satzungsbestimmung der staatlichen Genehmigung bedarf, die Genehmigungsurkunde (§ 37 Abs. 4 Nr. 5 AktG),
- die Urkunden über die Zeichnung der gesetzlichen Vertreter (§ 37 Abs. 5 AktG).

5.3.5 Gerichtliche Prüfung, Eintragung, Bekanntmachung des Formwechsels

Das Registergericht hat zu prüfen, ob die Voraussetzungen für die Eintragung des Formwechsels in formeller und materieller Hinsicht erfüllt sind. Die *formelle Prüfung* bezieht sich darauf, ob die erforderlichen Anmeldungen und Erklärungen vorliegen und die Anlagen der Anmeldung vollständig beigefügt sind.

In *materieller* Hinsicht wird insbesondere geprüft, ob der Nennbetrag des Grundkapitals der Aktiengesellschaft durch das Vermögen der formwechselnden Gesellschaft gedeckt ist (§§ 245 Abs. 1, 220 Abs. 1 UmwG). Gegenstand der Prüfung sind auch der Gründungsbericht und die Berichte über die Gründungsprüfung.

Das Gericht macht gem. § 201 UmwG die Eintragung der Aktiengesellschaft durch den Bundesanzeiger und durch mindestens ein anderes Blatt ihrem ganzen Inhalt nach bekannt. Die Bekanntmachung der Eintragung enthält ferner die Angaben gemäß §§ 39, 40 AktG (siehe dazu oben Kap. 4.7.2 und 4.7.3).

5.3.6 Wirkungen der Eintragung

Die Eintragung der neuen Rechtsform in das Handelsregister bewirkt gem. § 202 Abs. 1 UmwG, daß die formwechselnde GmbH als Aktiengesellschaft weiter besteht und aus den GmbH-Gesellschaftern Aktionäre werden. Dabei sind die GmbH und die Aktiengesellschaft *identisch*, es findet auch nicht etwa eine Vermögensübertragung im Wege der Gesamtrechtsnachfolge statt. Die Aktionäre können von der Aktiengesellschaft gem. § 248 Abs. 1 UmwG die Ausgabe von Aktien verlangen, sofern nicht der Verbriefungsanspruch durch die Satzung ausgeschlossen ist. Der Formwechsel macht im Hinblick auf die beibehaltene Identität nicht die Erstellung eines Jahresabschlusses auf den Zeitpunkt des Formwechsels nötig. Durch den Formwechsel wird das bisherige Stammkapital der formwechselnden GmbH zum Grundkapital der Aktiengesellschaft (§ 247 Abs. 1 UmwG).

5.3.7 GmbH & Co. KG

Die Umwandlung einer GmbH & Co. KG in eine Aktiengesellschaft ist auf direktem Wege nicht möglich. Zwar läßt sich die Kommanditgesellschaft ebenso wie eine offene Handelsgesellschaft auch nach § 191 Abs. 1 UmwG formwechselnd zur AG umwandeln, doch bliebe die Komplementär-GmbH dabei erhalten. Dies kann dadurch vermieden werden, daß die Kommanditanteile zuvor durch eine Sachkapitalerhöhung gem. § 56 GmbH in die Komplementär-GmbH eingebracht werden, wodurch die KG erlischt und ihr Vermögen im Wege der Gesamtrechtsnachfolge auf die GmbH übergeht. Die durch die Einbringung zum alleinigen Unternehmensträger gewordene GmbH wird sodann durch Formwechsel, wie oben dargestellt, in eine Aktiengesellschaft umgewandelt. Besitzt die GmbH & Co. KG Grundstücke, so ist wegen der dadurch ausgelösten Grunderwerbsteuern ggf. eine andere Lösung zu wählen, z. B. ein Formwechsel, bei dem die Komplementär-GmbH Gesellschafterin der übernehmenden GmbH wird oder sie gegen Barabfindung nach Widerspruch ausscheidet.

5.4 Formwechsel der Personenhandels- und Partnerschaftsgesellschaften

Umwandlungsrechtliche Vorschriften
Die Umwandlung der Personenhandelsgesellschaften (Offene Handelsgesellschaft/Kommanditgesellschaft) und der Partnerschaftsgesellschaften durch Formwechsel in eine Aktiengesellschaft richtet sich nach den §§ 214 ff., 225a

ff. UmwG. Der Formwechsel der Personenhandelsgesellschaften und der Partnerschaftsgesellschaften soll hier nicht vollständig dargestellt werden, es sollen vielmehr nur die *Unterschiede* zu dem Formwechsel der GmbH aufgezeigt werden.

Ein *Umwandlungsbericht* ist nach § 215 UmwG nicht erforderlich, wenn alle Gesellschafter der formwechselnden Gesellschaft zur Geschäftsführung berechtigt sind. Bei der OHG sind grundsätzlich alle Gesellschafter zur Geschäftsführung befugt; sind indessen gemäß § 114 HGB einzelne Gesellschafter von der Geschäftsführung ausgeschlossen, so kommt die Anwendung von § 215 UmwG nicht in Betracht. Bei der Kommanditgesellschaft sind die Kommanditisten gemäß § 164 HGB grundsätzlich von der Geschäftsführung ausgeschlossen, doch kann durch eine entsprechende Regelung in dem Gesellschaftsvertrag der KG dem Kommanditisten Geschäftsführungsbefugnis im Umfang des § 116 HGB eingeräumt werden. Ein Umwandlungsbericht ist also erforderlich, wenn bei einer OHG ein Gesellschafter von der Geschäftsführung ausgeschlossen oder wenn bei der KG nicht allen Kommanditisten durch Gesellschaftsvertrag Geschäftsführungsbefugnis im Sinne des § 116 eingeräumt worden ist.

Bei der Partnerschaftsgesellschaft ist ein Umwandlungsbericht nur erforderlich, wenn ein Partner der formwechselnden Partnerschaft gemäß § 6 Abs. 2 PartGG von der Geschäftsführung ausgeschlossen ist.

Wenn der Gesellschaftsvertrag der formwechselnden Personenhandelsgesellschaft/Partnerschaft keine Mehrheitsentscheidung für Umwandlungsbeschlüsse vorsieht, muß der *Umwandlungsbeschluß* mit den Stimmen aller Gesellschafter, auch der nicht erschienenen Gesellschafter, gefaßt werden (§ 217 UmwG).

Soweit die Gesellschafter der formwechselnden Gesellschaft für die Verbindlichkeiten der Gesellschaft gegenüber Dritten persönlich haften, berührt der Formwechsel die Ansprüche der Gesellschaftsgläubiger gegen die betreffenden Gesellschafter nicht, die *Haftung* nach § 128 HGB dauert fort (§ 224 Abs. 1 UmwG). Allerdings ist die Nachhaftung auf fünf Jahre zeitlich begrenzt, gerechnet ab der Eintragung der neuen Rechtsform (§ 224 Abs. 2, 3 UmwG).
Auch beim Formwechsel von Personenhandelsgesellschaft und Partnerschaft zur Aktiengesellschaft gilt die *Identität* des Unternehmens als gewahrt. Die wirtschaftliche Kontinuität des Unternehmensträgers wird beibehalten. Es ändert sich allein die rechtliche Organisation des Unternehmens, dem vor und nach der Umwandlung dasselbe Vermögen zugeordnet wird; ein Vermögensübergang findet nicht statt. Man kann bildhaft sagen, daß der Unternehmensträger das "rechtliche Kleid" wechselt. Nach dem Formwechsel sind anstelle der Vorschriften des Handelsgesetzbuches über die Handelsgesellschaften und des

Partnerschaftsgesellschaftsgesetzes diejenigen des Aktiengesetzes auf das Unternehmen anzuwenden.

Steuerliche Folgen

Der Formwechsel von der GmbH zur Aktiengesellschaft ist steuerlich unbeachtlich. Etwas anderes gilt beim Formwechsel von der Personenhandelsgesellschaft und der Partnerschaftsgesellschaft zur Kapitalgesellschaft. Nach § 20 UmwStG wird der Formwechsel als *Einbringungstatbestand* behandelt. Anders als bei einer Betriebsveräußerung oder Betriebsaufgabe zwingt der Formwechsel nicht zur Auflösung der im Betriebsvermögen enthaltenen stillen Reserven, vielmehr dürfen die *Buchwerte* beibehalten werden. Der Formwechsel kann demnach ohne Auslösung einkommensteuerlicher Folgen geschehen. Einkommensteuern werden dann erst bei einer künftigen Weiterveräußerung der Aktien, die die Gesellschafter infolge der Einbringung gewährt bekommen (sog. einbringungsgeborene Anteile), ausgelöst.

Nach Auffassung der *Finanzverwaltung* (BMF-Schreiben vom 25.03.1998 - BStBl. 1998 I, S. 268, *330*) ist der Formwechsel handelsrechtlich nur unter Buchwertfortführung möglich, weil § 24 UmwG im Falle des Formwechsels keine Anwendung finde. Infolge des *Maßgeblichkeitsgrundsatzes* (§ 5 Abs. 1 EStG) seien daher in den Fällen des Formwechsels von einer Personengesellschaft in eine Kapitalgesellschaft auch steuerlich zwingend die Buchwerte fortzuführen. Nach Meinung des steuerrechtlichen Schrifttums kann die Einbringung auch zum *Teilwert* (§ 6 Abs. 1 Nr. 1 EStG), der dem bei einer Veräußerung des Betriebes an Dritte erzielbaren Preis entspricht, ferner zu einem Zwischenwert oberhalb des Buchwertes und unterhalb des Teilwertes erfolgen (vgl. Dehmer, Rz. 247 zu § 20 UmwStG). In beiden Fällen erzielen die Einbringenden einen nach § 16 EStG steuerpflichtigen Veräußerungsgewinn in Höhe des Unterschiedsbetrages zwischen dem Buchwert und dem Teilwert bzw. Zwischenwert. Der Veräußerungsgewinn wird nach § 34 Abs. 1 EStG ermäßigt besteuert; Gewerbeertragsteuern entstehen nicht (Abschnitt 39 Abs. 3, 40 GewStR). Der Veräußerungsfreibetrag gemäß § 16 Abs. 4 EStG wird allerdings nur gewährt, wenn die Einbringung zum vollen Teilwert geschieht (§ 20 Abs. 5 UmwStG). Die Begünstigung nach § 34 Abs. 1 EStG kommt sowohl bei Einbringung zum Teilwert als auch bei der Einbringung zu einem Zwischenwert in Betracht.

Die Vorschrift des § 20 UmwStG ist nicht anwendbar, wenn nicht alle *wesentlichen Betriebsgrundlagen* der Personengesellschaft eingebracht werden. In diesem Fall müssen die stillen Reserven insgesamt (ermäßigt nach § 34 EStG) versteuert werden (BMF BStBl 1998 I, S. 268, *372*).

Die stillen Reserven sind auch dann zu versteuern, wenn der Betrieb durch eine *verdeckte Sacheinlage* an die Aktiengesellschaft übergeht. Zu denken ist hier an den Fall, daß der Betrieb der Personengesellschaft schlicht eingestellt und sodann von der Aktiengesellschaft fortgeführt wird. In diesem Fall ist § 20 UmwStG nicht anwendbar, so daß die stillen Reserven im vollen Umfang der - ermäßigten - Besteuerung zu unterwerfen sind.

Zu beachten sind die Besonderheiten bei Vorhandensein von *Sonderbetriebsvermögen*, das sind Gegenstände, die nicht im gesamthänderischen Eigentum der Gesellschafter stehen, sondern einem einzelnen Gesellschafter gehören, der sie der Gesellschaft unentgeltlich oder entgeltlich zur Nutzung überlassen hat, wodurch sie steuerlich notwendiges Betriebsvermögen werden. Diese Gegenstände, z. B. Betriebsgrundstücke, werden durch Umwandlung nicht Eigentum der Aktiengesellschaft, sondern gehen, sofern keine Betriebsaufspaltung besteht, in das steuerliche Privatvermögen ihrer Eigentümer über mit der Folge, daß die in diesen Wirtschaftsgütern enthaltenen stillen Reserven aufgedeckt werden und zu versteuern sind. Handelt es sich bei dem betreffenden Vermögensgegenstand um eine wesentliche Betriebsgrundlage, so kommt nach Auffassung der Finanzverwaltung die Buchwertfortführung bei der Einbringung des Betriebes in die Aktiengesellschaft gem. § 20 UmwStG nicht in Betracht, vielmehr sind die stillen Reserven in Betriebsvermögen und Sonderbetriebsvermögen aufzulösen (BMF BStBl. 1998 I, S. 268, *327*). Der Übergang ins Privatvermögen kann dadurch vermieden werden, daß der Eigentümer des betreffenden Grundstücks dieses unter Beachtung des § 6 Abs. 5 EStG in ein anderes Betriebsvermögen überführt.

Die Einbringung des Unternehmens im Ganzen in die Aktiengesellschaft löst keine *Umsatzsteuern* aus (§ 1 Abs. 1a UstG).

Gehört zum Gesamthandsvermögen der Gesellschaft ein *Grundstück*, so löst der Formwechsel und der damit verbundene Übergang des Eigentums an dem Grundstück auf die Aktiengesellschaft keine Grunderwerbsteuern aus (BFH BStBl. 1997 II, S. 661).

Der *Zeitpunkt* des Formwechsels ist steuerlich wichtig, weil von diesem Stichtag an das Einkommen nicht mehr nach den Vorschriften des Einkommensteuergesetzes, sondern nach denen des Körperschaftsteuergesetzes zu ermitteln ist, und weil die Zurechnung der Einkünfte nicht mehr zu den natürlichen Personen erfolgt, die Mitunternehmer der Personengesellschaft waren, sondern zu der Aktiengesellschaft als eigenständigem Steuersubjekt des Körperschaftsteuergesetzes. Gemäß § 25 S. 2 UmwStG ist für die übertragende Gesellschaft eine Steuerbilanz auf den steuerlichen Übertragungsstichtag aufzustellen. Zu bilanzieren wäre demnach auf den Tag der Übertragung des wirtschaftlichen Eigentums des Betriebsvermögens an die übernehmende Aktiengesellschaft, das dürfte der Tag der Eintragung der Aktiengesellschaft in das Handelsregister sein (Dehmer, Rz. 219 zu § 20 UmwStG). Das wäre allerdings höchst unpraktisch und mit Zusatzkosten verbunden. Nach §§ 20 Abs. 8, 25 UmwStG darf die Sacheinlage auf den Tag zurückbezogen werden, für den die Schlußbilanz der formwechselnden Personenhandelsgesellschaft aufgestellt ist; dieser Stichtag darf höchstens acht Monate vor der Anmeldung des Formwechsels zur Eintragung in das Handelsregister liegen. Der erhebliche Vorteil dieser Regelung liegt auf der Hand: es muß keine zusätzliche Bilanz erstellt werden.

5.5 Einzelkaufleute

Eine Umwandlung nach Maßgabe des Umwandlungsgesetzes durch Ausgliederung ist nur für einen im Handelsregister eingetragenen Kaufmann möglich (§ 152 UmwG); fehlt es an der Kaufmannseigenschaft, so kommt lediglich eine Einbringung (siehe Kap. 5.6) in Betracht.

Die *Ausgliederung* kann zur Neugründung oder zur Aufnahme in eine bereits bestehende Aktiengesellschaft erfolgen (§ 152 UmwG). In beiden Fällen erhält der Kaufmann im Gegenzug Aktien der betreffenden Aktiengesellschaft. Bei Neugründung wird er Alleinaktionär, bei einer schon bestehenden Aktiengesellschaft tritt er neben die dort schon vorhandenen Aktionäre.

Der Kaufmann bestimmt durch seine notariell zu beurkundende (§§ 6, 125 UmwG) *Ausgliederungserklärung*, welcher Teil seines Vermögens auf die Aktiengesellschaft übergeht. Die übergehenden Gegenstände des Aktiv- und Passivvermögens sind genau zu bezeichnen (§ 126 Abs. 1 Nr. 9 UmwG). Wird eine Sache, ein Recht oder eine Verbindlichkeit vergessen, so werden sie vom Übergang nicht erfaßt. Es empfiehlt sich für diese Fälle, eine Auffangklausel in die Ausgliederungserklärung aufzunehmen. Der Kaufmann kann bestimmte Vermögensgegenstände oder Schulden bei der Ausgliederung bewußt zurückhalten. Aus steuerlichen Gründen ist es allerdings geboten, daß die *wesentlichen Betriebsgrundlagen* vollständig eingebracht werden. Ist die Kapitalaufbringung gefährdet, kommt anstelle einer Auffüllung des Eigenkapitals durch Bareinlage auch die Zurückbehaltung von betrieblichen Verbindlichkeiten bei dem Kaufmann in Frage. Der Kaufmann kann sich, wie § 156 UmwG auch ausdrücklich besagt, nicht durch die Umwandlung seinen Verbindlichkeiten entziehen; er haftet persönlich weiter, wobei die *Nachhaftung* gemäß § 157 UmwG auf die Dauer von fünf Jahren beschränkt ist.

Nach §§ 133 Abs. 1, 135 Abs. 1 UmwG haften die an der Ausgliederung beteiligten Rechtsträger gesamtschuldnerisch für die vor dem Wirksamwerden der Ausgliederung begründeten Verbindlichkeiten des ausgliedernden Kaufmanns.

Das betrifft nicht nur die ausgegliederten Verbindlichkeiten, sondern *alle*, auch die privaten Verbindlichkeiten. Einer aufnehmenden Aktiengesellschaft ist daher dringend zu raten, die Vermögensverhältnisse des ausgliedernden Kaufmanns rechtzeitig zu prüfen.

Nicht nur Vermögensgegenstände und Schulden gehen auf die Aktiengesellschaft über, sondern auch die in der Ausgliederungserklärung bezeichneten *Dauerschuldverhältnisse*. Auf diese Weise können also Miet-, Pacht- oder Leasingverträge übertragen werden, ohne daß es der Mitwirkung des anderen Vertragsbeteiligten bedarf. *Arbeitsverträge* gehen gemäß § 613a BGB unabhängig von der Ausgliederungserklärung mit dem Betrieb auf die Aktiengesellschaft über. Nicht abschließend geklärt ist, ob im Rahmen einer Umwandlung ein Dauerschuldverhältnis, insbesondere ein Mietvertrag, auf mehrere Rechtsträger aufgeteilt werden kann.

Der Vermögensübergang im Rahmen der Ausgliederung ist eine besondere Form der Gesamtrechtsnachfolge. Bei der Ausgliederung gehen nur die in der Ausgliederungserklärung bezeichneten Positionen über, deshalb wird diese eingeschränkte Gesamtrechtsnachfolge auch als Sonderrechtsnachfolge oder *partielle Gesamtrechtsnachfolge* bezeichnet.

Besteht ein *Betriebsrat*, so ist diesem der Entwurf der Ausgliederungserklärung einen Monat vor Beschlußfassung zuzuleiten (§ 126 Abs. 3 UmwG).

Die Ausgliederung zur Aufnahme (§§ 153 - 157 UmwG) entspricht wirtschaftlich einer Sachkapitalerhöhung, die Ausgliederung zur Neugründung (§§ 158 - 160 UmwG) einer Sachgründung, deshalb sind die Sachgründungsvorschriften zu beachten (§§ 27 ff., 183 AktG). Ist bei der Ausgliederung zur Aufnahme die aufnehmende Aktiengesellschaft weniger als zwei Jahre im Handelsregister eingetragen, gilt § 52 AktG (dazu Kap. 4.10).

5.6 Einbringung

Wird ein Betrieb statt durch Umwandlung im Wege der Einbringung auf die Aktiengesellschaft überführt, so ist das keine Umwandlung im rechtlichen Sinne. Sofern die Aktiengesellschaft noch nicht existiert, erfolgt die Einbringung mittels einer *Sachgründung* unter Beachtung der dafür vorgesehenen besonderen Vorschriften, insbesondere über die Gründungsprüfung. Besteht die Aktiengesellschaft bereits, so vollzieht sich die Einbringung im Rahmen einer *Kapitalerhöhung* mit Sacheinlage (dazu Kap. 10.1); erfolgt die Kapitalerhöhung mit Sacheinlage binnen zwei Jahren ab Eintragung der Aktiengesellschaft in das Handelsregister, so sind die Vorschriften der §§ 52, 53 AktG über die Nachgründung (dazu Kap. 4.10) zu beachten.

Sowohl bei der Sachgründung als auch bei der Sachkapitalerhöhung kommt es nicht zur Gesamtrechtsnachfolge, die Vermögensgegenstände sind deshalb *einzeln* zu übertragen; Verbindlichkeiten und Verträge gehen nur dann auf die Aktiengesellschaft über, wenn die jeweiligen Vertragspartner ausdrücklich *zustimmen* (vgl. §§ 414 ff. BGB). Anders als bei der Ausgliederung endet die Haftung des Unternehmers nicht spätestens nach fünf Jahren.

In der Regel ist eine Umwandlung nach Maßgabe des Umwandlungsgesetzes im Hinblick auf die Gesamtrechtsnachfolge und auf die zeitliche Begrenzung der Nachhaftung des Unternehmers der Einbringung vorzuziehen; dagegen ist die Einbringung vorteilhafter als eine Ausgliederung zur Aufnahme, wenn die Haftung der aufnehmenden Aktiengesellschaft für die Verbindlichkeiten des Einzelkaufmanns gem. § 133 Abs. 1 UmwG nicht gewollt ist.

Während die GmbH in der Regel nur zwei Organe hat, nämlich Geschäftsführung und Gesellschafterversammlung, sind für die Aktiengesellschaft drei Organe zwingend vorgeschrieben, nämlich Vorstand, Aufsichtsrat und Hauptversammlung. Zwischen diesen Organen besteht eine gesetzlich festgelegte Gewaltenteilung im Sinne einer Gewaltenverzahnung und Gewaltenkontrolle (vgl. K. Schmidt, Gesellschaftsrecht, § 28 V).

Der Vorstand leitet die Aktiengesellschaft eigenverantwortlich; der Aufsichtsrat und die Hauptversammlung sind von der Unternehmensleitung ausgeschlossen. Der Aufsichtsrat hat die Aufgabe, den Vorstand zu überwachen, ohne eigene unternehmerische Initiative entfalten zu können. Die Hauptversammlung entscheidet nur in den wenigen vom Aktiengesetz vorgesehenen Fällen, sie besitzt also - anders als die Gesellschafterversammlung der GmbH - keine Allzuständigkeit.

Die Stellung des Vorstandes, seine Rechte und Pflichten sind in §§ 76 bis 94 AktG geregelt. Die Vorschriften für die Vorstandsmitglieder gelten auch für ihre *Stellvertreter*, d. h. die als solche bezeichneten stellvertretenden Vorstandsmitglieder haben alle Rechte und Pflichten wie ordentliche Vorstandsmitglieder auch. Sie rücken also nicht wie Ersatzmitglieder des Aufsichtsrats erst zu gegebener Zeit in die organschaftliche Stellung ein. Die Stellvertreter unterscheiden sich von den anderen Vorstandsmitgliedern nur dadurch, daß sie in der durch die Geschäftsordnung für den Vorstand geschaffenen internen Vorstandshierarchie hinter den ordentlichen Vorstandsmitgliedern zurückstehen (Hüffer, Rz. 2 zu § 95 AktG).

6.1 Rechte und Pflichten als Geschäftsleiter

Im Zusammenhang mit der Stellung als geschäftsleitendem Organ kommen dem Vorstand weitgehende Befugnisse und Pflichten zu.

6.1.1 Eigenverantwortliche Geschäftsführung

Zentrale Vorschrift ist § 76 Abs. 1 AktG:

> Der Vorstand hat unter eigener Verantwortung die Gesellschaft zu leiten.

Das bedeutet, daß der Vorstand seine Leitungsaufgaben gemäß § 76 Abs. 1 AktG unter eigener Verantwortung ausübt und an Anweisungen weder des Aufsichtsrats noch der Aktionäre gebunden ist. Zum Vergleich: die Gesellschafterversammlung einer GmbH darf einen GmbH-Geschäftsführer bindend anweisen, bestimmte Geschäftsführungsmaßnahmen durchzuführen.

Der Aufsichtsrat kann in der Aktiengesellschaft die Geschäftsführung langfristig dadurch beeinflussen, daß er eine ihm genehme Person zum Vorstand bestellt, vgl. § 84 AktG. Eingriffe des Aufsichtsrates in die Geschäftsführung des Vorstandes kommen nur in der Weise in Betracht, daß die Vornahme bestimmter Geschäftsführungsmaßnahmen gem. § 111 Abs. 4 S. 2 AktG an die Zustimmung des Aufsichtsrates gebunden wird (dazu Kap. 7.1.1). Der Aufsichtsrat kann dann mit seinem *Vetorecht* einzelne Geschäftsführungsmaßnahmen verhindern. Er kann hingegen nicht positiv-gebietend verlangen, daß bestimmte Geschäftsführungsmaßnahmen vorgenommen werden. Allerdings ist der Vorstand nach § 119 Abs. 2 AktG berechtigt, von der Hauptversammlung die Entscheidung einzelner Fragen der Geschäftsführung zu verlangen (dazu Kap. 8.3.2). Die dann ergehende Entscheidung muß der Vorstand befolgen; für daraus entstehende Schäden ist er der Gesellschaft gemäß § 93 Abs. 4 S. 1 AktG ausdrücklich nicht haftbar.

Der Bundesgerichtshof hat vor geraumer Zeit im *Holzmüller-Fall* entschieden, daß bei gesetzlich nicht geregelten Strukturentscheidungen von herausragender Bedeutung für die Gesellschaft der Vorstand nicht nur berechtigt, sondern sogar verpflichtet ist, die Zustimmung der Hauptversammlung gemäß § 119 Abs. 2 AktG einzuholen. Verstoße der Vorstand gegen diese Verpflichtung, so sei die Maßnahme zwar wegen § 82 Abs. 1 AktG nach außen wirksam, doch könne sie Schadensersatzverpflichtungen des Vorstands gegenüber der Gesellschaft gemäß § 93 Abs. 2 AktG nach sich ziehen. Es ging dort um die Ausgliederung eines Betriebes, der den wertvollsten Teil des Gesellschaftsvermögens bildet, auf eine dazu gegründete Tochtergesellschaft (BGH NJW 1982, S. 1703). Bejaht wurde die Verpflichtung zur Einholung der Zustimmung auch in einem Fall, wo die Aktiengesellschaft ihren gesamten Grundbesitz, der zudem der einzig werthaltige Vermögensgegenstand war, in eine Beteiligungsgesellschaft eingebracht hatte (OLG München, Die AG 1995, S. 232); s. dazu auch Kap. 8.3.2.

Einschränkungen der eigenverantwortlichen Geschäftsführung kommen bei Bestehen eines *Beherrschungsvertrages* in Betracht (§ 308 AktG).

6.1.2 Sorgfaltsmaßstab; Verschwiegenheit

Nach § 93 Abs. 1 AktG haben die Vorstandsmitglieder bei ihrer Geschäftsführung die *Sorgfalt* eines ordentlichen und gewissenhaften Geschäftsleiters anzuwenden. Zum Vergleich: beim GmbH-Geschäftsführer wird die "Sorgfalt eines ordentlichen Geschäftsmannes" (§ 43 Abs. 1 GmbHG) verlangt. Der Sache nach besteht kein Unterschied zwischen diesen allgemeinen Maßstäben für das Handeln eines Vorstandsmitglieds und das eines Geschäftsführers. Für den allgemeinen Verhaltensstandard ist maßgebend, wie ein pflichtbewußter, selbständig tätiger Geschäftsmann in verantwortlicher Position, der fremde Vermögensinteressen wahrnimmt, zu handeln hat (vgl. BGH NJW 1995, S. 1290, 1291). Die Beachtung dieses Sorgfaltsstandards ist bei Erfüllung aller Pflichten geboten, also auch dort, wo das einzelne Vorstandsmitglied nicht über eigene Sachkunde verfügt.

Die grundsätzlich bereits aus der allgemeinen Treuepflicht abzuleitende *Verschwiegenheitspflicht* eines Vorstandsmitglieds wird in § 93 Abs. 1 S. 2 AktG ausdrücklich festgeschrieben. Die Verletzung der Verschwiegenheitspflicht kann Schadensersatzansprüche (§ 93 Abs. 2 AktG) und, auf Antrag der Aktiengesellschaft, strafrechtliche Konsequenzen (§ 404 AktG) nach sich ziehen.

6.1.3 Buchführung, Jahresabschluß

Der Vorstand hat nach § 91 Abs. 1 AktG dafür zu sorgen, daß die erforderlichen *Handelsbücher* geführt werden. Mit dieser sich bereits aus den Vorschriften des Handelsgesetzbuches ergebenden Verpflichtung wird die Gesamtverantwortung aller Vorstandsmitglieder für die Buchführung und die Aufstellung des Jahresabschlusses klargestellt. Dabei steht es dem Vorstand natürlich frei, die Ausführung Dritten zu überlassen, sei es Angestellten der Aktiengesellschaft oder Außenstehenden, wie z. B. Angehörigen der steuerberatenden Berufe. Aus der dem Vorstand nach § 91 Abs. 1 AktG obliegenden Verantwortung folgt dann die Verpflichtung, dafür zu sorgen, daß die Unterlagen im Unternehmen aufbereitet und unverzüglich und vollständig bearbeitet werden. Von der Einhaltung der übertragenen Pflichten hat sich der Vorstand laufend zu überzeugen.

Die Vorstandspflichten im Rahmen der Feststellung des Jahresabschlusses, der Gewinnverwendung und der Publizität werden weiter unten (Kap. 9) dargestellt.

6.1.4 Organisation, Risikomanagement

Die im Jahre 1998 eingeführte Vorschrift des § 91 Abs. 2 AktG legt dem Vorstand bestimmte Maßnahmen im Bereich der *Organisation* auf. Er hat geeignete Maßnahmen zu treffen, insbesondere ein Überwachungssystem einzurichten, damit den Fortbestand der Gesellschaft gefährdende Entwicklungen früh erkannt werden. Diese Regelung ist eine Konkretisierung der dem Vorstand nach § 93 Abs. 1 obliegenden Sorgfaltspflichten, zu denen unter anderem auch die Festlegung der Unternehmenspolitik, die zugehörige funktionsfähige Unternehmensüberwachung und die Koordination der verschiedenen Führungsebenen gehören (vgl. Lück, DB 1998, S. 8). Unternehmerische Risiken können zwar nicht durch derartige organisatorischen Maßnahmen vermieden werden, sie sollen allerdings erkannt, begleitend überwacht und spätestens in dem Zeitpunkt, in dem sie wesentlich für die wirtschaftliche Lage des Unternehmens werden, abgewehrt werden.

Ein einzurichtendes *Risiko-Managementsystem* setzt sich zusammen aus einem Internen Überwachungssystem, aus einem Controlling und aus einem Frühwarnsystem. Das Interne Überwachungssystem (auch Internes Kontrollsystem) hat die Aufgabe, die Zuverlässigkeit der betrieblichen Prozesse unter Beachtung des Wirtschaftlichkeitsprinzips zu gewährleisten; es besteht aus
- organisatorischen Sicherungsmaßnahmen,
- internen Kontrollen und
- internen Prüfungen, insbesondere der internen Revision.

Das Controlling umfaßt die zielorientierte Koordination von Planung, Informationsversorgung, Kontrolle und Steuerung. Unter Frühwarnsystemen versteht man Informationssysteme, die Risiken für ein Unternehmen so rechtzeitig erkennen lassen, daß Reaktionen des Unternehmens zur Abwehr der Risiken noch möglich sind. Der Aufbau eines Risiko-Managementsystems wird in vielen Fällen nicht ohne Hilfe externer betriebswirtschaftlicher Berater möglich sein.

Die Regelung des § 91 Abs. 2 AktG hat nur klarstellenden Charakter, denn der Vorstand war seit jeher zur Beobachtung und Begrenzung von Risiken verpflichtet. Ihre Bedeutung gewinnt die Regelung dadurch, daß das Risikomanagement durch die Festschreibung im Gesetz zur zwingenden Vorstandspflicht aufgewertet wird. Verstöße gegen diese Verpflichtung können eher als zuvor zu Schadensersatzansprüchen der Aktiengesellschaft gegen den Vorstand führen. Dazu kommt, daß natürlich auch der Aufsichtsrat im Rahmen seiner Überwachungspflicht (§ 111 Abs. 1 AktG) die Beachtung dieser Verpflichtung zu kontrollieren hat. Schließlich hat nach der gleichzeitig erfolgten Neufassung des § 317 Abs. 4 HGB der Abschlußprüfer bei Gesellschaften mit amtlich notierten Aktien zu prüfen, ob das vom Vorstand eingerichtete Überwachungssystem seine Aufgaben erfüllen kann.

6.1.5 Hauptversammlung

Zu den Aufgaben des Vorstands gehört die Einberufung der *Hauptversammlung* (§ 121 Abs. 2 AktG), zu der er - wie der Aufsichtsrat auch - zu jedem Tagesordnungspunkt Vorschläge zur Beschlußfassung zu machen hat (§ 124 Abs. 3 AktG); zur Einberufung der Hauptversammlung eingehend Kap. 8.4.

Der Vorstand erfüllt die der Aktiengesellschaft obliegenden *Mitteilungspflichten* gegenüber den Aktionären vor der Hauptversammlung gemäß § 125 AktG (dazu Kap. 8.4).

Die Vorstandsmitglieder sollen an der Hauptversammlung *teilnehmen* (§ 118 Abs. 2 AktG); dort hat der Vorstand die von den Aktionären im Rahmen des Auskunftsrechts gem. § 131 AktG gestellten Fragen zu beantworten (dazu Kap. 8.4). Die Vorstandsmitglieder sind nicht nur teilnahmeberechtigt, sondern auch teilnahmepflichtig. Erscheinen sie nicht, so stellt das einen wichtigen Grund für ihre Abberufung dar, ferner können der Gesellschaft gegenüber Schadenersatzverpflichtungen entstehen, zumal wenn das Auskunftsrecht der Aktionäre verletzt und Hauptversammlungsbeschlüsse daraufhin nach § 243 Abs. 1 AktG angefochten werden.

Auf Verlangen der Hauptversammlung ist der Vorstand zur *Vorbereitung und Ausführung von Hauptversammlungsbeschlüssen* verpflichtet (§ 83 AktG). Das betrifft die Beschlüsse, für die die Hauptversammlung gem. § 119 Abs. 1 AktG und eventuell gem. Satzung zuständig ist.

Ergibt sich bei der Aufstellung der Jahresbilanz oder einer Zwischenbilanz oder ist bei pflichtmäßigem Ermessen anzunehmen, daß ein Verlust in Höhe der Hälfte des Grundkapitals besteht, so hat der Vorstand unverzüglich die Hauptversammlung einzuberufen und ihr dies anzuzeigen (§ 92 Abs. 1 AktG). Anders als bei der Insolvenzantragspflicht nach § 92 Abs. 2 AktG sind hier die Buchwerte gem. Handelsbilanz (§§ 242 ff. HGB) maßgebend. Kommt der Vorstand der Verpflichtung zur Einberufung und *Verlustanzeige* nicht nach, macht er sich nach § 401 Abs. 1 Nr. 1 AktG strafbar.

6.1.6 Insidergeschäfte

Der Vorstand einer Aktiengesellschaft, deren Aktien als Insiderpapiere gelten, unterliegt Verpflichtungen durch die Regelungen des Wertpapierhandelsgesetzes (WpHG) zur Insiderüberwachung.

Nach § 14 WpHG sind Insidergeschäfte verboten. *Insider* ist insbesondere auch, wer als Vorstand oder Aufsichtsrat der Verwaltung einer Aktiengesellschaft angehört, deren Aktien - *Insiderpapiere* - an einer Börse in der Europäischen Gemeinschaft oder im Europäischen Wirtschaftsraum gehandelt werden oder wer aufgrund seiner Tätigkeit Kenntnis erlangt hat von Insidertatsachen. Insiderpapiere sind nicht nur die im Amtlichen Handel und am Geregelten Markt, sondern auch die am Neuen Markt und im Freiverkehr gehandelten Aktien.

Unter *Insidertatsachen* versteht man nicht öffentlich bekannte Tatsachen, die sich auf die Gesellschaft oder ihre Aktien beziehen und die geeignet sind, durch ihr Bekanntwerden den Aktienkurs des Insiderpapiers erheblich zu beeinflussen. Das Verbot von *Insidergeschäften* besagt im einzelnen, daß es einem Insider verboten ist, unter Ausnutzung seiner Kenntnis von Insidertatsachen Insiderpapiere zu erwerben oder zu veräußern bzw. anderen Personen Empfehlungen zu geben, ferner Anderen Insidertatsachen unbefugt bekanntzugeben. Das Verbot richtet sich auch an Dritte, die Kenntnis von einer Insidertatsache haben (Sekundär-Insider). Verstöße gegen das Verbot von Insidergeschäften sind nach § 38 WpHG strafbar und werden auch, wie sich aus der Presse ergibt, nachdrücklich verfolgt.

Der Vorstand einer Aktiengesellschaft, deren Aktien zum Handel an einer inländischen Börse zugelassen sind (Einbeziehung in den Freiverkehr wird nicht von § 15 WpHG erfaßt), hat die der Aktiengesellschaft obliegende Verpflichtung nach § 15 WpHG zur Veröffentlichung und Mitteilung kursbeeinflussender Tatsachen, sogenannte *ad hoc-Publizität*, zu erfüllen. Das bedeutet, daß neue Tatsachen, die in dem Tätigkeitsbereich der Aktiengesellschaft eingetreten und nicht öffentlich bekannt sind, unverzüglich zu veröffentlichen und überdies den betreffenden Börsen und dem Bundesaufsichtsamt für den Wertpapierhandel mitzuteilen sind, wenn diese Tatsachen wegen der Auswirkungen auf die Vermögens- und Finanzlage oder auf den allgemeinen Geschäftsverlauf der Gesellschaft geeignet sind, den Börsenkurs der Aktien erheblich zu beeinflussen. Die leichtfertige oder vorsätzliche Verletzung dieser Bekanntgabepflichten stellt eine mit hohen Bußgeldern bewehrte Ordnungswidrigkeit dar (§ 39 WpHG). Der Vorstand ist dem mit der laufenden Überwachung betrauten Bundesaufsichtsamt zur Erteilung von Auskünften verpflichtet (§ 16 Abs. 4 WpHG).

6.1.7 Mitteilungspflichten

Der Vorstand hat die Mitteilungspflichten der Aktiengesellschaft zu erfüllen.

§ 21 AktG
Sobald einer Aktiengesellschaft eine *wesentliche Beteiligung*, also eine Beteiligung von mehr als einem Viertel an einer Kapitalgesellschaft (Aktiengesell-

schaft, Kommanditgesellschaft auf Aktien, Gesellschaft mit beschränkter Haftung) gehört, muß sie dies der Kapitalgesellschaft schriftlich mitteilen (§ 21 Abs. 1 AktG); mitteilungspflichtig ist ferner der Erwerb einer *Mehrheitsbeteiligung*, also mehr als 50 %, an einem inländischen Unternehmen gleich welcher Rechtsform (§ 21 Abs. 2 AktG). Solange diese Mitteilungen nicht gemacht sind, ruhen die Rechte aus den Anteilen (§ 21 Abs. 4 AktG), also insbesondere auf Teilnahme an der Hauptversammlung und auf Auskunft, ferner das Stimmrecht und der Dividendenanspruch. Fällt die wesentliche Beteiligung oder die Mehrheitsbeteiligung weg, so ist dies ebenfalls mitzuteilen (§ 21 Abs. 2 AktG). Der Adressat der Mitteilungen kann gem. § 22 AktG jederzeit den Nachweis über das Bestehen (nicht über den Wegfall) der Beteiligung verlangen.

§ 20 AktG

Während § 21 AktG den Fall betrifft, daß die Aktiengesellschaft sich an einem anderen Unternehmen beteiligt, gilt § 20 AktG dann, wenn ein anderes Unternehmen sich an der Aktiengesellschaft beteiligt. Häufig werden durch ein und denselben Sachverhalt beide Tatbestände erfüllt, dann kommt § 20 AktG als die strengere Regelung zur Anwendung. Nach § 20 AktG sind die Begründung einer wesentlichen Beteiligung und einer Mehrheitsbeteiligung durch ein Unternehmen ebenso wie deren Wegfall der Aktiengesellschaft schriftlich mitzuteilen. Mitteilungspflichtig sind in- und ausländische Unternehmen unabhängig von ihrer Rechtsform. Es besteht Nachweispflicht gem. § 22 AktG. Der Vorstand der Aktiengesellschaft hat die Begründung ebenso wie den Wegfall dieser Beteiligungen in den Gesellschaftsblättern bekanntzumachen. Die Mitteilungs- und Bekanntmachungspflicht gilt auch schon im Rahmen der Gründung, wenn also ein Unternehmen bereits bei der Gründung der Aktiengesellschaft eine wesentliche Beteiligung oder eine Mehrheitsbeteiligung an der gegründeten Aktiengesellschaft übernimmt (Hüffer, Rz. 2 zu § 20 AktG). Wie bei § 20 AktG gilt bei Verletzung der Mitteilungspflichten eine Sperre zur Ausübung von Rechten.

Der Sinn der Mitteilungspflichten gem. §§ 20, 21 AktG liegt darin, daß die Aktionäre und Gläubiger - generell die Öffentlichkeit - über Konzernverbindungen der Aktiengesellschaft unterrichtet sein sollen (BGH NJW 1991, S. 2765, 2767).

§ 21 WpHG

Für „*börsennotierte* Aktiengesellschaften" gelten die umfassenderen Mitteilungspflichten nach § 21 ff. WpHG, sie sind deshalb gem. §§ 20 Abs. 8, 21 Abs. 5 AktG nicht zugleich auch noch nach dem Aktiengesetz mitteilungspflichtig. Börsennotiert ist eine Aktiengesellschaft nach § 21 Abs. 2 WpHG nur dann, wenn die Aktien zum Amtlichen Handel an einer Börse in einem Mitgliedsstaat der Europäischen Gemeinschaft oder in einem anderen Vertragsstaat des Abkommens über den Europäischen Wirtschaftsraum zugelassen sind. Der Begriff "börsennotiert" i. S. d. § 21 Abs. 2 WpHG deckt sich somit inhaltlich nicht mit dem gleichlautenden Terminus des § 3 Abs. 2 AktG (dazu Kap. 2.4), er ist auch enger als der Begriff der Insiderpapiere nach § 12 WpHG. Meldepflichtig ist nach § 21 Abs. 1 WpHG, wer durch Erwerb, Veräußerung oder auf sonstige Weise 5 %, 10 %, 25 %, 50 % oder 75 % der Stimmrechte an einer börsennotierten Gesellschaft erreicht, überschreitet oder unterschreitet. Der Meldepflichtige hat der Gesellschaft sowie dem Bundesaufsichtsamt für den Wertpapierhandel binnen sieben Tagen die meldepflichtige Tatsache sowie die Höhe seines Stimmrechtsanteils schriftlich mitzuteilen. Meldepflichtig ist auch das Innehaben von 5 % oder mehr der Stimmrechte im Zeitpunkt der erstmaligen Zulassung der Aktien zum Amtlichen Handel. Der Vorstand hat die bei der Aktiengesellschaft eingehenden Mitteilungen binnen neun Tagen in einem überregionalen Börsenpflichtblatt zu veröffentlichen (§ 25 WpHG).

§ 328 Abs. 4 AktG
Bei *wechselseitiger Beteiligung* von jeweils mehr als einem Viertel ist eine gegenseitige Mitteilungspflicht der Unternehmen gegeben.

§ 42 AktG
Der Vorstand hat dem Handelsregister unverzüglich die Vereinigung aller Aktien in einer Hand, also das Entstehen einer *Einmann-Aktiengesellschaft*, mitzuteilen (§ 42 AktG). Dabei sind Name und Vorname sowie Geburtsdatum und Wohnort des alleinigen Aktionärs zu nennen. Diese Vorschrift kommt erstens zur Anwendung, wenn die Gesellschaft gem. § 2 AktG von einer Person gegründet wird und zweitens, wenn die Aktiengesellschaft zunächst durch zwei oder mehr Personen gegründet wird, dann aber ein einzelner Aktionär von den anderen Aktionären deren Aktien vollständig übernimmt. Bei der Einmann-Gründung hat der Gründer, wenn er die Bareinlage nicht in voller Höhe leistet, für den übersteigenden Betrag eine Sicherung zu bestellen (§ 36 Abs. 2 S. 2 AktG), insbesondere durch eine selbstschuldnerische Bürgschaft oder Bestellung eines Grundpfandrechts. Anders als bei der Gesellschaft mit beschränkter Haftung (§ 19 Abs. 4 GmbHG) besteht indessen bei der Aktiengesellschaft, die durch *nachträgliche* Anteilsvereinigung innerhalb von drei Jahren ab Eintragung der Gesellschaft in das Handelsregister zur Einmann-Gesellschaft wird, keine Verpflichtung zur Bestellung einer Sicherung. Zeigt also der Vorstand dem Handelsregister den als zweiten genannten Fall, die Anteilsvereinigung, an, so hat das für den Aktionär nicht die Notwendigkeit der Bestellung einer Sicherung zur Folge.

§§ 125 - 127 AktG
Zu den Mitteilungspflichten des Vorstands im Zusammenhang mit der *Einberufung* einer Hauptversammlung siehe Kap. 8.4.

6.1.8 Weitere Pflichten

Unterbilanzhaftung
Bei Aufnahme der Geschäftstätigkeit vor der Eintragung der Aktiengesellschaft muß der Vorstand nach Abschluß der Gründungsphase etwaige Ansprüche der Gesellschaft gegen die Gründer aus Unterbilanzhaftung geltend machen (dazu Kap. 4.8). Ist der Wert von Sacheinlagen bei Sachgründung oder Sachkapitalerhöhung unzureichend, muß der Vorstand den Anspruch der Aktiengesellschaft auf Differenzhaftung gegen die Gründer geltend machen.

Aufsichtsratssitzung, Hauptversammlung
Zur Teilnahme an Aufsichtsratssitzungen sind Vorstandsmitglieder nicht ohne weiteres berechtigt; nach Aufforderung des Aufsichtsrates sind sie jedoch zur Anwesenheit verpflichtet. Bei der Hauptversammlung besteht Teilnahmepflicht (dazu Kap. 6.1.5).

Insolvenzantrag
Bei Eintritt der *Zahlungsunfähigkeit* oder der *Überschuldung* muß der Vorstand unverzüglich, spätestens aber binnen drei Wochen, Antrag auf Eröffnung des Insolvenzverfahrens stellen (§ 92 Abs. 2 AktG). Die Aktiengesellschaft ist zahlungsunfähig, wenn sie nicht in der Lage ist, die fälligen Zahlungspflichten zu erfüllen, was in der Regel anzunehmen ist, wenn sie ihre Zahlungen eingestellt hat (§ 17 Abs. 2 InsO). Überschuldung liegt vor, wenn das Vermögen die bestehenden Verbindlichkeiten nicht mehr deckt; bei der Bewertung des Vermögens ist jedoch die Fortführung des Unternehmens zugrunde zu legen, wenn diese nach den Umständen überwiegend wahrscheinlich ist. Verstößt der Vorstand gegen die Antragspflicht nach § 92 Abs. 2 AktG, so macht er sich schadensersatzpflichtig gegenüber der Aktiengesellschaft und deren Gläubigern, ferner tritt Strafbarkeit ein nach § 401 Abs. 1 Nr. 2 AktG.

Steuern
Nach § 34 der Abgabenordnung (AO) hat der Vorstand die *steuerlichen Pflichten* der Aktiengesellschaft zu erfüllen und insbesondere dafür zu sorgen, daß die Steuern aus den von ihm verwalteten Mitteln entrichtet werden. Zu den wichtigen Pflichten gehört auch die Abgabe der Steuererklärungen (§ 149 AO). Kommt die Gesellschaft den Mitwirkungspflichten im Besteuerungsverfahren nicht nach, so kann das Finanzamt Zwangsmittel einsetzen, insbesondere ein Zwangsgeld gegen den Vorstand persönlich festsetzen (§ 329 AO). Daneben kommt die Festsetzung von Verspätungszuschlägen und die Erteilung von Schätzungsbescheiden in Betracht, derentwegen der Vorstand gegenüber der Aktiengesellschaft in der Regel persönlich schadensersatzpflichtig ist. Zahlt die Aktiengesellschaft festgesetzte Steuern nicht, so kann das Finanzamt den Vor-

stand unter Umständen durch Haftungsbescheid gem. §§ 69, 191 AO persönlich in Anspruch nehmen.

Sozialversicherungsträger

Der Vorstand ist für die Erfüllung der *Melde- und Zahlungspflichten des Arbeitgebers* gegenüber den Sozialversicherungsträgern verantwortlich (§§ 28a, 28e SGB IV). Erfüllt die Aktiengesellschaft ihre Pflichten nicht, kann der Vorstand persönlich nach Maßgabe der Vorschriften des Bürgerlichen Gesetzbuchs über die Unerlaubte Handlung zur Haftung herangezogen werden (BGH, NJW 1997, S. 130).

6.2 Bestellung, Dienstvertrag

Die Bestellung des Vorstands und der Abschluß des Dienstvertrages mit ihm stehen rechtlich nebeneinander. Durch die Bestellung wird das Recht und die Pflicht erworben, die Aktiengesellschaft zu leiten, sie nach außen zu vertreten und ihre Geschäfte zu führen sowie alle sonstigen Befugnisse nach Gesetz und Satzung auszuüben; aufgrund des Dienstvertrages (§ 611 BGB) stehen dem Vorstand Ansprüche auf Vergütung für die zu leistenden Dienste zu.

6.2.1 Bestellung

Die Mitglieder des Vorstandes werden durch den Aufsichtsrat bestellt (§ 84 Abs. 1 AktG). Die *Zahl* der zu bestellenden Vorstandsmitglieder richtet sich nach der Festlegung in der Satzung (§§ 76 Abs. 2 S. 1, 23 Abs. 3 Nr. 6 AktG). Die Bestellung der Vorstandsmitglieder erfolgt auf höchstens fünf Jahre, wobei eine wiederholte Bestellung bzw. Verlängerung der Amtszeit um jeweils maximal fünf Jahre zulässig ist. Sind mehrere Vorstandsmitglieder vorhanden, so kann der Aufsichtsrat einen von ihnen zum *Vorsitzenden* des Vorstands ernennen. Der Aufsichtsrat kann gem. § 105 Abs. 2 AktG vorübergehend ein Mitglied des Aufsichtsrats zum Stellvertreter für ein fehlendes oder verhindertes Vorstandsmitglied bestellen; in dieser Zeit ruht sein Amt als Aufsichtsrat. Die Bestellung eines Vorstandsmitglieds endet mit Zeitablauf, sie kann aber auch vorzeitig durch Amtsniederlegung oder Widerruf der Bestellung (dazu Kap. 6.2.4) beendet werden.

6.2.2 Dienstvertrag

Der Dienstvertrag wird auf seiten der Aktiengesellschaft vom Aufsichtsrat geschlossen (§§ 84 Abs. 1 S. 5, 112 AktG), ggf. durch einen aus der Mitte des Aufsichtsrats gebildeten Personalausschuß, sofern ein dahingehender Beschluß des Aufsichtsrates oder eine entsprechende Regelung in der Geschäftsordnung des Aufsichtsrates besteht (dazu Kap. 7.3.2). Dies hat die Auswirkung, daß die Vorstandsbezüge nicht allen Aufsichtsratsmitgliedern bekannt werden.

Die aus Gehalt, Gewinnbeteiligungen, Aufwandsentschädigungen, Versicherungsentgelten, Provisionen und Nebenleistungen jeder Art bestehenden *Gesamtbezüge* sollen nach § 87 AktG in einem angemessenen Verhältnis zu den Aufgaben des Vorstandsmitglieds und zur Lage der Gesellschaft stehen. Ist ein Vorstandsmitglied zugleich auch Mehrheitsaktionär, so ist die Angemessenheit der Bezüge auch aus steuerlichen Gründen zu überprüfen. Zwar läßt sich die für die GmbH entwickelte Rechtsprechung zur verdeckten Gewinnausschüttung nicht ohne weiteres auf Aktiengesellschaften übertragen, schon weil der Vorstand seinen Dienstvertrag nicht mit der Gesellschafterversammlung, sondern mit dem Aufsichtsrat (§ 112 AktG) schließt. Der Bundesfinanzhof hat jedoch entschieden, daß die Strukturverschiedenheiten zwischen der GmbH und der Aktiengesellschaft nicht die Möglichkeit ausschließen, daß der Mehrheitsaktionär, der Vorstandsmitglied ist, die ihm gegebenen Einflußmöglichkeiten bei der Regelung von Rechtsverhältnissen zwischen ihm und der Aktiengesellschaft einseitig in seinem Interesse ausnutzt. Von daher hält der BFH die Annahme von verdeckten Gewinnausschüttungen durch überhöhte Vorstandsbezüge nicht von vornherein für ausgeschlossen und hatte in dem konkret entschiedenen Fall das Vorliegen einer verdeckten Gewinnausschüttung bejaht (BFH BStBl 1976 II, S. 74).

Die Bezüge der Vorstandsmitglieder sind der Lohnbesteuerung unterworfen, es besteht aber keine Sozialversicherungspflicht (vgl. § 1 S. 4 SGB VI). Aufgrund der fehlenden Arbeitnehmereigenschaft sind Rechtsstreitigkeiten des Vorstands mit der Aktiengesellschaft auch nicht bei den Arbeitsgerichten, sondern bei den ordentlichen Gerichten auszutragen (vgl. § 5 Abs. 1 S. 3 ArbGG).

Nach § 86 AktG ist eine Gewinntantieme der Vorstandsmitglieder zwingend nach dem *Jahresüberschuß*, vermindert um einen Verlustvortrag aus dem Vorjahr und um die Beträge, die nach Gesetz oder Satzung aus dem Jahresüberschuß in Gewinnrücklagen einzustellen sind, zu bemessen. In diesem Fall ist die Gewinnbeteiligung unabhängig vom Ausschüttungsverhalten der Aktiengesellschaft.

Die Gewinnbeteiligung kann aber auch vom Jahresgewinn losgelöst und statt dessen von der *Dividendenzahlung* abhängig gemacht werden. Ist die Aktiengesellschaft durch einen Gewinnabführungsvertrag mit einem beherrschenden Unternehmen verbunden, so gilt statt der Dividende der Betrag der Gewinnabführung als Bemessungsgrundlage.

Die in Übereinstimmung mit § 87 Abs. 1 AktG angemessen festgesetzten Vorstandsbezüge können indessen bei Eintritt einer wesentlichen Verschlechterung der wirtschaftlichen Situation der Aktiengesellschaft vom Aufsichtsrat *herabgesetzt* werden, wenn die Weitergewährung der ursprünglich angemessenen Bezüge ein schwere Unbilligkeit für die Gesellschaft darstellen würde (§ 87 Abs. 2 AktG). Die Herabsetzung der Bezüge läßt den Dienstvertrag im übrigen unberührt, doch kann das betroffene Vorstandsmitglied die Herabsetzung zum Anlaß nehmen, seinen Dienstvertrag mit einer Frist von sechs Wochen für den Ablauf des nächsten Kalendervierteljahrs zu kündigen.

6.2.3 Aktienbezugsrechte (Stock Options)

Seit 1998 ist die Einräumung von Bezugsrechten auf Aktien an Arbeitnehmer und Vorstandsmitglieder zulässig, sogenannte Stock Options; Aufsichtsratsmitglieder sind ausgeschlossen (§§ 192 Abs. 2 Nr. 3, 193 Abs. 2 Nr. 4 AktG). Der Aktienoptionsplan bedarf eines mit Dreiviertelmehrheit zu fassenden Beschlusses der Hauptversammlung, denn er stellt einen Eingriff in die den Aktionären grundsätzlich zustehenden Bezugrechte bezüglich aller neuen Aktien dar.

Die Aktiengesellschaft räumt mit dem Aktienoptionsplan den Begünstigten das Recht ein, Aktien der Gesellschaft nach festgelegten Vorgaben zu beziehen. Dieser Plan bestimmt insbesondere den Ausgabebetrag, die Erfolgsziele, Erwerbs- und Ausübungszeiträume und die Wartezeit für die erstmalige Ausübung. Die Ausübungsfrist sollte wegen des mit dem Aktienoptionsplan verfolgten Zwecks, nämlich langfristige Steigerung des Aktienkurses aufgrund der Leistungen von Management und Arbeitnehmern, nicht zu kurz sein; nach § 193 Abs. 2 Nr. 4 AktG besteht eine Mindestwartezeit von zwei Jahren. Der auch als Basispreis bezeichnete Ausgabebetrag entspricht regelmäßig dem Aktienkurs im Zeitpunkt der Einräumung der Optionen.

Ist der Kurs der Aktie bei Ablauf der Ausübungsfrist gestiegen, so werden die Begünstigten die ihnen zustehenden Aktien zum Basispreis von der Aktiengesellschaft erwerben, zum aktuellen Kurs veräußern und auf diese Weise die Kurssteigerung für sich realisieren. Die Aktiengesellschaft beschafft die Aktien wiederum aus dem bedingten Kapital, das bei der Beschlußfassung der Hauptversammlung über den Aktienoptionsplan begründet worden war (§ 192 Abs. 2 Nr. 3 AktG; dazu Kap. 10.2).

6.2.4 Beendigung von Vorstandsamt und Dienstvertrag

Im Regelfall enden Vorstandsamt und Dienstvertrag durch Ablauf der Fünfjahresfrist. Vorstandsamt und Dienstvertrag können auch dadurch beendet werden, daß das Vorstandsmitglied und der Aufsichtsrat sich auf eine Beendigung übereinstimmend verständigen. Das Amt als Vorstand und die Anstellung können ferner dadurch enden, daß der Vorstand sein Amt aus wichtigem Grunde niederlegt, z. B. weil die Hauptversammlung ihm unberechtigterweise die Entlastung (§ 120 AktG) verweigert. Schließlich können Vorstandsamt und Anstellung dadurch ihr Ende finden, daß der Aufsichtsrat die Bestellung zum Vorstandsmitglied bei Vorliegen eines *wichtigen Grundes* widerruft. Als wichtiger Grund gelten nach § 84 Abs. 3 AktG insbesondere

- grobe Pflichtverletzung,
- Unfähigkeit zur ordnungsmäßigen Geschäftsführung oder
- Vertrauensentzug durch die Hauptversammlung aus sachlichen Gründen.

Grundsätzlich liegt ein wichtiger Grund vor, wenn die Fortsetzung der Vorstandstätigkeit bis zum Ende der Amtszeit für die Aktiengesellschaft unzumutbar ist. Dabei sind die Interessen der Aktiengesellschaft und des Vorstandsmitglieds gegeneinander abzuwiegen.

Einen wichtigen Grund kann der Verstoß gegen das *Wettbewerbsverbot* gemäß § 88 AktG darstellen. Danach dürfen Vorstandsmitglieder ohne Einwilligung des Aufsichtsrats weder ein Handelsgewerbe betreiben noch im Geschäftszweig der Gesellschaft für eigene oder fremde Rechnung Geschäfte machen, sie dürfen auch nicht Mitglied des Vorstands oder Geschäftsführer oder persönlich haftender Gesellschafter einer anderen Handelsgesellschaft sein.

Durch diese Vorschrift wird der Schutz der Aktiengesellschaft vor anderweitigem Einsatz der Arbeitskraft der Vorstandsmitglieder bezweckt, ferner der Schutz vor *Wettbewerbshandlungen*. Bei Verstößen gegen dieses Verbot kann die Gesellschaft Schadensersatz fordern oder in die von dem Vorstand geschlossenen Verträge eintreten, um auf diese Weise den Geschäftsgewinn an sich zu ziehen. Durch entsprechende vertragliche Vereinbarungen mit dem Vorstand kann das Wettbewerbsverbot auf die Zeit nach dem Ausscheiden des Vorstandsmitglieds erweitert werden, wobei zeitliche und räumliche Grenzen festzulegen sind, damit das Wettbewerbsverbot nicht wegen Sittenwidrigkeit unwirksam ist.

6.3 Geschäftsführung, Vertretung

Unter *Geschäftsführung* versteht man jegliche tatsächliche oder rechtsgeschäftliche Tätigkeit für die Aktiengesellschaft, sie umfaßt die Leitung des Unternehmens, aber auch jede unternehmensinterne oder gegenüber Außenstehenden vorgenommene Einzelmaßnahme. Die *Vertretung* ist jedes nach außen gerichtete rechtsgeschäftliche Handeln im Namen der Gesellschaft und mit Wirkung für diese. Eine bestimmte Maßnahme des Vorstands, z. B. der Kauf einer Maschine, ist zugleich eine Geschäftsführungsmaßnahme und eine Vertretungshandlung. Die Unterscheidung von Geschäftsführung und Vertretung ist die nach dem Innenverhältnis und nach dem Außenverhältnis; die Geschäftsführungsbefugnis beantwortet die Frage, welche Handlungen der Vorstand vornehmen *darf* (§ 82 Abs. 2 AktG). Die Vertretungsmacht hingegen entscheidet, was der Vorstand mit rechtlicher Wirkung für oder gegen die von ihm vertretene Aktiengesellschaft bewirken *kann*.

In der Regel ist die Vertretungsmacht weiter als die Geschäftsführungsbefugnis. Kauft beispielsweise der Einzelvorstand einer Aktiengesellschaft ein Grundstück, so wird die Aktiengesellschaft gem. § 78 Abs. 1 AktG durch diesen Kaufvertrag ohne weiteres berechtigt und verpflichtet, d. h. sie erwirbt das Eigentum, zugleich aber auch die Verpflichtung zur Kaufpreiszahlung. Bestand für den Grundstückskauf keine Geschäftsführungsbefugnis, z. B. weil ein gem. § 111 Abs. 4 S. 2 AktG vom Aufsichtsrat begründeter Zustimmungsvorbehalt (dazu Kap. 7.1.1) nicht beachtet worden ist, so ist der Kaufvertrag dennoch wirksam. Der Verstoß gegen die dem Vorstand gem. § 82 Abs. 2 AktG obliegende Verpflichtung zur Beachtung von Beschränkungen der Geschäftsführungsbefugnis kann gem. § 93 Abs. 2 AktG zu Schadensersatzverpflichtungen führen und überdies einen wichtigen Grund für die Abberufung (§ 84 Abs. 3 AktG) und die fristlose Kündigung des Anstellungsvertrages darstellen.

Besteht der Vorstand nur aus einer Person, so ist die *Geschäftsführungsbefugnis* auf seine Person konzentriert; besteht der Vorstand aus mehreren Personen, so sind sämtliche Vorstandsmitglieder nur gemeinschaftlich zur Geschäftsführung befugt, wobei die Satzung oder die Geschäftsordnung des Vorstands Abweichendes bestimmen kann (§ 77 Abs. 1 AktG). Die Gründer der Aktiengesellschaft können bereits durch die Satzung einzelne Fragen der Geschäftsordnung mit bindender Wirkung für Vorstand und Aufsichtsrat regeln oder anordnen, daß der Erlaß der Geschäftsordnung für den Vorstand dem Aufsichtsrat übertragen wird; aber auch ohne eine solche Anordnung der Satzung kann der Aufsichtsrat eine Geschäftsordnung für den Vorstand erlassen. Nur wenn weder die Satzung noch der Aufsichtsrat von diesen Möglichkeiten Gebrauch gemacht haben, ist der Vorstand befugt, sich selbst eine Geschäftsordnung zu geben, wobei in diesem Fall der Vorstandsbeschluß über die Geschäftsordnung einstimmig gefaßt werden muß (§ 77 Abs. 2 AktG).

Zum Inhalt der *Geschäftsordnung* trifft das Aktiengesetz keine Bestimmungen. Üblich sind Regelungen über die Zusammenarbeit innerhalb des Vorstands, insbesondere die Geschäftsverteilung, des weiteren über Sitzungen und Beschlüsse, über Ausschüsse und die Zusammenarbeit mit dem Aufsichtsrat. Ferner werden in der Geschäftsordnung die Geschäfte aufgeführt, zu deren Eingehung der Vorstand der Zustimmung des Aufsichtsrates bedarf (dazu Kap. 7.1.1).

Das ist insbesondere dann geboten, wenn die Satzung - auch aus Gründen der Flexibilität - dazu schweigt; im übrigen kann der Aufsichtsrat über die von der Satzung geregelten Vorbehalte hinaus weitere Geschäfte von seiner Zustimmung abhängig machen.

Zumeist enthält die Geschäftsordnung Bestimmungen, daß nicht bei jedem vorzunehmenden Geschäft alle Vorstandsmitglieder gemeinschaftlich handeln müssen, wie es das Gesetz grundsätzlich vorsieht. Die Geschäftsführung kann dadurch erleichtert werden, daß einem Vorstandsmitglied Einzelgeschäftsführungsbefugnis für eine bestimmte Funktion, für eine bestimmte Sparte oder für Geschäfte mit Bezug auf einen bestimmten örtlichen Bezirk oder daß ihm uneingeschränkte Einzelgeschäftsführungsbefugnis eingeräumt wird. Ferner ist zu denken an eine Geschäftsführungsbefugnis zu zweit (Vieraugenprinzip) oder Gesamtgeschäftsführung mit mehrheitlicher Willensbildung. Unzulässig wäre eine Regelung, daß eine Minderheit von Vorstandsmitgliedern oder ein einziges Vorstandsmitglied Meinungsverschiedenheiten im Vorstand gegen die Mehrheit seiner Mitglieder entscheiden können.

Hat der Vorstand sich eine Geschäftsordnung gegeben, so kann diese vom Aufsichtsrat aufgehoben und durch eine neue Geschäftsordnung ersetzt werden. Tritt ein neues Vorstandsmitglied in den Vorstand ein, so bleibt die vom Vorstand früher in Kraft gesetzte Geschäftsordnung unberührt.

Die Regelung über die *Vertretung* der Gesellschaft gilt gleichermaßen für gerichtliche und außergerichtliche Handlungen (§ 78 Abs. 1 AktG). Die Vertretungsbefugnis ist, wie der Wortlaut der Vorschrift zeigt, unbeschränkt; sie kann auch nicht beschränkt werden, weder durch die Satzung noch durch den Aufsichtsrat (§ 82 Abs. 1 AktG). Besteht der Vorstand nur aus einer Person, so ist diese immer uneingeschränkt vertretungsbefugt. Besteht der Vorstand jedoch aus mehreren Personen, so sind nach § 78 Abs. 2 AktG sämtliche Vorstandsmitglieder grundsätzlich nur gemeinschaftlich zur Vertretung der Gesellschaft befugt. Die Satzung kann abweichend davon bestimmen, daß allen oder einzelnen Vorstandsmitgliedern Einzelvertretungsbefugnis verliehen wird; des weiteren kann gemeinschaftliche Vertretung durch zwei oder mehr Vorstandsmitglieder angeordnet werden, schließlich die unechte Gesamtvertretung, bei der ein Vorstandsmitglied die Gesellschaft zusammen mit einem Prokuristen vertritt (§ 78 Abs. 3 AktG). Trifft die Satzung derartige Regelungen nicht, so kann der Aufsichtsrat entsprechende Bestimmungen erlassen, sofern die Satzung ihn dazu ausdrücklich ermächtigt (§ 78 Abs. 3 AktG).

Die unbeschränkte Vertretungsmacht des Vorstands wird indessen eingeschränkt durch die allgemein geltende Vorschrift des *§ 181 BGB*, das sog. Selbstkontrahierungsverbot. Danach ist es nicht zulässig, daß eine Person, die als Vertreter einer anderen Person auftritt, im Namen der vertretenen Person, das wäre hier die Aktiengesellschaft, mit

(1.) sich selbst im eigenen Namen oder

(2.) sich als dem Vertreter einer weiteren vertretenen Person

ein Rechtsgeschäft vornimmt. Von diesem Verbot kann durch die vertretene Person Befreiung erteilt werden; im Aktienrecht schließt die Vorschrift des § 112 AktG, wonach bei Rechtsgeschäften des Vorstands mit der Aktiengesellschaft diese vom Aufsichtsrat vertreten wird, eine Befreiung von dem Verbot des § 181 BGB, *erste* Variante, aus; zulässig ist es indessen, den Vorstand vom Selbstkontrahierungsverbot zu befreien, soweit es darum geht, daß dieser auf der einen Seite im Namen der Aktiengesellschaft und auf der anderen Seite im Namen einer anderen von ihm vertretenen natürlichen oder juristischen Person handeln können soll (zu § 112 AktG s. Kap. 7.4).

Das Prinzip der Vertretung der Aktiengesellschaft durch den Vorstand gemäß § 78 Abs. 1 AktG schließt natürlich nicht aus, daß die Aktiengesellschaft auch durch andere *Bevollmächtigte* vertreten wird, nämlich durch Prokuristen (§ 48 HGB) und Handlungsbevollmächtigte (§ 54 HGB). Zuständig für die Erteilung derartiger Vollmachten ist allein der Vorstand; gem. § 111 Abs. 4 S. 2 AktG kann die Erteilung von Prokura und Handlungsvollmacht jedoch an die Zustimmung des Aufsichtsrats gebunden werden. Die Befugnis zur Vollmachtserteilung schließt auch die Generalvollmacht ein, das ist eine Handlungsvollmacht mit einer über den Rahmen von § 54 HGB hinausgehenden Vertretungsmacht. Voraussetzung dafür ist, daß die Vertretungsbefugnis des Vorstands unberührt bleibt und die Vollmacht widerruflich ist (Hüffer, Rz. 10 zu § 78 AktG).

Die Verpflichtung des Vorstands gem. § 82 Abs. 2 AktG, die ihm durch aktienrechtskonforme Regelungen auferlegten Beschränkungen einzuhalten, umfaßt nicht die Verpflichtung, Weisungen des Aufsichtsrats oder der Hauptversammlung, mit denen diese bestimmte Maßnahmen positiv-gebietend durchsetzen wollen, zu befolgen. Der Aufsichtsrat hat lediglich ein *Vetorecht*. Eine Beschränkung der Handlungsfreiheit des Vorstands durch die Hauptversammlung kommt nur dann in Betracht, wenn der Vorstand eine Entscheidung der Hauptversammlung gem. § 119 Abs. 2 AktG herbeigeführt hat (siehe dazu unten Kap. 8.3.2). Im übrigen ist der Vorstand im Rahmen des Gesellschaftszwecks und des Unternehmensgegenstands unbegrenzt geschäftsführungsbefugt.

Die Vertretungsmacht des Vorstands ist in einigen Fällen durch das Aktiengesetz begrenzt. Der Vorstand darf die Gesellschaft nicht vertreten bei Rechtsgeschäften mit sich selbst im eigenen Namen (siehe weiter oben) und zur Geltendmachung von Ersatzansprüchen, soweit gem. § 147 AktG dafür besondere Vertreter bestellt sind. Bei der Erhebung einer Anfechtungsklage gegen einen Hauptversammlungsbeschluß (dazu Kap. 8.7.2) seitens des Vorstands oder eines Vorstandsmitglieds wird die Gesellschaft durch den Aufsichtsrat, bei Klage eines Aufsichtsratsmitglieds wird sie durch den Vorstand vertreten. Schließlich ist eine Reihe von Rechtsgeschäften des Vorstands nur wirksam mit *Zustimmung der Hauptversammlung*:

- Verzicht auf Ansprüche aus Gründerhaftung (§§ 50 S. 1, 53 S. 1 AktG),
- nachgründende Verträge (§ 52 Abs. 1 AktG),
- Verzicht auf Schadensersatzansprüche gegen Aufsichtsratsmitglieder (§§ 93 Abs. 4 S. 3, 116 AktG),
- Verzicht auf Schadensersatz bei Einflußnahme nach § 117 AktG,
- Verpflichtung zur Übertragung des ganzen Gesellschaftsvermögens (§ 179a AktG),
- Abschluß und Änderung von Unternehmensverträgen (§§ 293, 295 AktG),
- Verzicht auf Ersatzansprüche der Aktiengesellschaft nach §§ 309, 310, 317, 318 AktG.

6.4 Berichte an den Aufsichtsrat

Die dem Vorstand durch § 90 AktG auferlegte Berichtspflicht steht im Zusammenhang mit der Überwachungsfunktion des Aufsichtsrats gem. § 111 AktG. Aufgrund der Berichte soll der Aufsichtsrat in die Lage versetzt werden, eine nicht nur zurückschauende, sondern auch auf künftige Entwicklungen ausgerichtete *Kontrolle* wirksam durchzuführen. Der Vorstand hat grundsätzlich selbst die Initiative zur Berichterstattung zu ergreifen; dem Aufsichtsrat steht es aber frei, auch von sich aus eine Berichterstattung anzufordern.

Nach § 90 Abs. 1 AktG hat der Vorstand dem Aufsichtsrat unaufgefordert zu berichten über

1. die beabsichtigte Geschäftspolitik und andere grundsätzliche Fragen der *Unternehmensplanung* (insbesondere die Finanz-, Investitions- und Personalplanung);
   die Neuregelung hat klarstellenden Charakter, denn schon vor der Gesetzesänderung galt es als selbstverständlich, daß der Vorstand zur Unternehmensplanung verpflichtet ist und er den Aufsichtsrat darüber informiert hält. Ohne diese Berichte ist der Aufsichtsrat auch gar nicht in der Lage, eine nicht nur vergangenheitsbezogene, sondern in die Zukunft gerichtete Überwachung der Vorstandstätigkeit auszuüben. Die Unternehmensplanung umfaßt die kurz-, mittel- und langfristige Planung, und sie erstreckt sich nicht lediglich auf die im Gesetz beispielhaft genannten Bereiche, sondern auch auf Produktion, Absatz und Beschaffung. Dazu kommen, je nach Bedarf, auch der Entwicklungsplan, der Kostenplan, der Ergebnisplan usw. Gemeint ist hier die strategische Planung im Unterschied zu der operativen Planung, wobei aber

nicht nur über vorgesehene Veränderungen, sondern über alle wesentlichen Aspekte der Unternehmenstätigkeit zu berichten ist (Hüffer, Rz. 4 zu § 90 AktG);

dieser Bericht ist mindestens einmal jährlich zu erstatten, wenn nicht Änderungen der Lage oder neue Fragen eine unverzüglich Berichterstattung gebieten (§ 90 Abs. 2 Nr. 1 AktG);

2. die Rentabilität der Gesellschaft, insbesondere die *Rentabilität* des Eigenkapitals;

   die Rentabilität wird bestimmt durch das Verhältnis von Unternehmensertrag zum eingesetzten Kapital, sie drückt dessen Verzinsung aus. Weitere notwendige Angaben sind die Gesamtkapitalrendite, die Umsatzrendite und der *Cash-Flow*. Der Cash-Flow ist eine betriebswirtschaftliche Kennzahl, die den aus der laufenden Umsatztätigkeit resultierenden Finanzmittelüberschuß zeigt, der der Unternehmung für Investitionsausgaben, Tilgungszahlungen und Gewinnausschüttungen zur Verfügung steht. Er wird abgeleitet aus dem Jahresüberschuß durch Hinzurechnung aller nicht auszahlungswirksamen Aufwendungen und Kürzung aller nicht einzahlungswirksamen Erträge. Eine Faustformel besagt, daß der Cash-Flow dem Jahresergebnis zuzüglich Abschreibungen und Erhöhung der Rückstellungen entspricht;

   dieser Bericht ist in der Aufsichtsratssitzung, in der über den Jahresabschluß verhandelt wird, zu erstatten (§§ 90 Abs. 2 Nr. 2, 171 Abs. 1 S. 2 AktG);

3. den *Gang der Geschäfte*, insbesondere Umsatz und Lage der Gesellschaft;

   der Vorstand hat in seinem Bericht aussagekräftiges und hinreichend gegliedertes und detailliertes Zahlenmaterial vorzulegen. Die Abweichung von den Planzahlen ist zu erläutern, die Auswirkungen auf die Ertragslage und die Liquidität sind darzustellen;

   diese Berichte sind regelmäßig, mindestens vierteljährlich zu erteilen (§ 90 Abs. 2 Nr. 3 AktG);

4. Geschäfte, die für die Rentabilität oder Liquidität der Gesellschaft von erheblicher Bedeutung sein können;

   hier geht es um *einzelne Maßnahmen*, die wegen ihrer großen Bedeutung auf die Rentabilität oder die Liquidität der Gesellschaft durchschlagen. Dies kann auf der Einnahmenseite der Abschluß eines großen Liefervertrages sein, auf der Kostenseite der Erwerb eines Betriebs oder einer Beteiligung;

   die Berichte sind möglichst so rechtzeitig zu erstatten, daß der Aufsichtsrat vor Vornahme der Geschäfte Gelegenheit hat, zu ihnen Stellung zu nehmen (§ 90 Abs. 2 Nr. 4 AktG).

Neben diesen *periodischen* Berichtspflichten besteht gem. § 90 Abs. 1 S. 2 AktG die Verpflichtung des Vorstands, von sich aus außerhalb dieses Turnus an den Vorsitzenden des Aufsichtsrates zu berichten, wenn sonstige wichtige Anlässe bestehen. Bei diesen dürfte es sich in den meisten Fällen um Ereignisse handeln dürfte, die *plötzlich* von außen an die Gesellschaft herangetragen werden, wie z. B. erhebliche Betriebsstörungen, Arbeitskampf, empfindliche behördliche Auflagen, wesentliche Steuernachforderungen, Gefährdungen größerer Außenstände, Liquiditätsprobleme (vgl. Hüffer, Rz. 8 zu § 90 AktG).

Der Vorstand hat gem. § 90 Abs. 3 AktG zusätzlich Bericht zu erstatten, wenn er von dem Aufsichtsrat aufgefordert wird, über bestimmte Angelegenheiten der Gesellschaft zu berichten. Der Gegenstand der Berichte nach § 90 Abs. 3 AktG überschneidet sich mit dem der gem. § 90 Abs. 1 AktG periodisch zu erteilenden Berichte. Mit Hilfe dieser *Anforderungsberichte* kann der Aufsichtsrat sich auch außerhalb des Turnus informieren und inhaltlich tiefer in den Gegenstand der Berichterstattung eindringen.

Nach § 90 Abs. 4 AktG haben die Berichte den Grundsätzen einer gewissenhaften und getreuen Rechenschaft zu entsprechen. Daraus wird abgeleitet, daß die Berichte schriftlich abzufassen sind, und daß sie klar gegliedert und übersichtlich, vollständig und sachlich zutreffend sein müssen (Hüffer, Rz. 13 zu § 90 AktG).

Die Berichte an den Aufsichtsrat werden dem Gesamtgremium, vertreten durch den Aufsichtsratsvorsitzenden, erteilt. Jedes Aufsichtsratsmitglied darf die schriftlichen Berichte lesen und die mündlichen Berichte anhören. Der Aufsichtsrat kann jedoch beschließen, daß die Aushändigung der schriftlichen Berichte an jedes einzelne Aufsichtsratsmitglied unterbleibt (§ 90 Abs. 5 S. 2 AktG).

6.5 Schadensersatzpflicht

6.5.1 Haftungsvoraussetzungen

Sorgfaltsmaßstab
Der Eigenverantwortlichkeit und Weisungsfreiheit des Vorstands (§ 76 Abs. 1 AktG) steht eine besonders *strenge* Haftung der Vorstandsmitglieder gegenüber. Nach § 93 Abs. 2 AktG sind Vorstandsmitglieder, die ihre Pflichten verletzen, der Gesellschaft zum Schadensersatz verpflichtet. Das bedeutet allerdings nicht, daß der Vorstand persönlich für jeden geschäftlichen Fehlschlag einzustehen hat, ihm bleibt vielmehr ein gewisser Ermessensspielraum erhalten. Erst wenn das Handeln des Vorstands schlechthin *unvertretbar* erscheint, kommen Schadensersatzansprüche in Betracht. Vorliegen muß eine schuldhafte Pflichtverletzung des Vorstandsmitglieds, wodurch die Aktiengesellschaft geschädigt worden ist. Die Aktiengesellschaft muß beweisen, daß ihr ein Schaden entstanden ist und daß dieser auf einer Handlung des beklagten Vorstandsmitglieds zurückgeht. Der Vorstand wiederum ist darlegungs- und beweispflichtig, daß er nicht pflichtwidrig oder nicht schuldhaft gehandelt hat oder daß der

Schaden auch bei pflichtgemäßem Verhalten eingetreten wäre. Diese Verteilung der Darlegungs- und Beweislast ist eine Besonderheit der Vorstandshaftung, geregelt in § 93 Abs. 2 S. 2 AktG, wonach das auf Schadensersatz in Anspruch genommene Vorstandsmitglied zu beweisen hat, daß es die Sorgfalt eines ordentlichen und gewissenhaften Geschäftsleiters angewandt hat.

Aktienrechtliche Sondertatbestände

Schadensersatzpflicht besteht gem. § 93 Abs. 3 AktG insbesondere dann, wenn entgegen den Vorschriften des Aktiengesetzes

1. Einlagen an die Aktionäre zurückgewährt werden;
2. den Aktionären Zinsen oder Gewinnanteile gezahlt werden;
   dies betrifft insbesondere Verstöße gegen §§ 57, 58 AktG, wonach den Aktionären die Einlagen nicht zurückgewährt werden dürfen, ihnen keine Zinsen auf die Einlagen geleistet noch Gewinne ausgezahlt werden dürfen, die von der Verteilung unter die Aktionäre ausgeschlossen sind;
3. *eigene Aktien* der Gesellschaft oder einer anderen Gesellschaft gezeichnet, erworben, als Pfand genommen oder eingezogen werden;
   dies betrifft das Verbot, eigene Aktien oder Aktien des beherrschenden oder mit Mehrheit beteiligten Unternehmens zu zeichnen (§ 56 Abs. 1 AktG), eigene Aktien als Pfand zu nehmen oder zu erwerben (§ 71 AktG) bzw. einzuziehen (§ 237 AktG). Der Erwerb und die Einziehung von Aktien ist nur unter bestimmten, eingeschränkten Voraussetzungen möglich, und jeder Verstoß dagegen löst die Schadensersatzpflicht aus.
   Der Erwerb eigener Aktien bis zur Höchstgrenze von insgesamt 10 % des Grundkapitals (§ 71 Abs. 2 AktG) kommt vor allem in folgenden Fällen in Betracht:

§ 71 Abs. 1 Nr. 2 AktG

Die Gesellschaft kauft eigene Aktien, um sie Arbeitnehmern oder Organmitgliedern zum Kauf anzubieten. Ursprünglich galt das nur zum Weiterverkauf als Belegschaftsaktien an gegenwärtige Arbeitnehmer der Gesellschaft; im Jahre 1994 wurde der Kreis der Berechtigten erstreckt auf ehemalige, also in den Ruhestand getretene Mitarbeiter.

§ 71 Abs. 1 Nr. 8 AktG

Neu eingeführt durch das KonTraG wurde der Erwerb eigener Aktien aufgrund einer Ermächtigung durch die Hauptversammlung. Der Hauptversammlungsbeschluß muß den Zweck der Ermächtigung, den Höchst- und Niedrigstpreis sowie die Dauer - höchstens 18 Monate - festlegen. Der Erwerb eigener Aktien kann sinnvoll sein, wenn das Grundkapital der Aktiengesellschaft dauerhaft zu hoch ist und die erwirtschaftete Eigenkapitalrendite infolgedessen zu niedrig ist. Durch die Reduzierung der Zahl der dividendenberechtigten Aktien erhöht sich der Gewinn je Aktie bei den im Umlauf ver-

bleibenden Aktien. Infolge des Rückkaufs verringert sich der Anteil an liqui-
den Mitteln und die Kapitalstruktur verbessert sich. Die Effizienz wird erhöht, denn die Mittel, für deren Verwendung keine Planung besteht, werden
aus der Gesellschaft gezogen. Schlägt der Vorstand der Hauptversammlung
einen Aktienrückkauf vor, so kann dies von den Aktionären aber auch als
Eingeständnis fehlender Kreativität beim Aufschließen von neuen Betäti-
gungsfeldern gedeutet werden; diese Maßnahme bedarf somit einer überzeu-
genden Begründung. Die neue Regelung über den Aktienrückkauf wurde insgesamt positiv von der Wirtschaft aufgenommen. Zwischenzeitlich ist die
steuerrichtliche Behandlung des Erwerbs eigener Aktien geklärt (BMF-
Schreiben vom 02.12.1998 - BStBl. 1998 I, S. 1509).
Erlaubt ist im Rahmen des § 71 Abs. 1 Nr. 8 AktG auch der Erwerb eigener
Aktien zur kurzfristigen Kurspflege bei einem Börsen-Crash; eine kontinu-
ierliche Kurspflege mittels Erwerb eigener Aktien ist indessen weiterhin unzulässig;

4. Aktien vor der vollen Leistung des Ausgabebetrags ausgegeben werden;
   dies zielt auf die Ausgabe von Inhaberaktien vor der vollen Leistung entgegen § 10 Abs. 2 AktG;

5. Gesellschaftsvermögen verteilt wird;
   dies gilt insbesondere dann, wenn unter Verstoß gegen § 57 Abs. 3 AktG
   unter die Aktionäre mehr als nur der Bilanzgewinn verteilt wird, mit anderen
   Worten eine *verbotene Einlagenrückgewähr* stattfindet;

6. Zahlungen geleistet werden, nachdem die Zahlungsunfähigkeit der Gesellschaft eingetreten ist oder sich ihre Überschuldung ergeben hat;
   die Ersatzpflicht tritt nicht ein, wenn die Zahlungen mit der Sorgfalt eines
   ordentlichen und gewissenhaften Geschäftsleiter vereinbar sind (§ 92 Abs. 3
   S. 2 AktG);

7. Vergütungen an Aufsichtsratsmitglieder gewährt werden;
   dies betrifft die Zahlung von Aufsichtsratsvergütungen (§ 113 AktG), die nur
   aufgrund einer entsprechenden Regelung in der Satzung oder eines Hauptversammlungsbeschlusses gewährt werden dürfen und ohne eine solche Grundlage unrechtmäßig sind und der Rückforderung unterliegen (dazu Kap. 7.4);
   entsprechendes gilt gem. § 114 AktG für Zahlungen an Aufsichtsratsmitglieder aus ungenehmigten Dienst- oder Werkverträgen für Tätigkeiten "höherer
   Art" (§ 627 BGB);

8. Kredit gewährt wird;
   dies betrifft ungenehmigte Kredite an
   - Vorstandsmitglieder (§ 89 Abs. 1 AktG) und
   - Aufsichtsratsmitglieder und ihnen nahestehende Personen (§ 115 AktG);
   Kredite an Mitglieder von Vorstand und Aufsichtsrat bedürfen eines zuvor zu
   fassenden Aufsichtsratsbeschlusses;

9. Bezugsaktien bei der bedingten Kapitalerhöhung außerhalb des festgesetzten Zwecks oder vor der vollen Leistung des Gegenwerts ausgegeben werden; dies betrifft einen Verstoß gegen § 199 Abs. 1 AktG.

Unterbilanz-/Differenzhaftung
Der Vorstand macht sich gegenüber der Aktiengesellschaft schadensersatzpflichtig, wenn er seiner Verpflichtung zur Geltendmachung der Ansprüche der Aktiengesellschaft gegen die Gründer bzw. Sacheinlagepflichtige aus Unterbilanzhaftung und Differenzhaftung (dazu Kap. 6.1.8) nicht nachkommt.

Einflußnahme
Eine Schadensersatzpflicht von Vorstandsmitgliedern kommt nach § 117 Abs. 2 AktG in Betracht, wenn der Gesellschaft wegen Einflußnahme seitens Dritter ein Schaden entsteht und das Vorstandsmitglied pflichtwidrig gehandelt hat. Nutzt irgend jemand, z. B. ein Aktionär, Lieferant oder Kreditgeber oder ein anderes Vorstands- oder Aufsichtsratsmitglied, seinen Einfluß auf die Gesellschaft aus, um ein Vorstands- oder Aufsichtsratsmitglied, einen Prokuristen oder Handlungsbevollmächtigten dazu zu bestimmen, zum Schaden der Gesellschaft oder ihrer Aktionäre zu handeln, so macht er sich gegenüber der Gesellschaft und gegebenenfalls gegenüber den Aktionären (§ 117 Abs. 1 Satz 2 AktG) und den Gläubigern (§ 117 Abs. 5 AktG) schadensersatzpflichtig. Das gilt nicht, wenn die Einflußnahme geschieht durch Ausübung
1. des Stimmrechts in der Hauptversammlung,
2. der Leitungsmacht aufgrund eines Beherrschungsvertrages (§ 291 AktG),
3. der Leitungsmacht einer Hauptgesellschaft (§ 319 AktG), in die die Gesellschaft eingegliedert ist
(§ 117 Abs. 7 AktG). Die Ansprüche der Aktiengesellschaft gegen den Einflußnehmer werden grundsätzlich vom Vorstand geltend gemacht; die Hauptversammlung bzw. eine Minderheit von 10 % des Grundkapitals kann aber nach § 147 AktG eingreifen (dazu Kap. 8.1). Neben dem *Einflußnehmer* haften als Gesamtschuldner diejenigen Mitglieder des *Vorstands* und des *Aufsichtsrats*, die pflichtwidrig gehandelt haben. Sie haften allerdings gegenüber der Gesellschaft und den Aktionären nicht, wenn sie aufgrund eines gesetzmäßigen Beschlusses der Hauptversammlung, insbesondere nach § 119 Abs. 2 AktG, gehandelt haben (§ 117 Abs. 2 Satz 3 AktG); das gilt nicht gegenüber Schadenersatzansprüchen von Gesellschaftsgläubigern der zahlungsunfähig gewordenen Aktiengesellschaft (§ 117 Abs. 5 Satz 2 AktG).

Stellvertreter
Die Haftung nach § 93 Abs. 2 AktG trifft auch die *stellvertretenden* Vorstandsmitglieder (§ 94 AktG). Die Schadensersatzansprüche gegen die Vorstandsmitglieder *verjähren* in fünf Jahren, gerechnet ab Entstehung des Anspruchs - un-

abhängig von der Kenntnis der anspruchsberechtigten Gesellschaft - (§ 93 Abs. 6 AktG).

Haftungsausschluß
Die Ersatzpflicht eines Vorstandsmitgliedes gegenüber der *Gesellschaft* scheidet nach § 93 Abs. 4 AktG aus, wenn die Handlung des Vorstands auf einem gesetzmäßigen Beschluß der Hauptversammlung beruht. Dazu kann es kommen, wenn die Hauptversammlung gem. § 111 Abs. 4 S. 3 oder § 119 Abs. 2 AktG auf Verlangen des Vorstands über eine Geschäftsführungsfrage entschieden hat. Demgegenüber schließt die Billigung der Handlung nur durch den Aufsichtsrat die Ersatzpflicht nicht aus (§ 93 Abs. 4 S. 2 AktG).

6.5.2 Geltendmachung

Zuständigkeit
Für die Geltendmachung der Schadensersatzansprüche der Aktiengesellschaft gegen ein Vorstandsmitglied ist gem. § 112 AktG der Aufsichtsrat zuständig (dazu Kap. 7.1.2 und 7.4). Der Aufsichtsrat ist nach § 147 AktG zur Geltendmachung verpflichtet, wenn es die Hauptversammlung beschließt oder eine Minderheit, die über 10 % des Grundkapitals verfügt, dies verlangt (zu § 147 AktG eingehend Kap. 8.1).

Gesellschaftsgläubiger
Ist die Aktiengesellschaft zahlungsunfähig, so können die Gläubiger gem. § 93 Abs. 5 AktG die Vorstandsmitglieder unmittelbar in Anspruch nehmen, sofern dem betreffenden Vorstandsmitglied eine *gröbliche Verletzung* der Sorgfalt eines ordentlichen und gewissenhaften Geschäftsleiters anzulasten ist; bei Einflußnahme im Sinne des § 117 AktG gilt diese Haftungseinschränkung nicht. Die außenstehenden Gläubiger müssen sich weder einen Verzicht oder einen Vergleich der Gesellschaft mit dem Vorstandsmitglied entgegenhalten lassen noch einen der Handlung des Vorstands zustimmenden Beschluß der Hauptversammlung gem. § 119 Abs. 2 AktG, denn diese haben keine Wirkung im Außenverhältnis, sie schützen den Vorstand lediglich gegen Schadensersatzansprüche der Aktiengesellschaft.

Verzicht. Vergleich
Ein Verzicht der Gesellschaft auf Schadensersatzansprüche gegen den Vorstand oder ein Vergleich darüber ist nur möglich, wenn die Hauptversammlung dem mit einfacher Mehrheit zustimmt und nicht eine Minderheit, die über 10 % des Grundkapitals verfügt, dagegen Widerspruch erhebt. Ein derartiger Verzicht oder Vergleich kann frühestens drei Jahre nach der Entstehung des Anspruchs vereinbart werden (§ 93 Abs. 4 Satz 3 AktG).

7   Aufsichtsrat

Bei der Gesellschaft mit beschränkter Haftung ist die Bestellung eines Aufsichtsrates nur für mitbestimmte Gesellschaften zwingend erforderlich, bei der Aktiengesellschaft ist sie stets notwendig. Angesichts der eigenverantwortlichen Tätigkeit des Vorstandes ist das Bestehen eines mit weitgehenden Kompetenzen versehenen Aufsichtsrates auch in hohem Maße sinnvoll. Demgegenüber wäre die Wahrnehmung der Überwachungsfunktion durch die Gesellschafter - so wie bei der Gesellschaft mit beschränkter Haftung - ineffizient und bei Publikumsgesellschaften sogar praktisch unmöglich. Die Vorschriften über den Aufsichtsrat finden sich in den §§ 95 - 116 AktG.

7.1   Rechte und Pflichten

Das Aktienrecht weist dem Aufsichtsrat eine bedeutende Rolle im Rahmen der Corporate Governance zu. Corporate Governance umfaßt die Rechte, Aufgaben und Verantwortlichkeiten von Vorstand, Aufsichtsrat und Abschlußprüfer und ihr Zusammenwirken zur Leitung und Überwachung des Unternehmens (vgl. v. Werder, DB 1999, 2221). Durch das KonTraG wurden dem Aufsichtsrat weitere Befugnisse übertragen, die ihm eine bessere Erfüllung seiner Überwachungsfunktion ermöglichen; dazu kommt, daß die Effektivität der Tätigkeit des Abschlußprüfers, der dem Aufsichtsrat berichtet, verbessert wurde. Nachstehend werden die wichtigsten Rechte und Pflichten des Aufsichtsrats zusammenfassend dargestellt.

7.1.1   Überwachung der Geschäftsführung

Die zentrale Aufgabe des Aufsichtsrats ist die Überwachung der Geschäftsführung (§ 111 Abs. 1 AktG). Zu diesem Zweck kann er die Bücher und Schriften der Gesellschaft sowie die Vermögensgegenstände, namentlich die Gesellschaftskasse und die Bestände an Wertpapieren und Waren, *einsehen und prüfen*. Der Aufsichtsrat kann damit auch einzelne seiner Mitglieder oder für bestimmte Aufgaben besondere Sachverständige beauftragen (§ 111 Abs. 2 AktG).

Diese Rechte werden ergänzt durch weitere Befugnisse des Aufsichtsrats.

Von grundlegender Bedeutung ist die dem Aufsichtsrat nach § 84 AktG zugewiesene Berechtigung, die Vorstandsmitglieder zu *bestellen* und sie *abzuberufen*. Durch die Einstellung geeigneter Führungskräfte wird die Güte der Geschäftsführung wesentlich beeinflußt. Bei Fehlentwicklungen kann der Aufsichtsrat durch Abberufung vom Amt und die Beendigung des Anstellungsvertrages zügig Abhilfe schaffen.

Wichtig ist in der Praxis des weiteren die Entgegennahme der von dem Vorstand turnusmäßig nach § 90 Abs. 1 und Abs. 2 AktG zu erteilenden *Berichte*, ferner die ggf. nötig werdende Anforderung von zusätzlichen Berichten beim Vorstand durch den Aufsichtsrat nach § 90 Abs. 3 AktG (siehe dazu oben Kap. 6.4). Durch den Erlaß einer Geschäftsordnung für den Vorstand nach § 77 Abs. 2 AktG nimmt der Aufsichtsrat Einfluß auf die Entscheidungsfindung im Vorstand.

Gegenstand der *Geschäftsordnung* für den Vorstand ist regelmäßig auch die Begründung von Zustimmungsvorbehalten für bestimmte Arten von Geschäften gem. § 111 Abs. 4 S. 2 AktG (Vetorecht). Erteilt der Aufsichtsrat die danach erforderliche Zustimmung nicht, so muß der Vorstand die betreffende Maßnahme unterlassen, sofern nicht gem. § 111 Abs. 4 S. 3 AktG die verweigerte Zustimmung auf Verlangen des Vorstands durch einen Hauptversammlungsbeschluß ersetzt wird (dazu Kap. 8.3.2). Setzt der Vorstand sich darüber hinweg, so ist sein Handeln dennoch wirksam, da die Vertretungsbefugnis nach außen durch das Zustimmungserfordernis nicht eingeschränkt wird (vgl. oben Kap. 6.3). Das Zustimmungserfordernis muß sich auf bestimmte Arten von Geschäften beziehen, keinesfalls kann ein Vetorecht für "alle wesentlichen Geschäfte" begründet werden. Üblich und zulässig ist das Zustimmungserfordernis für die Errichtung neuer Betriebsstätten, für den Erwerb und die Veräußerung von Beteiligungen, für Grundstücksgeschäfte und die Aufnahme und Gewährung größerer Kredite (Hüffer, Rz. 18 zu § 111 AktG). Zuständig für die Erteilung der Zustimmung ist der Aufsichtsrat als Ganzes oder ein aus seiner Mitte gebildeter Ausschuß im Sinne des § 107 Abs. 3 AktG (dazu Kap. 7.3.2).

7.1.2 Einzelne Pflichten

Gründung, Umwandlung
Der Aufsichtsrat hat aufgrund der Vorschriften des Aktiengesetzes und des Umwandlungsgesetzes bestimmte Pflichten bei Gründung und Umwandlung. Von besonderer Bedeutung ist die Pflicht zur Prüfung des Hergangs der Gründung bzw. der Umwandlung; auf die Darstellung oben, insbesondere Kap.4.5 und Kap. 5.3.3, wird hingewiesen.

Abschlußprüfer

Der Aufsichtsrat - und nicht der Vorstand - erteilt dem Abschlußprüfer nach dessen Bestellung durch die Hauptversammlung (§ 119 Abs. 1 Nr. 4 AktG) den Prüfungsauftrag für den Jahresabschluß (§ 111 Abs. 2 Satz 3 AktG).

Prüfung

Der Aufsichtsrat hat gem. § 171 Abs. 1 S. 1 AktG den vom Vorstand aufgestellten Jahresabschluß, den Lagebericht und den Vorschlag für die Verwendung des Bilanzgewinns zu prüfen. Der Abschlußprüfer ist verpflichtet, an der Sitzung des Aufsichtsrats bzw. des mit der Prüfung betrauten Ausschusses, in der der Jahresabschluß behandelt wird, teilzunehmen und dort über die wesentlichen Ergebnisse seiner Prüfung zu berichten (§ 171 Abs. 1 Satz 2 AktG).

Bericht

Der Aufsichtsrat hat über das Ergebnis der Prüfung des Jahresabschlusses, des Lageberichts und des Gewinnverwendungsbeschlusses schriftlich an die Hauptversammlung zu berichten (§ 171 Abs. 2 AktG). In dem Bericht hat der Aufsichtsrat auch mitzuteilen, in welcher Art und in welchem Umfang er die Geschäftsführung der Gesellschaft während des Geschäftsjahrs geprüft hat. Bei börsennotierten Gesellschaften (§ 3 Abs. 2 AktG) hat er insbesondere anzugeben, welche Ausschüsse aus seiner Mitte gebildet worden sind sowie die Zahl der Sitzungen des Aufsichtsrats und der Ausschüsse. Ferner hat er zu dem Ergebnis der Prüfung des Jahresabschlusses durch den Abschlußprüfer Stellung zu nehmen. Der Bericht des Aufsichtsrats schließt mit seiner Erklärung, ob nach dem abschließenden Ergebnis seiner Prüfung Einwendungen zu erheben sind und ob er den vom Vorstand aufgestellten Jahresabschluß billigt.

Der Aufsichtsrat leitet seinen Bericht innerhalb der gesetzlichen Monatsfrist dem Vorstand zu, der daraufhin gem. § 175 Abs. 1 AktG die ordentliche Hauptversammlung einberuft (dazu Kap. 8.4). Die Prüfung des Jahresabschlusses und der anderen Unterlagen ergänzt die Überwachung der Geschäftsführung gem. § 111 Abs. 1 AktG, und deshalb hat jedes Aufsichtsratsmitglied das Recht, von den Vorlagen Kenntnis zu nehmen. Der Anspruch auf Aushändigung dieser Unterlagen steht jedem Aufsichtsratsmitglied zu, sofern der Aufsichtsrat nicht beschließt, daß die Unterlagen nur den Mitgliedern eines Ausschusses auszuhändigen sind (§ 171 Abs. 1 Satz 2 AktG).

Hauptversammlung

Im Zusammenhang mit der Überwachungspflicht des Aufsichtsrats steht auch seine Verpflichtung, eine Hauptversammlung einzuberufen, wenn das Wohl der Gesellschaft es fordert (§ 111 Abs. 3 AktG). Ein Anwendungsfall der Vorschrift liegt vor, wenn der Aufsichtsrat aufgrund seiner Überwachung die Erkenntnis gewonnen hat, daß der Vorstand nicht mehr das Vertrauen der Gesellschaft genießen darf. Die Hauptversammlung kann sodann durch einfachen Beschluß dem betreffenden Vorstandsmitglied das Vertrauen entziehen und dadurch dem Aufsichtsrat ermöglichen, gem. § 84 Abs. 3 AktG die Bestellung zum Vorstandsmitglied zu widerrufen.

Die Mitglieder des Aufsichtsrats sollen ebenso wie die Vorstandsmitglieder an den Hauptversammlungen *teilnehmen* (§ 118 Abs. 2 AktG); darin liegt zugleich das Recht wie auch die Pflicht dieser Personen zur Teilnahme. Es gibt für den Aufsichtsratsvorsitzenden keine Verpflichtung aus dem Aktiengesetz, die *Leitung* der Hauptversammlung zu übernehmen; üblich ist es aber, daß der Aufsichtsratsvorsitzende durch die Satzung dazu bestimmt wird. Die Pflichten des Leiters der Hauptversammlung werden unten (Kap. 8.5.1) dargestellt.

Schadensersatzansprüche
Der Aufsichtsrat hat aufgrund seiner Aufgabe, die Tätigkeit des Vorstands zu überwachen und zu kontrollieren, die Pflicht, das Bestehen von Schadensersatzansprüchen der Gesellschaft gegen Vorstandsmitglieder eigenverantwortlich zu prüfen. Dabei hat er zu berücksichtigen, daß dem Vorstand für die Leitung der Geschäfte ein weiter Handlungsspielraum zugebilligt werden muß, ohne den ein unternehmerisches Handeln schlechterdings nicht denkbar ist (vgl. Kap. 6.5.1). Kommt der Aufsichtsrat zu dem Ergebnis, daß sich der Vorstand schadensersatzpflichtig gemacht hat, so muß er aufgrund einer sorgfältigen und sachgerecht durchzuführenden Risikoanalyse abschätzen, ob und in welchem Umfang die gerichtliche Geltendmachung zu einem Ausgleich des entstandenen Schadens führt. Dabei kann Gewißheit, daß die Schadensersatzklage zum Erfolg führen wird, nicht verlangt werden. Stehen der Aktiengesellschaft nach dem Ergebnis dieser Prüfung durchsetzbare Schadensersatzansprüche zu, so hat der Aufsichtsrat diese Ansprüche grundsätzlich zu verfolgen. Davon darf er nur dann ausnahmsweise absehen, wenn gewichtige Gründe des Gesellschaftswohls dagegen sprechen und diese Umstände die Gründe, die für eine Rechtsverfolgung sprechen, überwiegen oder ihnen zumindest gleichwertig sind (BGH NJW 1997, S. 1926 ff.). Unabhängig vom Aufsichtsrat kann auch die Hauptversammlung bzw. eine Minderheit von Aktionären gem. § 147 AktG die Initiative zur Geltendmachung von Ersatzansprüchen gegen den Vorstand ergreifen (dazu Kap. 8.1).

7.2 Bestellung des Aufsichtsrats

Zahl
Der Aufsichtsrat besteht aus drei Mitgliedern. Die Satzung kann eine bestimmte höhere Zahl festsetzen, wobei diese Zahl durch drei teilbar sein muß. Entsprechend dem Grundkapital der Gesellschaft ist die *Höchstzahl* der Aufsichtsratsmitglieder limitiert auf neun bei einem Grundkapital bis zu 1,5 Mio. Euro, auf

15 darüber und auf 21 bei einem Grundkapital von mehr als 10 Mio. Euro (§ 95 AktG). Gehört dem Aufsichtsrat die zur Beschlußfähigkeit nötige Zahl von Mitgliedern nicht an, so hat ihn das Gericht auf Antrag des Vorstands, eines Aufsichtsratsmitglieds oder eines Aktionärs auf diese Zahl zu ergänzen. Der Vorstand ist verpflichtet, den Antrag unverzüglich bei dem Gericht zu stellen, es sei denn, daß die rechtzeitige Ergänzung vor der nächsten Aufsichtsratssitzung zu erwarten ist (§ 104 Abs. 1 AktG). Gehören dem Aufsichtsrat länger als drei Monate weniger Mitglieder an als die durch Gesetz oder Satzung festgelegte Zahl, so hat ihn das Gericht auf Antrag auf diese Zahl zu ergänzen. In dringenden Fällen hat das Gericht auf Antrag den Aufsichtsrat auch vor Ablauf der Frist zu ergänzen (§ 104 Abs. 2 AktG).

Zusammensetzung
Bei Gesellschaften, die nicht der Mitbestimmung unterliegen, bestehen die Aufsichtsratsmitglieder nur aus von den Aktionären gewählten Personen (§ 96 Abs. 1 AktG). Bei Aktiengesellschaften mit mindestens 500 Arbeitnehmern schreibt § 76 Abs. 1 BetrVG 1952 vor, daß 1/3 der Aufsichtsratsmitglieder *Vertreter der Arbeitnehmer* sein müssen, die durch alle wahlberechtigten Arbeitnehmer unmittelbar gewählt werden. Bei mehr als 2000 Arbeitnehmern gilt das Mitbestimmungsgesetz 1976. Hier besteht die Hälfte der Aufsichtsratsmitglieder aus Vertretern der Arbeitnehmer. Gem. § 27 MitbestG liegt der Aufsichtsratsvorsitz regelmäßig bei einem Vertreter der Anteilseigner. Bei Stimmengleichheit steht dem Aufsichtsratsvorsitzenden ein doppeltes Stimmrecht zu. Im Geltungsbereich des Mitbestimmungsgesetzes hat der Aufsichtsrat je nach Größe des Unternehmens abweichend von § 95 AktG entweder 12, 16 oder 20 Aufsichtsratsmitglieder (§ 7 MitbestG). Ist streitig oder ungewiß, nach welchen gesetzlichen Vorschriften der Aufsichtsrat zusammenzusetzen ist, entscheidet darüber eine Zivilkammer des Landgerichts am Sitz der Aktiengesellschaft (§ 98 Abs. 1 AktG). Das Gericht wird nur auf Antrag tätig; aus § 98 Abs. 2 AktG ergibt sich, wer antragsberechtigt ist.

Persönliche Voraussetzungen
Mitglied des Aufsichtsrats kann nach § 100 Abs. 1 AktG nur eine natürliche, unbeschränkt geschäftsfähige Person sein. Mitglied des Aufsichtsrats kann nach § 100 Abs. 2 AktG nicht sein, wer

- bereits in zehn Handelsgesellschaften, die gesetzlich einen Aufsichtsrat zu bilden haben, Aufsichtsratsmitglied ist, wobei Aufsichtsratsämter mit dem Aufsichtsratsvorsitz doppelt anzurechnen sind,
- gesetzlicher Vertreter eines von der Gesellschaft abhängigen Unternehmens ist, oder
- gesetzlicher Vertreter einer anderen Kapitalgesellschaft ist, deren Aufsichtsrat ein Vorstandsmitglied der Gesellschaft angehört.

Wahl/Entsendung

Die Aufsichtsratmitglieder der Aktionäre werden von der Hauptversammlung für eine bestimmte Amtszeit gewählt (§ 101 AktG); zur Auswahl der von den Aktionären zu wählenden Aufsichtsratsmitglieder siehe Kap. 4.3.1. Durch die Satzung kann nach § 101 Abs. 2 AktG für bestimmte Aktionäre oder für die jeweiligen Inhaber bestimmter Aktien ein *Entsendungsrecht* begründet werden; die betreffenden Aufsichtsratmitglieder gelangen somit durch Entsendung und nicht durch Wahl in den Aufsichtsrat. Die Zahl der Entsandten darf ein Drittel der Zahl der Aktionärsvertreter nicht übersteigen. Das Amt endet mit der bei der Bestellung festgelegten Amtszeit. Dabei können Aufsichtsräte nicht für längere Zeit als bis zur Beendigung der Hauptversammlung bestellt werden, die über die Entlastung für das vierte Geschäftsjahr nach dem Beginn der Amtszeit beschließt, wobei das Geschäftsjahr, in dem die Amtszeit beginnt, nicht mitgerechnet wird, so daß die Höchstdauer effektiv etwa fünf Jahre beträgt (§ 102 AktG).

Abberufung

Die Abberufung durch die Hauptversammlung vor Ablauf der Amtszeit bedarf gem. § 103 AktG eines Beschlusses mit Dreiviertelmehrheit. Für die Abberufung von Aufsichtsratsvertretern der Arbeitnehmer in mitbestimmten Unternehmen sind die Arbeitnehmer zuständig, die die Bestellung mit Dreiviertelmehrheit widerrufen können (z. B. § 76 Abs. 5 BetrVG). Für jedes Aufsichtsratmitglied gilt, daß es auf Antrag des Aufsichtsrats durch das zuständige Gericht abberufen wird, wenn in seiner Person ein wichtiger Grund vorliegt (§ 103 Abs. 3 AktG). Der Begriff des wichtigen Grundes deckt sich hier mit dem des § 84 Abs. 3 S. 2 AktG (dazu Kap. 6.2.4). Ein entsandtes Aufsichtsratmitglied kann von dem Entsendungsberechtigten jederzeit abberufen und durch ein anderes ersetzt werden (§ 103 Abs. 2 AktG).

Unvereinbarkeit

Nach § 105 AktG ist die Tätigkeit als Aufsichtsratmitglied unvereinbar mit der Zugehörigkeit zum Vorstand, mit der Bestellung zum Prokuristen oder zum gesamten Geschäftsbetrieb ermächtigten Handlungsbevollmächtigten der Gesellschaft. Die *Inkompatibilität* beruht auf der Überlegung, daß die Geschäftsführung und ihre Überwachung grundsätzlich nicht in denselben Händen liegen soll. Macht der Aufsichtsrat von dem Recht Gebrauch, eines seiner Mitglieder vorübergehend zum Stellvertreter eines weggefallenen oder verhinderten Vorstandsmitglieds zu bestellen (dazu Kap. 6.2.1), so ruht gem. § 105 Abs. 2 Satz 3 AktG das Aufsichtsratsamt des Stellvertreters.

Ersatzmitglieder
Anders als beim Vorstand (§ 94 AktG) ist die Bestellung von Stellvertretern nicht zulässig. Es können jedoch gleichzeitig mit der Bestellung der Aufsichtsratsmitglieder vorsorglich Ersatzmitglieder gewählt werden, die bei Wegfall des Aufsichtsratsmitglieds, das sie jeweils ersetzen sollen, für dessen restliche Amtszeit nachrücken (§ 101 Abs. 3 AktG). Es ist möglich, ein Ersatzmitglied für mehrere bestimmte Aufsichtsratsmitglieder zu bestellen.

Fehlerhaftigkeit der Wahl
Die Wahl eines Aufsichtsratsmitglieds durch die Hauptversammlung ist gem. § 250 Abs. 1 AktG nur - aber auch immer dann - *nichtig*, wenn einer für die Beschlußfassung der Hauptversammlung generell geltenden Nichtigkeitsgründe nach § 241 Nr. 1, Nr. 2 oder Nr. 5 AktG vorliegt, ferner insbesondere dann, wenn

- der Aufsichtsrat unter Verstoß gegen die aktienrechtlichen Vorschriften über die Zusammensetzung des Aufsichtsrats zusammengesetzt wird,
- durch die Wahl die gesetzliche Höchstzahl der Aufsichtsratsmitglieder überschritten wird,
- die gewählte Person nach § 100 Abs. 1 und 2 AktG die persönlichen Voraussetzungen für die Mitgliedschaft im Aufsichtsrat nicht erfüllt.

Schließlich ist die Wahl nichtig, wenn sie wegen Verletzung des Gesetzes oder der Satzung erfolgreich durch Klage *angefochten* wird (§ 251 AktG).

Bekanntmachung
Tritt bei Aufsichtsratsmitgliedern ein Wechsel ein, so ist dies durch den Vorstand unverzüglich in den Gesellschaftsblättern bekanntzumachen und dem Handelsregister mitzuteilen (§ 106 AktG).

7.3 Innere Organisation

Die innere Organisation des Aufsichtsrats ist durch die Vorschriften der §§ 107 - 110 AktG nur unvollkommen geregelt; diese lassen Spielraum für die individuelle Gestaltung durch Satzung und Geschäftsordnung entsprechend den Anforderungen bei der jeweiligen Gesellschaft.

7.3.1 Der Aufsichtsratsvorsitzende

Der Aufsichtsrat hat aus seiner Mitte einen *Vorsitzenden* und mindestens einen *Stellvertreter* zu wählen (§ 107 Abs. 1 AktG). Der Stellvertreter hat nur dann die Rechte und Pflichten des Aufsichtsratsvorsitzenden, wenn dieser verhindert ist. Der Vorstand hat dem Handelsregister anzumelden, wer zum Vorsitzenden und wer zum Stellvertreter gewählt worden ist. Das Amt des Aufsichtsratsvorsitzenden wird in der Praxis nicht selten Juristen übertragen, damit die Einhaltung der aktienrechtlichen Vorschriften bei Aufsichtsratssitzungen und bei Hauptversammlungen gewährleistet ist.

Aufgabe des Aufsichtsratsvorsitzenden ist die Einberufung des Aufsichtsrats zu den Sitzungen. Der Aufsichtsrat *soll* einmal im Kalendervierteljahr, er *muß* einmal im Kalenderhalbjahr und bei börsennotierten Gesellschaften zweimal im Kalenderhalbjahr zusammentreten (§ 110 Abs. 3 AktG); es ist zweckmäßig, die Sitzungen des Aufsichtsrats mit der turnusmäßigen Berichterstattung des Vorstands nach § 90 Abs. 1, 2 AktG (dazu Kap. 6.4) zu verbinden. Der Aufsichtsratsvorsitzende ist gem. § 110 Abs. 1 AktG auf begründetes Verlangen eines Aufsichtsratsmitglieds oder des Vorstands überdies verpflichtet, zu *außerordentlichen* Aufsichtsratssitzungen einzuberufen. Dem Aufsichtsratsvorsitzenden obliegt die Vorbereitung und Leitung der Aufsichtsratssitzungen. Soweit für bestimmte Themen Ausschüsse gebildet sind, hat er diesen die Beratungs- und Beschlußgegenstände zuzuleiten und die Arbeitsergebnisse in den Gesamtaufsichtsrat einzubringen. Der Vorsitzende repräsentiert den Aufsichtsrat gegenüber dem Vorstand und den einzelnen Vorstandsmitgliedern. In dieser Eigenschaft ist er der ständige Ansprechpartner und Berater des Vorstands (Hüffer, Rz. 5 zu § 107 AktG). Ihm obliegt die Erläuterung des Berichts des Aufsichtsrats in der Hauptversammlung (§ 176 Abs. 1 S. 2 AktG), die Unterzeichnung der Niederschrift der Hauptversammlung bei nicht börsennotierten Aktiengesellschaften (§ 130 Abs. 1 S. 3 AktG) und die Mitwirkung bei der Erfüllung von Anmeldepflichten gegenüber dem Handelsregister (§§ 184 Abs. 1, 188 Abs. 1, 195 Abs. 1, 223 AktG). Dem Aufsichtsratsvorsitzenden wird in der Praxis regelmäßig auch die Satzung die Leitung der Hauptversammlung übertragen (dazu Kap. 8.5.1).

Der Aufsichtsratsvorsitzende unterzeichnet die über die Sitzungen des Aufsichtsrats anzufertigenden Niederschriften (§ 107 Abs. 2 AktG). In der *Niederschrift* sind der Ort und der Tag der Sitzung, die Teilnehmer, die Gegenstände der Tagesordnung, der wesentliche Inhalt der Beratungen und die Beschlüsse anzugeben. Kommen Beschlüsse nicht einverständlich zusammen oder werden Beschlußanträge abgelehnt, so sind die Ja- und Neinstimmen sowie die Enthaltungen zu protokollieren. Die unterlassene Protokollierung macht einen Beschluß nicht unwirksam (§ 107 Abs. 2 Satz 3 AktG). Der Vorsitzende braucht die Niederschrift nicht selbst erstellen, er kann das einem Protokollführer, der nicht dem Aufsichtsrat oder dem Vorstand angehören muß, überlassen. Jedes Aufsichtsratsmitglied hat Anspruch auf Aushändigung einer Protokollabschrift, es kann nicht auf die bloße Einsichtnahme verwiesen werden.

7.3.2 Ausschüsse

Der Aufsichtsrat kann aus seiner Mitte einen oder mehrere *Ausschüsse* bilden, insbesondere zur Vorbereitung seiner Verhandlungen und Beschlüsse und zur Überwachung der Ausführung der Beschlüsse (§ 107 Abs. 3 S. 1 AktG). Zulässig ist auch die Bildung von *beschließenden Ausschüssen*, d. h. von Ausschüssen, die sich nicht auf die Beschlußvorbereitung bzw. -überwachung beschränken, sondern die Beschlüsse anstelle des Aufsichtsrats fassen. Wegen der besonderen Bedeutung dürfen folgende Beschlußgegenstände einem Ausschuß nur zur *Vorbereitung* und zur *Überwachung*, nicht aber zur Beschlußfassung zugewiesen werden (§ 107 Abs. 3 Satz 2 AktG):

- Wahl des Aufsichtsratsvorsitzenden und des Stellvertreters	(§ 107 Abs. 1 AktG),
- Erteilung der Zustimmung zur Vornahme von Abschlagszahlungen auf den Bilanzgewinn	(§ 59 Abs. 3 AktG),
- Erlaß einer Geschäftsordnung für den Vorstand	(§ 77 Abs. 2 AktG),
- erstmalige Bestellung eines Vorstandsmitglieds	(§ 84 Abs. 1 S. 1 AktG),
- wiederholte Bestellung oder Verlängerung der Amtszeit eines Vorstandsmitglieds	(§ 84 Abs. 1 S. 3 AktG),
- Ernennung des Vorstandsvorsitzenden	(§ 84 Abs. 2 AktG),
- Widerruf der Bestellung zum Vorstandsmitglied/ der Ernennung zum Vorstandsvorsitzenden	(§ 84 Abs. 3 S. 1 AktG),
- Einberufung der Hauptversammlung im Falle des § 111 Abs. 3 AktG,	
- Prüfung des Jahresabschlusses und Berichterstattung	(§ 171 AktG),
- Prüfung des Abhängigkeitsberichts	(§§ 314, 312 AktG),
- Begründung von Zustimmungsvorbehalten	(§ 111 Abs. 4 S. 2 AktG).

Grundsätzlich haben Ausschüsse aus mindestens drei Personen zu bestehen. Zwingend ist dies für die beschließenden Ausschüsse, wie sich aus § 108 Abs. 2 S. 3 AktG ergibt. Obliegt einem Ausschuß die Vorbereitung oder die Überwachung der Ausführung von Beschlüssen, so können auch Zweimann-Ausschüsse tätig werden, zumal in diesen Fällen auch eine Übertragung der Aufgabe an ein einzelnes Aufsichtsratsmitglied möglich ist.

Bei Gesellschaften, die dem Mitbestimmungsgesetz unterliegen, ist nach § 27 Abs. 3 MitbestG die Einrichtung eines *Vermittlungsausschusses* zwingend vorgeschrieben.

Im übrigen entscheidet der Aufsichtsrat autonom darüber, ob er Ausschüsse bildet oder nicht und mit welchen Gegenständen die Ausschüsse befaßt werden. In der Praxis häufig anzutreffen sind folgende Ausschüsse:

- *Personalausschuß;*
  der Personalausschuß regelt die Vertragsangelegenheiten der Vorstandsmitglieder;
- *Präsidium;*
  das Aufsichtsratspräsidium, dem in der Regel der Vorsitzende und ein oder mehrere stellvertretende Vorsitzende des Aufsichtsrats angehören, bereitet, wenn es denn gebildet worden ist, die Aufsichtsratssitzungen vor und legt die Bedingungen der Vorstandsverträge fest; es nimmt dann insoweit Aufgaben des Aufsichtsratsvorsitzenden einerseits und des Personalausschusses andererseits wahr;
- *Finanzausschuß;*
  dieser wird mit der Vorprüfung des Jahresabschlusses und der Überwachung der Finanzplanung befaßt;
- *Investitionsausschuß;*
  der Investitionsausschuß ist für die Erteilung der Zustimmung zu Investitionsvorhaben bei Bestehen entsprechender Zustimmungsvorbehalte gem. § 111 Abs. 4 S. 2 AktG zuständig.

7.3.3 Geschäftsordnung

Einzelheiten der inneren Organisation des Aufsichtsrats regelt die vom Aufsichtsrat mit einfacher Stimmenmehrheit zu beschließende Geschäftsordnung für den Aufsichtsrat. Die Geschäftsordnung des Aufsichtsrats endet nicht mit dem Ablauf der Amtsperiode eines oder mehrerer Aufsichtsratsmitglieder, sondern erst bei Aufhebung oder Änderung durch neuerlichen Mehrheitsbeschluß des Aufsichtsrats.

Raum für Regelungen durch die Geschäftsordnung besteht dort, wo nicht das Aktiengesetz oder die Satzung bereits zwingend Regelungen vorgegeben haben. Die *Geschäftsordnung des Aufsichtsrates* enthält üblicherweise Regelungen über

- Wahl des Aufsichtsvorsitzenden und des Stellvertreters,
- Häufigkeit der Aufsichtsratssitzungen, Formen und Fristen der Einberufung des Aufsichtsrats,
- Beschlußfassung,
- Ausschüsse
(vgl. Happ, Tz. 9.01 und 9.02).

Durch § 108 Abs. 1 AktG wird ausdrücklich bestimmt, daß der Aufsichtsrat durch *Beschluß* entscheidet. Die Bestimmung der Beschlußfähigkeit überläßt das Aktiengesetz der Satzung, verlangt aber, daß mindestens drei Mitglieder an der Beschlußfassung teilnehmen. Solange mindestens drei Personen an der Beschlußfassung mitwirken, ist es unschädlich, daß dem Aufsichtsrat weniger Mitglieder als durch Gesetz oder Satzung vorgeschrieben angehören.

Eine Erleichterung liegt darin, daß abwesende Aufsichtsratsmitglieder durch *schriftliche Stimmabgabe* an der Beschlußfassung teilnehmen können (§ 108 Abs. 3 AktG), und daß auch schriftliche, telegraphische oder fernmündliche Beschlußfassung zulässig ist, wenn kein Aufsichtsratsmitglied widerspricht (§ 108 Abs. 4 AktG). Gerade bei einer kleinen Aktiengesellschaft, die nur die Mindestzahl von drei Aufsichtsratsmitgliedern bestellt hat, liegt darin eine erhebliche Einsparung von Zeit und Kosten.

7.3.4 Teilnahme an den Sitzungen

An den Sitzungen des Aufsichtsrates und der Ausschüsse sollen nach § 109 Abs. 1 AktG grundsätzlich Personen, die weder dem Aufsichtsrat noch dem Vorstand angehören, nicht teilnehmen. Das gilt z. B. auch für den Hauptaktionär. Zweck dieser Regelung ist vor allem die klare Abgrenzung des Aufsichtsrats gegenüber Beiräten u. ä. Gremien oder Personen, die nicht durch regelmäßige Teilnahme an den Sitzungen Einfluß gewinnen sollen, ohne daß sie die einem Aufsichtsratsmitglied zukommende Verantwortlichkeit tragen (vgl. Hüffer, Rz. 1 zu § 109 AktG). Die Vorstandsmitglieder sind zwar nicht durch die Vorschrift des § 109 Abs. 1 AktG ausgegrenzt, sie können aber daraus keinen Anspruch auf Teilnahme an der Aufsichtsratssitzung ableiten. Während selbstverständlich sämtliche Aufsichtsratsmitglieder zur Teilnahme an den Sitzungen des Gesamtaufsichtsrats berechtigt und verpflichtet sind, sind sie zwar grundsätzlich auch zur Teilnahme an Sitzungen von Aufsichtsratsausschüssen berechtigt, doch kann der Aufsichtsratsvorsitzende bestimmen, daß Nichtmitglieder eines bestimmten Ausschusses von der Teilnahme an dessen Sitzungen ausgeschlossen sind (§ 109 Abs. 2 AktG).

Dem Aufsichtsrat steht es frei, zur Beratung über einzelne Themen Sachverständige und Auskunftspersonen hinzuzuziehen. Nur durch die Satzung, nicht aber durch eine Anordnung des Aufsichtsrates oder Aufsichtsratsvorsitzenden kann zugelassen werden, daß anstelle eines verhinderten Aufsichtsratsmitglieds ein von diesem mit einer schriftlichen Vollmacht versehener Dritter an der Aufsichtsratssitzung teilnehmen kann (§ 109 Abs. 3 AktG). Der Bevollmächtigte hat kein eigenes Rede- und Antragsrecht, und eine Stimmabgabe für das verhinderte Aufsichtsratsmitglied setzt voraus, daß der Antrag bzw. die Beschlußfassung schriftlich vorformuliert ist.

Der Abschlußprüfer nimmt an der Beratung des Aufsichtsrats über Jahresabschluß, Lagebericht und Gewinnverwendungsbeschluß teil (§ 171 AktG).

7.4 Rechtsbeziehungen zur Gesellschaft

Vertretung der Aktiengesellschaft
Der Aufsichtsrat vertritt die Aktiengesellschaft Vorstandsmitgliedern gegenüber gerichtlich und außergerichtlich (§ 112 AktG). Der Zweck dieser Vorschrift ist, die gebotene Unbefangenheit bei Rechtsgeschäften mit dem Vorstand auf der Seite der Aktiengesellschaft sicherzustellen; das wäre nicht der Fall, wenn der Vorstand zugleich auch die Gesellschaft vertreten würde. Wegen dieser Gesetzesvorschrift kann der Vorstand der Aktiengesellschaft anders als der Geschäftsführer der GmbH nicht vollständig vom Verbot des Selbstkontrahierens nach § 181 BGB befreit werden (siehe dazu Kap. 6.3).

Die Vertretungsregelung des § 112 AktG gilt nicht nur für den Abschluß von Rechtsgeschäften, sondern auch für die Durchsetzung von Schadensersatzansprüchen gegen Vorstandsmitglieder aus § 93 AktG und die Vertretung der Gesellschaft bei der Abwehr von gerichtlich und außergerichtlich gegen die Gesellschaft geltend gemachten Ansprüchen von Vorstandsmitgliedern und betrifft sowohl amtierende als auch ausgeschiedene Vorstandsmitglieder. Soweit gem. § 147 AktG für die Geltendmachung von Ersatzansprüchen gegen ein Vorstandsmitglied aus der Gründung oder aus der Geschäftsführung besondere Vertreter durch die Hauptversammlung oder vom Gericht bestellt sind, vertreten diese und nicht der Aufsichtsrat die Aktiengesellschaft gegen das Vorstandsmitglied; insofern wird § 112 AktG von § 147 Abs. 2, 3 AktG verdrängt.

Vergütung
Den Aufsichtsratsmitgliedern kann für ihre Tätigkeit eine Vergütung gewährt werden (§ 113 AktG). Die Festsetzung der Bezüge ist aber dem Grunde und der Höhe nach genauen Regelungen unterworfen, zum einen um Mißbrauch durch Aufsichtsratsmitglieder auszuschließen, zum anderen aber auch um dem Vorstand keine Gelegenheit zu geben, durch Großzügigkeit gegenüber Aufsichtsratsmitgliedern deren Wachsamkeit zu dämpfen.

Die Vergütung muß deshalb entweder durch die Satzung festgesetzt oder von der Hauptversammlung bewilligt sein. Liegt beides nicht vor, so dürfen keine Vergütungen gezahlt werden, und der Vorstand macht sich bei einem Verstoß schadensersatzpflichtig (§ 93 Abs. 3 Nr. 7 AktG). Der Höhe nach müssen die Vergütungen in einem angemessenen Verhältnis zu den Aufgaben der Aufsichtsratsmitglieder und zur Lage der Gesellschaft stehen (§ 113 Abs. 1 S. 3 AktG). Dies gilt um so mehr, als die Aufsichtsratsvergütungen gem. § 10 Nr. 4 KStG nur zur Hälfte bei der Aktiengesellschaft körperschaftsteuerlich berücksichtigungsfähig sind mit der Folge, daß die Aktiengesellschaft durch diese Vergütungen erheblich stärker belastet ist als durch sonstige Betriebsausgaben in nominell gleicher Höhe.

Für die Mitglieder des ersten Aufsichtsrats, der durch die Gründer gem. § 30 Abs. 1 AktG bestellt wird, kann nur die Hauptversammlung, nicht aber die Satzung die Vergütung bestimmen. Der Hauptversammlungsbeschluß kann erst in der Versammlung gefaßt werden, die über die Entlastung der Mitglieder des ersten Aufsichtsrats beschließt (§ 113 Abs. 2 AktG); das gilt nicht in Umwandlungsfällen, weil der Aufsichtsrat dort nicht "erster Aufsichtsrat" i. S. d. §§ 30 Abs. 1, 113 Abs. 2 AktG ist (Lutter, Rz. 35 zu § 197 UmwG).

Neben einer gewinnunabhängigen Vergütung kann eine Gewinnbeteiligung als Aufsichtsratstantieme gezahlt werden. Während bei Vorstandsbezügen gem. § 86 Abs. 2 AktG ein Anteil am Jahresgewinn auf der Grundlage des um einen Verlustvortrag und um bestimmte Rücklagenzuführungen gekürzten Jahresüberschusses zu ermitteln ist (§ 86 Abs. 2 AktG), erfolgt die Berechnung des *Anteils am Jahresgewinn* für den Aufsichtsrat nach dem Bilanzgewinn, vermindert um einen Betrag von mindestens 4 % der auf den geringsten Ausgabebetrag der Aktien geleisteten Einlagen (§ 113 Abs. 3 AktG). Allerdings kann die Aufsichtsratstantieme auch auf andere Berechnungsgrundlagen gestützt werden, z. B. unter Anknüpfung an die gezahlte Dividende der Gesellschaft. Denkbar ist auch ein jährlicher Festbetrag, aber auch die von der Anwesenheit abhängige Zahlung von Sitzungsgeld.

Angesichts der zusätzlichen Aufgaben erhalten Aufsichtsratsvorsitzender und Stellvertreter in der Regel eine höhere Vergütung als andere Aufsichtsratsmitglieder.

Auslagen
Auch ohne Festsetzung in der Satzung steht jedem Aufsichtsratsmitglied ein Anspruch auf Ersatz angemessener Auslagen gem. § 670 BGB zu, das sind insbesondere Reisekosten und Auslagen für Telefon und Porto. Zu den Auslagen zählt indessen nicht die Umsatzsteuer auf die Tätigkeitsvergütung, deren gesonderte Begleichung nur verlangt werden kann, wenn dies unter Beachtung von § 113 AktG ausdrücklich festgesetzt bzw. bewilligt ist.

Verträge
Die Vorschrift des § 114 AktG über Verträge der Aktiengesellschaft mit Aufsichtsratsmitgliedern bezweckt den Schutz der Gesellschaft vor einer Umgehung des § 113 AktG. Der Vorstand als das vom Aufsichtsrat überwachte Organ der Aktiengesellschaft soll die Aufsichtsratsmitglieder nicht unter Verletzung der § 113 AktG und hinter dem Rücken einzelner Mitglieder des Aufsichtsrates mit Zahlungen bedenken können. Erfaßt werden durch diese Vorschrift nicht sämtliche Verträge, sondern nur Dienst- und Werkverträge über eine "*Tätigkeit höherer Art*"; Arbeitsverträge sind ausdrücklich ausgeschlossen. Bei der Prü-

fung, was Tätigkeiten höherer Art sind, kann auf die Rechtsprechung zu § 627 BGB zurückgegriffen werden. Danach muß es sich um Dienste handeln, die üblicherweise aufgrund besonderen Vertrauens übertragen werden. Das ist in der Regel der Fall bei der Tätigkeit von Ärzten, Rechtsanwälten, Steuerberatern, Wirtschaftsprüfern, Architekten (vgl. Palandt-Putzo, Rz. 2 zu § 627 BGB). Dienst- und Werkverträge mit Aufsichtsratsmitgliedern über Tätigkeiten höherer Art sind unwirksam, wenn der Aufsichtsrat nicht durch einen - grundsätzlich zu protokollierenden - Beschluß (§§ 108 Abs. 1, 107 Abs. 2 AktG) dem Vertrag zustimmt. Die Zustimmung kann vor Vertragsabschluß oder zu einem späteren Zeitpunkt erfolgen. Fehlt die Zustimmung, so kann das Aufsichtsratsmitglied die Vergütung nicht einklagen; ist ihm die Vergütung bereits ausgezahlt worden, so kann die Gesellschaft sie bei ihm zurückfordern (§ 114 Abs. 2 AktG). Wird beispielsweise über das Vermögen der Aktiengesellschaft das Insolvenzverfahren eröffnet und macht der Insolvenzverwalter - unter Umständen nach vielen Jahren - bei dem Aufsichtsratsmitglied die Rückzahlung der Vergütung geltend, so kann das Aufsichtsratsmitglied den ihm für die geleistete Tätigkeit zustehenden Bereicherungsanspruch gegen die Gesellschaft nicht mit dem Rückgewähranspruch der Aktiengesellschaft aufrechnen, sondern muß ihn als Forderung beim Insolvenzverwalter geltend machen und wird dann nur mit der entsprechenden Quote bedacht (vgl. LG Stuttgart, Urteil vom 27.05.1998, ZIP 1998, 1275, nicht rechtskräftig).

Kredit

Nach § 115 AktG darf die Aktiengesellschaft einem Aufsichtsratsmitglied Kredit nur mit vorheriger Zustimmung des Aufsichtsrats gewähren. Dasselbe gilt für Kredite an den Ehegatten oder an ein minderjähriges Kind eines Aufsichtsratsmitglieds. Sinn und Zweck dieser Regelung ist die Vermeidung einer Beeinflussung des Aufsichtsratsmitglieds durch großzügige Kreditgewährung seitens des Vorstandes (siehe dazu auch Kap. 6.5.1).

7.5 Schadensersatzpflicht

Die Aufsichtsratsmitglieder sind ebenso wie Vorstandsmitglieder einer strengen *Haftung* unterworfen (§§ 116, 93 AktG). Sämtliche Sorgfaltspflichten und Verantwortlichkeiten, denen der Vorstand gem. § 93 AktG unterliegt, gelten durch Verweisung gem. § 116 AktG auch für die Aufsichtsratsmitglieder. Hervorzuheben ist die Verschwiegenheitsverpflichtung, die auch für solche Aufsichtsratsmitglieder gilt, die sich nicht in vollem Umfang den Unternehmensinteressen verpflichtet fühlen. Unter den Voraussetzungen des § 117 AktG können Aufsichtsratsmitglieder ebenso wie Vorstandsmitglieder bei schädigender Einflußnahme Dritter auf die Gesellschaft gesamtschuldnerisch schadensersatzpflichtig sein (dazu Kap. 6.5.1).

Ansprüche gegen Aufsichtsratsmitglieder sind grundsätzlich vom Vorstand durchzusetzen, nach § 147 AktG ggf. durch von der Hauptversammlung oder vom Amtsgericht bestellte besondere Vertreter (dazu Kap. 8.1). Die Ansprüche können aber in den Fällen der §§ 116, 93 Abs. 5 und 117 Abs. 5 AktG auch von den Gläubigern der Aktiengesellschaft verfolgt werden, wenn bei der Gesellschaft keine Zahlung erlangt werden kann und eine "gröbliche" Verletzung der Sorgfaltspflichten vorliegt.

8   Hauptversammlung

Die Aktiengesellschaft hat keine hierarchische Organverfassung, vielmehr sind die Kompetenzen gesetzlich mit zwingender Wirkung so auf die drei Organe verteilt, daß eine Art von Machtbalance zwischen ihnen besteht. Das ist anders bei der Gesellschaft mit beschränkter Haftung, wo die Gesellschafterversammlung in einem Überordnungsverhältnis zum Geschäftsführer steht und durch Weisungen in dessen Amtsführung nicht nur negativ-verbietend, sondern auch positiv-gebietend eingreifen kann (vgl. Baumbach-Zöller, Rz. 10 zu § 37 GmbHG).

8.1 Ausübung von Aktionärsrechten

Die Hauptversammlung ist zuständig für bestimmte, vom Gesetz abschließend aufgezählte Beschlüsse im Bereich der unternehmensinternen Willensbildung (dazu Kap. 8.3). Die Hauptversammlung ist zugleich das Gesellschaftsorgan, durch das die Aktionäre bestimmte Rechte ausüben; im einzelnen sind dies folgende Rechte:

- Auskunftsrecht, § 131 AktG;
- Stimmrecht, §§ 133 ff. AktG;
- Bestellung von Sonderprüfern zur Prüfung von Vorgängen bei der Gründung oder der Geschäftsführung (§ 142 Abs. 1 AktG);
  die Bestellung erfolgt durch einen mit einfacher Stimmenmehrheit zu fassenden Beschluß der Hauptversammlung;
- Geltendmachung von Ersatzansprüchen aus Gründung, Geschäftsführung oder gegen Einflußnehmer, § 147 Abs. 1, 2 AktG;
  Voraussetzung ist, daß die Hauptversammlung mit einfacher Stimmenmehrheit einen entsprechenden Beschluß faßt oder es eine Minderheit verlangt, deren Aktien zusammen 10 % des Grundkapitals erreichen. Zur Geltendmachung können von der Hauptversammlung nach § 147 Abs. 2 S. 1 AktG anstelle des Vorstands oder des ggf. gem. § 112 AktG zuständigen Aufsichtsrats auch *besondere Vertreter* bestellt werden. Auf Antrag von Aktionären mit einem Anteil von mindestens 10 % oder einer Million Euro am Grundkapital hat das Registergericht *andere* Personen als den Aufsichtsrat oder die von der Hauptsammlung gewählten Vertreter zu besonderen Vertretern zu bestellen, wenn ihm dies für eine gehörige Geltendmachung zweckmäßig erscheint (§ 147 Abs. 2 S. 2 AktG);

- Widerspruch gegen Verzicht oder Vergleich bei Schadensersatzansprüchen gegen den Vorstand, § 93 Abs. 4 S. 3 AktG;
- Widerspruch gegen Hauptversammlungsbeschluß, § 245 Nr. 1 AktG;
- Widerspruch gegen Verzicht oder Vergleich bei Schadensersatzansprüchen gegen das herrschende Unternehmen (§ 309 Abs. 3 AktG) und gegen Vorstand und Aufsichtsrat (§ 310 AktG) bei Bestehen eines Beherrschungsvertrages im Sinne des § 291 Abs. 1 S. 1 AktG bzw. bei Abhängigkeit (§ 17 AktG) *ohne* Abschluß eines Beherrschungsvertrages (§§ 317, 318 AktG).

Außerhalb der Hauptversammlung stehen dem Aktionär die nachfolgend aufgeführten, der Kontrolle und Information dienenden Rechte zu:

- Antrag auf gerichtliche Entscheidung über die Zusammensetzung des Aufsichtsrats, § 98 Abs. 2 Nr. 3 AktG;
- ggf. *Entsendung* von Mitgliedern in den Aufsichtsrat, § 101 Abs. 1 AktG;
- Verlangen der Einberufung der Hauptversammlung, § 122 Abs. 1 AktG;
- Verlangen der Bekanntmachung von Gegenständen zur Beschlußfassung der Hauptversammlung (§ 122 Abs. 2 AktG);
- Anspruch auf Mitteilungen bei Einberufung der Hauptversammlung, § 125 Abs. 2 AktG;
- Anspruch auf schriftliche Mitteilung der Hauptversammlungsbeschlüsse (§ 125 Abs. 4 AktG);
- Antrag auf Bestellung eines Sonderprüfers zur Prüfung eines Vorgangs bei der Gründung oder eines Vorgangs bei der Geschäftsführung (§ 142 Abs. 2, 4 AktG);
  lehnt die Hauptversammlung einen Antrag auf Bestellung von Sonderprüfern ab, so hat das Gericht auf Antrag von Aktionären mit einem Anteil von mindestens 10 % oder einer Million Euro am Grundkapital Sonderprüfer zu bestellen, wenn Tatsachen vorliegen, die den Verdacht rechtfertigen, daß bei dem fraglichen Vorgang Unredlichkeiten oder grobe Verletzungen des Gesetzes oder der Satzung vorgekommen sind (§ 142 Abs. 2 S. 1 AktG). Hat die Hauptversammlung gem. § 142 Abs. 1 AktG Sonderprüfer bestellt, so hat das Gericht auf Antrag von Aktionären deren Anteile zusammen 10 % oder eine Million Euro erreichen, einen *anderen* Sonderprüfer zu bestellen, wenn dies aus einem in der Person des bestellten Sonderprüfers liegenden Grund geboten erscheint, insbesondere, wenn der bestellte Sonderprüfer nicht die für den Gegenstand der Sonderprüfung erforderlichen Kenntnisse hat, oder wenn Besorgnis der Befangenheit oder Bedenken gegen seine Zuverlässigkeit bestehen (§ 142 Abs. 4 AktG);
- Antrag auf Bestellung besonderer Vertreter zur Geltendmachung von Ersatzansprüchen aus Gründung, Geschäftsführung oder gegen Einflußnehmer (§ 147 Abs. 3 AktG);

wenn weder ein Beschluß der Hauptversammlung zur Geltendmachung von Schadensersatzansprüchen zustandekommt noch eine ausreichende Mehrheit es verlangt (§ 147 Abs. 1 AktG), sind gem. § 147 Abs. 3 AktG auf Antrag von Aktionären, deren Anteile 5 % des Grundkapitals oder den anteiligen Betrag von 500.000 Euro erreichen, vom Gericht besondere Vertreter zu bestellen. Das Gericht wird die besonderen Vertreter allerdings nur dann bestellen, wenn Tatsachen vorliegen, die den dringenden Verdacht rechtfertigen, daß der Aktiengesellschaft durch Unredlichkeiten oder grobe Verletzungen des Gesetzes oder der Satzung Schaden zugefügt wurde. Der gerichtlich bestellte besondere Vertreter hat den Ersatzanspruch geltend zu machen, soweit nach seiner pflichtgemäßen Beurteilung die Rechtsverfolgung eine hinreichende Aussicht auf Erfolg bietet.

- Anfechtung von Hauptversammlungsbeschlüssen auch ohne Widerspruch zur Niederschrift in den Fällen des § 245 Nr. 2, 3 AktG;
- Klage auf Nichtigkeit eines Hauptversammlungsbeschlusses, § 249 AktG;
- Antrag auf Bestellung von Sonderprüfern wegen unzulässiger Unterbewertung, § 258 Abs. 2 AktG;
- Antrag auf Sonderprüfung bei Abhängigkeit der Aktiengesellschaft von einem herrschenden Unternehmen, sogenannter faktischer Konzern (§§ 315, 317, 318 AktG).
- Einsichtnahme in Unterlagen und Erteilung von Abschriften:
  - nach Einberufung der ordentlichen Hauptversammlung (§ 175 Abs. 2 AktG):
    Jahresabschluß, Lagebericht, Bericht des Aufsichtsrats, Vorschlag für die Verwendung des Bilanzgewinns;
  - bei Abschluß oder Änderung eines Unternehmensvertrags (§§ 293 f., 295 AktG):
    Unternehmensvertrag, Jahresabschlüsse und Lageberichte der Vertragschließenden, Berichte des Vorstands und der Prüfer;
  - bei Verschmelzung unter Beteiligung der Aktiengesellschaft (§ 63 UmwG):
    Verschmelzungsvertrag, Jahresabschlüsse und Lageberichte der an der Verschmelzung beteiligten Rechtsträger, Verschmelzungsberichte der Vorstände, Prüfungsberichte;
  - bei Spaltung der Aktiengesellschaft (§§ 125, 63 UmwG):
    Spaltungs- und Übernahmevertrag bzw. Spaltungsplan, Jahresabschluß und Lagebericht, Spaltungsbericht, Prüfungsbericht
  - bei Formwechsel (§ 230 Abs. 2 UmwG):
    Umwandlungsbericht mit Entwurf des Umwandlungsbeschlusses.

8.2 Teilnahmerecht

Zur Teilnahme an der Hauptversammlung sind *alle Aktionäre* berechtigt. Das gilt auch für die Inhaber von stimmrechtslosen Vorzugsaktien (§ 140 Abs. 1 AktG) und von nicht vollständig eingezahlten und deshalb nicht stimmberechtigten Aktien (§ 134 Abs. 2 AktG); auch der Aktionär, dessen Stimmrecht gem. § 136 Abs. 1 AktG ausgeschlossen ist, weil er entlastet oder von einer Verbindlichkeit zu befreien oder weil gegen ihn Ansprüche der Gesellschaft geltend zu machen sind, hat ein Recht zur Teilnahme. Der Aktionär kann sich durch einen mit schriftlicher Vollmacht versehenen *Bevollmächtigten* vertreten lassen (§ 134 Abs. 3 AktG). Bei Publikumsgesellschaften ist die Vertretung durch Kreditinstitute (§ 135 AktG) von großer praktischer Bedeutung.

Die Mitglieder der *Verwaltung*, also von Vorstand und Aufsichtsrat, sollen an der Hauptversammlung teilnehmen (§ 118 Abs. 2 AktG). Bei ihnen scheidet eine Vertretung durch Dritte aus. Kommen sie ihrer Teilnahmepflicht nicht nach, so kann das eine Abberufung aus wichtigem Grund rechtfertigen und Schadenersatzansprüche auslösen.

8.3 Aufgaben

Die der Hauptversammlung zustehenden Aufgaben und Rechte sind im Aktiengesetz im einzelnen genannt; diese Bestimmungen stellen eine abschließende Regelung dar, eine Erweiterung oder Einschränkung dieser Kompetenzen durch Satzung oder Hauptversammlungsbeschluß ist nicht möglich.

8.3.1 Beschlußzuständigkeiten nach § 119 Abs. 1 AktG

Die Hauptversammlung ist nach § 119 Abs. 1 AktG insbesondere für folgende Maßnahmen zuständig:

(1.) die Wahl der Aktionärsvertreter im Aufsichtsrat;
insoweit wiederholt § 119 Abs. 1 Nr. 1 AktG die Regelung des § 101 Abs. 1 AktG (dazu oben Kap. 7.2). Diese Zuständigkeitsnorm greift nicht, wenn gem. § 101 Abs. 2 AktG einzelne Mitglieder von bestimmten Aktionären aufgrund der Satzung in den Aufsichtsrat zu *entsenden* sind (dazu Kap. 7.2). Die Arbeitnehmervertreter im Aufsichtsrat werden naturgemäß nicht von der Hauptversammlung, sondern von der Belegschaft nach den jeweiligen mitbestimmungsrechtlichen Vorschriften gewählt;

(2.) die Verwendung des Bilanzgewinns;
dazu unten Kap. 9;

(3.) die Entlastung der Mitglieder des Vorstands und des Aufsichtsrats;
über die Entlastung der Verwaltungsmitglieder ist zwingend ein Beschluß
herbeizuführen (§ 120 Abs. 1 AktG), sei dieser positiv oder negativ. Die
Entlastung ist eine mit der Vorlage der Jahresrechnungslegung und der
Verhandlung über die Verwendung des Bilanzgewinns verbundene *Billigung* des Handelns der Verwaltung im abgelaufenen Geschäftsjahr als im
großen und ganzen gesetz- und satzungsmäßig, zusammen mit der Kundgabe des *Vertrauens* für die weitere Tätigkeit (§ 120 Abs. 2 und 3 AktG).
Anders als bei der Gesellschaft mit beschränkter Haftung hat die Entlastung nicht die Wirkung, daß Schadensersatzansprüche der Gesellschaft
gegen Verwaltungsmitglieder durch die Entlastung ausgeschlossen werden
wegen Tatsachen, die durch die Rechnungslegung erkennbar waren (§ 120
Abs. 2 Satz 2 AktG).

Ein solcher *Verzicht* kann nur unter Beachtung der Regelung des § 93 Abs.
4 AktG (dazu Kap. 6.5.2) wirksam erfolgen. Verweigert die Hauptversammlung die Erteilung der Entlastung, so stellt dies nicht notwendig einen Vertrauensentzug gegenüber dem Vorstand im Sinne des § 84 Abs. 2
Satz 3 AktG (dazu Kap. 6.2.4) dar, gibt also dem Aufsichtsrat nicht das
Recht, die Bestellung des Vorstandes aus wichtigem Grund zu widerrufen.
Ebensowenig ist die Verweigerung der Entlastung des Aufsichtsrats als
Abberufung des Aufsichtsrats zu behandeln, auch wenn die Dreiviertelmehrheit des § 103 Abs. 1 AktG erreicht ist. Der Vertrauensentzug und die
Abberufung sind in der Regel ausdrücklich zu formulieren. Die nicht entlasteten Verwaltungsmitglieder können die Entlastung nicht gerichtlich
einklagen. Ist ihnen die Entlastung aber unberechtigt verweigert worden,
so können sie mit sofortiger Wirkung die Amtsniederlegung und die fristlose Kündigung aus wichtigem Grund erklären;

(4.) die Bestellung des Abschlußprüfers;
diese Regelung wiederholt die Vorschrift des § 318 Abs. 1 HGB. Während
die Hauptversammlung somit den Abschlußprüfer *aussucht*, wird der auf
die Durchführung der Prüfung gerichtete *Werkvertrag* vom Aufsichtsrat
und nicht etwa vom Vorstand geschlossen (§ 111 Abs. 2 S. 3 AktG). Die
Auswahl des Prüfers durch die Aktionäre ist sinnvoll, denn es ist das von
ihnen aufgebrachte Kapital, mit dem der vom Prüfer zu kontrollierende
Vorstand wirtschaftet;

(5.) Satzungsänderungen;
während die Feststellung der Satzung durch die Gründer (§ 2 AktG) noch
einstimmig geschieht, bedarf es zu einer Änderung der Satzung in der Regel nur noch einer Dreiviertelmehrheit (§ 179 Abs. 2 AktG). Die Gründer
können durch entsprechende Satzungsbestimmung die Abänderbarkeit der

Satzung auch von geringeren Mehrheiten oder von höheren Mehrheiten bis hin zur Einstimmigkeit abhängig machen;

(6.) Maßnahmen der Kapitalbeschaffung und der Kapitalherabsetzung; diese Regelung ist nur deklatorisch, denn die genannten Maßnahmen stellen immer zugleich auch Satzungsänderungen dar und gehören deshalb schon gem. Ziff. 5 zur Beschlußkompetenz der Hauptversammlung; zu den Kapitalbeschaffungsmaßnahmen und zur Kapitalherabsetzung siehe Kap. 10;

(7.) die Bestellung von Sonderprüfern; diese Maßnahme bezieht sich auf die Prüfung von Vorgängen - bei der Gründung und - bei der Geschäftsführung und soll klären, ob Umstände vorliegen, die die Erhebung von Ersatzansprüchen der Gesellschaft gegen Gründer und Mitglieder von Vorstand und Aufsichtsrat gebieten. Auch eine Aktionärsminderheit kann unter den Voraussetzungen des § 142 AktG die Bestellung erzwingen. Die Geltendmachung der Ersatzansprüche durch "besondere Vertreter" auf Verlangen der Hauptversammlung oder einer Minderheit von Aktionären regelt § 147 AktG (dazu Kap. 8.1);

(8.) die Auflösung der Gesellschaft. Der mit der erforderlichen Mehrheit gefaßte Auflösungsbeschluß ist nach § 262 Abs. 1 Nr. 2 AktG einer der gesetzlichen Gründe für die zur Abwicklung (Liquidation) der Gesellschaft führende Auflösung (dazu Kap. 12).

8.3.2 Geschäftsführungsfragen, § 119 Abs. 2 AktG

Die Hauptversammlung kann gem. § 119 Abs. 2 AktG über Fragen der Geschäftsführung nur dann entscheiden, wenn der Vorstand es verlangt. Nur der Vorstand kann ein derartiges Verlangen an die Hauptversammlung aussprechen, nicht etwa der Aufsichtsrat. Eine bloße *Erörterung* von Geschäftsführungsfragen im Rahmen der Hauptversammlung kann indessen vom Versammlungsleiter nicht unterbunden werden, wenn sie der Vorbereitung über die Beschlußfassung dient, z. B. zum Tagesordnungspunkt Entlastung. Die Vorlage kann bei einem mehrköpfigem Vorstand nicht durch ein einzelnes Vorstandsmitglied erfolgen, vielmehr trifft der Vorstand die Entscheidung über die Vorlage an die Hauptversammlung mit der erforderlichen Stimmenzahl.

Der Vorstand kann die Hauptversammlung nach eigenem Ermessen mit jeder Geschäftsführungsmaßnahme befassen. Des weiteren kann er in den Fällen, wo er für die Vornahme bestimmter Rechtsgeschäfte der Zustimmung des Aufsichtsrats bedarf (siehe dazu Kap. 7.1.1) und der Aufsichtsrat diese verweigert, an deren Stelle die Zustimmung der Hauptversammlung einholen (§ 111 Abs. 4 S. 3 AktG); der Hauptversammlungsbeschluß ist in diesem Fall mit Dreiviertelmehrheit zu fassen, ansonsten reicht die einfache Mehrheit aus.

Der Vorstand hat einen bestimmten *Antrag* zu formulieren, über den die Hauptversammlung positiv oder negativ entscheiden kann; er hat der Vorlage die für die Entscheidungsfindung erforderlichen *Informationen* beizugeben. Stimmt die Hauptversammlung der Geschäftsführungsmaßnahme zu, so muß der Vorstand sie durchführen (§ 83 Abs. 2 AktG), und lehnt die Hauptversammlung sie ab, so hat die Maßnahme zu unterbleiben. Der Vorstand kann nicht die Zuständigkeit nachträglich wieder an sich ziehen und selbst eine Entscheidung treffen. Entsteht der Gesellschaft durch die Ausführung des Hauptversammlungsbeschlusses ein Schaden, so ist der Vorstand gegenüber der Gesellschaft gem. § 93 Abs. 4 AktG nicht ersatzpflichtig (vgl. Kap. 6.5.1).

Der Vorstand kann mit dem Abschluß des fragliches Vertrages warten, bis die Hauptversammlung die vorherige Zustimmung zu dieser Maßnahme erteilt hat; er kann aber auch, was aus praktischen Gründen näher liegen dürfte, den Vertrag bereits vor Durchführung der Hauptversammlung abschließen, dessen Wirksamkeit aber durch Vereinbarung einer entsprechenden aufschiebenden Bedingung von der Zustimmung durch die Hauptversammlung abhängig machen.

Das *Ermessen* des Vorstandes bei der Entscheidung, ob er gem. § 119 Abs. 2 AktG für eine Geschäftsführungsmaßnahme einen Beschluß der Hauptversammlung verlangt oder nicht, schrumpft auf Null, wenn es um eine gesetzlich nicht geregelte *Strukturentscheidung* von herausragender Bedeutung geht (dazu auch Kap. 6.1.1 a. E.). Aufgrund seiner Vertretungsmacht ist der Vorstand zwar rechtlich in der Lage, die Gesellschaft auch bei derartig gravierenden Entscheidungen rechtlich zu binden, er setzt sich aber bei einer falschen Ermessensentscheidung den Schadensersatzansprüchen der Aktionäre aus.

Beispiele:

- Ausgliederung eines Betriebsteils, der 80 % des Wertes der Vermögensgegenstände der Gesellschaft entspricht, in eine eigens dazu errichtete Tochtergesellschaft (Holzmüller-Fall, BGH NJW 1982, 1703; s. Kap. 6.1.1);
- Weggabe des Grundbesitzes der Gesellschaft als des einzigen werthaltigen Vermögengegenstands (OLG München, Die AG 1995, 232);
- Börsengang (vgl. Picot/Land, DB 1999, 570 571; s. Kap. 15.4.1).

8.3.3 Weitere Zuständigkeiten

Der Hauptversammlung sind weitere Kompetenzen zugewiesen.

Bei einer *Nachgründung* (§ 52 AktG) muß die Hauptversammlung den nachgründenden Verträgen mit Dreiviertelmehrheit zustimmen. Entsprechendes gilt bei einem auf die Übertragung des ganzen Vermögens gerichteten Vertrag (§ 179a AktG). Kommt der Zustimmungsbeschluß nicht zustande, sind die Verträge unwirksam (vgl. auch Kap. 4.10).

Bei der Übertragung von *vinkulierten* Namensaktien (dazu Kap. 3.1) ist grundsätzlich der Vorstand für die Erteilung der Zustimmung der Gesellschaft zuständig. Durch die Satzung kann diese Kompetenz jedoch dem Aufsichtsrat oder der Hauptversammlung zugewiesen werden (§ 68 Abs. 2 Satz 3 AktG).

Den Mitgliedern des ersten Aufsichtsrats kann nur die Hauptversammlung eine *Vergütung* für ihre Tätigkeit gewähren, wobei dieser Beschluß erst in der Hauptversammlung gefaßt werden darf, die über die Entlastung der Mitglieder des ersten Aufsichtsrats beschließt.(§ 113 Abs. 2 AktG). Auch in der Folgezeit ist die Hauptversammlung für die Bewilligung der Vergütung zuständig, wenn diese nicht durch die Satzung festgesetzt ist (dazu Kap. 7.4).

Die Hauptversammlung kann die *Abberufung* eines von ihr gewählten Aufsichtsratsmitglieds vor Ablauf der Amtszeit mit Dreiviertelmehrheit beschließen (dazu Kap. 7.2).

8.4   Einberufung, Tagesordnung

Die Einberufung der Hauptversammlung ist Sache des *Vorstands* (§ 121 Abs. 2 AktG); der Aufsichtsrat ist nur dann dazu berechtigt - aber auch verpflichtet -, wenn das Wohl der Gesellschaft das erfordert, § 111 Abs. 3 AktG (dazu Kap. 7.1.2).

Für den Vorstand besteht *Einberufungspflicht* in den durch Gesetz oder Satzung bestimmten Fällen sowie dann, wenn das Wohl der Gesellschaft es erfordert (§ 121 Abs. 1 AktG), ferner auf Verlangen einer Minderheit nach § 122 Abs. 1 AktG. Die Einberufung aufgrund Satzungsbestimmung kommt selten vor; ein Anwendungsfall ist die Einholung der Zustimmung der Hauptversammlung zur Übertragung vinkulierter Namensaktien (Kap. 8.3.3). Eine Einberufung ausschließlich zum Wohl der Gesellschaft ist kaum denkbar, dieser Einberufungsgrund ist daher ohne Bedeutung im Wirtschaftsleben.

Zumeist wird die Hauptversammlung deshalb einberufen, weil ein gesetzlicher Grund vorliegt. Ein Anlaß für die Einberufung einer *außerordentlichen Hauptversammlung* ist der Verlust des hälftigen Grundkapitals (§ 92 Abs. 1 AktG; dazu Kap. 6.1.5 a. E.).

Die *ordentliche Hauptversammlung* hat jährlich in dem von § 175 Abs. 1 Satz 2 AktG vorgegebenen Zeitrahmen, also in der ersten acht Monaten des Geschäftsjahres, stattzufinden. Die Ladung dazu hat der Vorstand unverzüglich nach Eingang des Aufsichtsratsberichts über die Prüfung des Jahresabschlusses (§ 171 Abs. 1 Satz 1 AktG; dazu Kap. 9.3) vorzunehmen. Gegenstand der ordentlichen Hauptversammlung ist die Entgegennahme des festgestellten Jahresabschlusses, des Lageberichts und des Berichts des Aufsichtsrats gem. § 171 Abs. 1 AktG (dazu Kap. 9.3) sowie die Verwendung des Bilanzgewinns, die Entlastung von Vorstand und Aufsichtsrat und die Wahl des Abschlußprüfers (§§ 120, 171 Abs. 2, 175 AktG, 318 HGB).

Die Modalitäten der Einberufung richten sich gem. § 121 AktG danach, ob der Gesellschaft die Aktionäre namentlich bekannt sind; wenn das der Fall ist, kann die Einberufung mit *eingeschriebenen Brief* erfolgen. Sind die Aktionäre nicht - alle - bekannt, so ist die Einberufung in den Gesellschaftsblättern bekanntzumachen, also in der Regel im Bundesanzeiger (vgl. Kap. 4.2.7).

Die *Einberufungsfrist* beträgt nach § 123 Abs. 1 AktG einen Monat. *Ort* der Hauptversammlung ist regelmäßig der in der Satzung bestimmte Sitz der Gesellschaft (§ 121 Abs. 5 AktG).

Der *Inhalt* der Einberufung ist zwingend vorgeschrieben (§§ 121 Abs. 2, 124 AktG):

- Firma und Sitz der Gesellschaft,
- Zeit und Ort der Hauptversammlung,
- Teilnahmebedingungen;
  gemeint ist insbesondere eine nach der Satzung bestehende Verpflichtung zur Hinterlegung der Aktien und zur Anmeldung des Aktionärs (§123 Abs. 2 AktG),
- Tagesordnung;
  die vom Vorstand vorgeschlagene Tagesordnung wird ggf. ergänzt durch die von Aktionären gem. § 122 Abs. 2 AktG verlangten Tagesordnungspunkte. Über Tagungsordnungspunkte, die nicht ordnungsgemäß bekanntgemacht worden sind, dürfen keine Beschlüsse gefaßt werden (§ 124 Abs. 4 S. 1 AktG);
- Beschlußvorschläge des Aufsichtsrats zur Wahl von Aufsichtsratsmitgliedern und des Prüfers (§ 124 Abs. 3 S. 1 AktG),

- *Beschlußvorschläge* von Vorstand und Aufsichtsrat zu allen anderen Tagesordnungspunkten,
- bei Aufsichtsratswahlen:
  Zusammensetzung des Aufsichtsrats (§ 124 Abs. 2 S. 1 AktG),
- bei Beschlußfassung über Satzungsänderungen:
  Wortlaut des Änderungsvorschlags (§ 124 Abs. 2 S. 2 AktG),
- bei Beschlußfassung über Verträge:
  der wesentliche Inhalt der Verträge; das betrifft insbesondere

Unternehmensverträge	(§§ 291 ff. AktG),
Umwandlungsverträge	(§§ 13, 65, 128, 193, 233, 240 UmwG),
Nachgründungsverträge	(§ 52 Abs. 1 AktG),
Geschäftsführungsmaßnahmen	(§§ 119 Abs. 2, 111 Abs. 4 S. 3 AktG),

Verzichts-/Vergleichsverträge
mit Gründern (§ 50 AktG),
mit Mitgliedern von Vorstand und Aufsichtsrat (§§ 93 Abs. 4, 116 AktG),
mit Einflußnehmern (§ 117 Abs. 4 AktG) und
mit beherrschenden Unternehmen (§§ 309, 317 AktG).

Im Anschluß an die Einberufung hat der Vorstand bestimmte *Mitteilungspflichten* der Gesellschaft zu erfüllen. Nach § 125 AktG hat der Vorstand binnen zwölf Tagen nach der Bekanntmachung der Einberufung der Hauptversammlung den Kreditinstituten, Finanzdienstleistungsinstituten und den Aktionärsvereinigungen, die in der letzten Hauptversammlung das Stimmrecht für Aktionäre ausgeübt oder die die Mitteilung verlangt hatten, die Einberufung der Hauptversammlung, die Bekanntmachung der Tagesordnung und etwaige Anträge und Wahlvorschläge von Aktionären einschließlich des Namens des Aktionärs, der Begründung und einer etwaigen Stellungnahme der Verwaltung mitzuteilen. Die gleiche Mitteilung ist an Aktionäre zu übersenden, die eine Aktie bei der Gesellschaft hinterlegt haben, es nach der Bekanntmachung der Einberufung der Hauptversammlung im Bundesanzeiger verlangen oder als Aktionär im Aktienbuch der Gesellschaft eingetragen sind und deren Stimmrechte in der letzten Hauptversammlung nicht durch ein Kreditinstitut ausgeübt worden sind. Darüber hinaus kann jedes Aufsichtsratsmitglied verlangen, daß ihm der Vorstand die gleichen Mitteilungen übersendet.

Anträge von Aktionären müssen nur mitgeteilt werden, wenn der Aktionär binnen einer Woche nach der Bekanntmachung der Einberufung der Hauptversammlung einen *Gegenantrag* mit Begründung übersandt und dabei mitgeteilt hat, er wolle in der Hauptversammlung einem Vorschlag des Vorstands und des Aufsichtsrats widersprechen und die anderen Aktionäre veranlassen, für seinen Gegenantrag zu stimmen (§ 126 Abs. 1 AktG); das gilt entsprechend bei Vorschlägen von Aktionären zur Wahl von Aufsichtsratsmitgliedern oder von Abschlußprüfern (§ 127 AktG). Verwahrt ein Kreditinstitut für Aktionäre Aktien der Gesellschaft, so hat es die Mitteilungen unverzüglich an sie weiterzuleiten (§ 128 AktG).

Eine *Vollversammlung* der Aktionäre kann Beschlüsse auch dann fassen, wenn die Einberufungsformalitäten der §§ 121 - 128 AktG nicht eingehalten sind, sofern kein Aktionär der Beschlußfassung widerspricht (§ 121 Abs. 6 AktG). Voraussetzung ist, daß sämtliche Aktionäre zu dieser Hauptversammlung erschienen oder durch Bevollmächtigte vertreten sind, auch die Inhaber stimmrechtsloser Vorzugsaktien. Es ist dringend zu empfehlen, die vollständige Anwesenheit aller Aktionäre und den fehlenden Widerspruch in die Niederschrift der Hauptversammlung aufzunehmen (zur Niederschrift siehe auch Kap. 8.6). Eine Beschlußfassung im schriftlichen Verfahren ist nicht zulässig; lassen sich die Aktionäre durch einen einzigen Bevollmächtigten vertreten, so kommt das allerdings dem schriftlichen Umlaufverfahren recht nahe.

8.5 Ablauf

Der Ablauf der Hauptversammlung richtet sich nach den Vorgaben des Aktiengesetzes und der Satzung.

8.5.1 Organisatorische Gestaltung

Versammlungsleiter
Der Versammlungsleiter gestaltet die Hauptversammlung unter Beachtung der Satzung und der gesetzlichen Vorschriften sowie ggf. einer Geschäftsordnung. Zum Versammlungsleiter bestimmt die Satzung üblicherweise den Aufsichtsratsvorsitzenden. Fehlt eine solche Regelung, so muß die Hauptversammlung sich einen Leiter wählen; nicht gewählt werden können Vorstandsmitglieder und der beurkundende Notar. Auch die Vollversammlung bedarf eines Versammlungsleiters.

Teilnehmerverzeichnis
Der Versammlungsleiter muß sich zunächst einmal vergewissern, daß das nach § 129 Abs. 1 AktG erforderliche Teilnehmerverzeichnis aufgestellt ist; nimmt der Aufsichtsratsvorsitzende die Position des Versammlungsleiters wahr, wird er rechtzeitig vorher Vorbereitungen für die Aufstellung getroffen haben. Der Versammlungsleiter muß das Teilnehmerverzeichnis unterzeichnen und vor der ersten Abstimmung zur Einsichtnahme durch die Hauptversammlungsteilnehmer auslegen (§ 129 Abs. 4 AktG). Das Teilnehmerverzeichnis erleichtert die Feststellung des Abstimmungsergebnisses. Wird es unter Verletzung von § 129 AktG nicht oder nicht ordnungsgemäß geführt, so kann dies die Anfechtbarkeit

(§ 243 AktG) der gefaßten Beschlüsse begründen und Schadensersatzansprüche auslösen.

Auslegung

Der Versammlungsleiter ist für die Auslegung der der Hauptversammlung vorzulegenden Unterlagen im Versammlungsraum verantwortlich. Beispiele: der Jahresabschluß (§ 175 Abs. 2 AktG) bei der ordentlichen Hauptversammlung; der Unternehmensvertrag (§ 293 f. AktG) bei Beschlußfassung über einen Unternehmensvertrag; wegen weiterer Auslegungspflichten siehe Kap. 8.1.

Geschäftsordnung

Die Satzung kann eine Geschäftsordnung mit Regeln für die Vorbereitung und Durchführung der Hauptversammlung vorsehen. Fehlt es daran, so kann die Hauptversammlung sich gem. § 129 Abs. 1 S. 1 AktG durch mit Dreiviertelmehrheit zu fassenden Beschluß selbst eine Geschäftsordnung geben.

Teilnahmerecht

Der Versammlungsleiter vergewissert sich, daß nur teilnahmeberechtigte Personen anwesend sind. Das sind neben den Verwaltungsmitgliedern die Aktionäre bzw. ihre Vertreter. Der Abschlußprüfer ist nur dann zur Teilnahme verpflichtet - und berechtigt -, wenn die Feststellung des Jahresabschlusses ausnahmsweise nicht durch Vorstand und Aufsichtsrat, sondern durch die Hauptversammlung erfolgt (§§ 176 Abs. 2, 173 AktG). In der Praxis ist die Teilnahme des Abschlußprüfers aber auch in den anderen Fällen üblich und wegen etwaiger Rückfragen seitens des Vorstandes an ihn sehr sinnvoll. Bei Bank- u. Versicherungs-Aktiengesellschaften bestehen spezialgesetzliche Teilnahmerechte der Aufsichtsbehörden. Der Versammlungsleiter kann die Anwesenheit von Pressevertretern zulassen; zu deren Ausschluß bedarf es eines Hauptversammlungsbeschlusses (Hüffer, Rz. 16 zu § 118 AktG).

Durchführung

Der Versammlungsleiter eröffnet und schließt die Hauptversammlung, und er ordnet eine etwa gebotene Unterbrechung an. Nach der Eröffnung und Begrüßung der Teilnehmer stellt er die anwesenden Verwaltungsmitglieder und ggf. den beurkundenden Notar und den Abschlußprüfer vor. Sodann wird die Ordnungsmäßigkeit der Einberufung festgestellt. Im Anschluß daran ist die *Tagesordnung* zu behandeln. Aufgabe des Versammlungsleiters ist dafür zu sorgen, daß dies ordnungsgemäß und innerhalb angemessener Zeit erledigt wird. Er ist für die Aufrechterhaltung der Ordnung zuständig. Dazu gehört die generelle Festlegung der Redezeit der einzelnen Aktionäre. Gegen Störungen seitens einzelner Aktionäre kann er einschreiten und äußerstenfalls den Störer aus der Versammlung verweisen. Der Versammlungsleiter gibt den Aktionären Gelegenheit, zu jedem Tagesordnungspunkt Fragen und Anträge zu stellen (dazu Kap. 8.5.2) und leitet die Beschlußfassung (dazu Kap. 8.5.3).

8.5.2 Auskunftserteilung

Das Recht des Aktionärs auf Auskunft ist geregelt in § 131 AktG. Danach ist jedem Aktionär auf Verlangen in der Hauptversammlung Auskunft über Angelegenheiten der Gesellschaft zu geben, soweit sie zur sachgemäßen Beurteilung des Gegenstands der Tagesordnung erforderlich ist. Die Fragestellung hat ebenso wie die Auskunftserteilung vor der Beschlußfassung über den betreffenden Tagesordnungspunkt zu erfolgen.

Die vom Vorstand zu erteilende Auskunft hat den Grundsätzen einer gewissenhaften und getreuen Rechenschaft zu entsprechen, d. h. sie muß vollständig und sachlich zutreffend sein; ein vorsätzlicher Verstoß des Vorstandes dagegen kann nach § 400 Abs. 1 Nr. 1 AktG strafrechtliche Konsequenzen haben. Mit Hilfe des Auskunftsrechts verschaffen die Aktionäre sich insbesondere die zur sachgerechten Ausübung ihres Stimmrechts benötigten Informationen. Hintergrund des Auskunftsrechts ist aber auch das den Aktionären nach § 245 AktG zustehende Recht zur Anfechtung von Hauptversammlungsbeschlüssen, und deshalb steht das Auskunftsrecht allen Aktionären zu, also auch den Inhabern von stimmrechtslosen Vorzugsaktien.

Der Vorstand darf gem. § 131 Abs. 3 AktG die Auskunft insbesondere *verweigern*,

1. soweit die Erteilung der Auskunft nach vernünftiger kaufmännischer Beurteilung geeignet ist, der Gesellschaft oder einem verbundenen Unternehmen einen nicht unerheblichen Nachteil zuzufügen;
2. soweit sie sich auf steuerliche Wertansätze oder die Höhe einzelner Steuern bezieht;
3. über den Unterschied zwischen dem Betrag, mit dem Gegenstände in der Jahresbilanz angesetzt worden sind, und einem höheren Wert dieser Gegenstände, es sei denn, daß die Hauptversammlung den Jahresabschluß gem. § 173 Abs. 1 AktG feststellt;
4. über die Bilanzierungs- und Bewertungsmethoden, soweit die Angabe dieser Methoden im Anhang ausreicht, um ein den tatsächlichen Verhältnissen entsprechendes Bild der Vermögens-, Finanz- und Ertragslage der Gesellschaft im Sinne des § 264 Abs. 2 HGB zu vermitteln; dies gilt nicht, wenn die Hauptversammlung den Jahresabschluß feststellt;
5. soweit sich der Vorstand durch die Erteilung der Auskunft strafbar machen würde.

Ist einem Aktionär in *dieser* Eigenschaft, also nicht deshalb, weil er z. B. Verwaltungsmitglied ist, eine *Auskunft außerhalb der Hauptversammlung* gegeben worden, so ist sie jedem anderen Aktionär auf dessen Verlangen in der Hauptversammlung ebenfalls zu erteilen, auch wenn sie zur sachgemäßen Beurteilung des Gegenstands der Tagesordnung nicht erforderlich ist. In diesem Fall darf der Vorstand nicht die Auskunft aus den vorstehend unter Ziffer 1 - 4 genannten Gründen verweigern (§ 131 Abs. 4 AktG).

Wird einem Aktionär eine *Auskunft verweigert,* so kann er verlangen, daß seine Frage und der Grund, aus dem die Auskunft verweigert worden ist, in die Niederschrift über die Verhandlung aufgenommen werden (§ 131 Abs. 5 AktG). Verweigert der Vorstand die Auskunft, so kann der Aktionär ein *Auskunftserzwingungsverfahren* gem. § 132 AktG einleiten. Im Rahmen dieses Verfahrens entscheidet auf Antrag des Aktionärs das zuständige Landgericht darüber, ob der Vorstand die Auskunft geben muß. Den Antrag kann jeder Aktionär, dem die verlangte Auskunft nicht gegeben worden ist, und, wenn über den Gegenstand der Tagesordnung, auf den sich die Auskunft bezog, Beschluß gefaßt worden ist, jeder in der Hauptversammlung erschienene Aktionär, der in der Hauptversammlung Widerspruch zur Niederschrift erklärt hatte, stellen. Der Antrag ist binnen zwei Wochen nach der Hauptversammlung zu stellen, in der die Auskunft abgelehnt worden ist (§ 132 Abs. 2 AktG). Mit der nach der gerichtlichen Entscheidung zu erteilenden Auskunft muß der Antragsteller nicht bis zur nächsten Hauptversammlung warten, vielmehr ist diese Auskunft unverzüglich auch außerhalb der Hauptversammlung zu erteilen (§ 132 Abs. 4 AktG). Der Aktionär kann bei Auskunftsverweigerung aber auch zusätzlich oder alternativ nach § 243 AktG vorgehen, d. h. *Anfechtungsklage* gegen den ergangenen Beschluß erheben, sofern die verweigerte Auskunft den Beschlußgegenstand betraf. Für die Entscheidung über die Anfechtungsklage ist es unerheblich, daß die Hauptversammlung oder Aktionäre erklärt haben oder erklären, daß die Auskunftsverweigerung ihre Beschlußfassung nicht beeinflußt habe (§ 243 Abs. 4 AktG).

8.5.3 Beschlußfassung

Nur Stammaktien, nicht die stimmrechtslosen Vorzugsaktien (§§ 139, 12 AktG; dazu Kap. 3.2) berechtigen zur Stimmabgabe in der Hauptversammlung. Das Stimmrecht für eine Aktie beginnt grundsätzlich mit vollständiger Leistung der Einlage (§ 134 Abs. 2 AktG), und es wird nach Aktiennennbeträgen, bei Stückaktien nach deren Zahl, ausgeübt (§ 134 Abs. 1 AktG). Die Hauptversammlungsbeschlüsse bedürfen der *Mehrheit* der abgegebenen Stimmen (einfache Stimmenmehrheit), soweit nicht Gesetz oder Satzung eine größere Mehrheit oder weitere Erfordernisse bestimmen (§ 133 Abs. 1 AktG). Größere Mehrheiten sind insbesondere erforderlich bei

- Nachgründung, § 52 Abs. 5 AktG,
- Abberufung von Aufsichtsratsmitgliedern vor Ablauf der Amtszeit, § 103 Abs. 1 AktG,
- Satzungsänderung, § 179 Abs. 1 AktG,
- Verpflichtung zur Übertragung des ganzen Gesellschaftsvermögens, § 179a AktG,
- Kapitalerhöhung, §§ 182 Abs. 1, 193 Abs. 1, 202 Abs. 2 AktG,
- Ausgabe von Wandel- und Gewinnschuldverschreibungen und von Genußrechten, § 221 AktG,
- Kapitalherabsetzung und Einziehung von Aktien, §§ 222, 229, 237 AktG,
- Auflösungs- und Fortsetzungsbeschluß, §§ 262 Abs. 1 Nr. 2, 274 Abs. 1 AktG,
- Abschluß und Änderung von Unternehmensverträgen, §§ 293, 295 AktG,
- Eingliederung in eine andere Aktiengesellschaft, §§ 319, 320 AktG,
- Umwandlung durch Verschmelzung, Spaltung, Formwechsel (§§ 65, 125, 233 Abs. 2, 240 UmwG).

Die Satzung der Aktiengesellschaft kann für weitere Tatbestände Mehrheiten vorschreiben, die über der einfachen Stimmenmehrheit liegen, und sie kann darüber hinaus die Mehrheitserfordernisse verschärfen bis hin zur Einstimmigkeit.

Die Ausübung des Stimmrechts durch *Bevollmächtigte*, insbesondere Aktionärsvereinigungen, Kreditinstitute und geschäftsmäßige Stimmrechtsvertreter, ist zulässig (§§ 134 Abs. 3, 135 AktG). Der Vorsitzende hat die *Stimmrechtsausschlüsse* nach § 136 AktG zu beachten; danach kann niemand für sich oder für einen anderen das Stimmrecht ausüben, wenn darüber Beschluß gefaßt wird, ob er zu entlasten oder von einer Verbindlichkeit zu befreien ist, oder ob die Gesellschaft gegen ihn einen Anspruch geltend machen soll. Für Aktien, aus denen der Aktionär aus diesem Grunde das Stimmrecht nicht ausüben kann, kann das Stimmrecht auch nicht durch einen anderen ausgeübt werden. Bei Sonderbeschlüssen gilt § 138 AktG.

Es steht im Ermessen des Versammlungsleiters, ob er nach jedem einzelnen Tagesordnungspunkt abstimmen läßt oder ob die Abstimmung für einzelne oder alle Punkte nach Erledigung der Tagesordnung gebündelt durchgeführt wird. Auch bei gebündelter, "konzentrativer" Abstimmung wird über die Beschlußpunkte einzeln abgestimmt, wobei dies aber unmittelbar hintereinander geschieht. Die Feststellung über das Ergebnis der Beschlußfassung trifft der Versammlungsleiter.

8.6 Niederschrift

Der Verlauf der Hauptversammlung ist nach § 130 AktG in einer Niederschrift zu dokumentieren. In die Niederschrift aufzunehmen sind sämtliche Beschlüsse und bestimmte Anträge von Minderheitsaktionären. Sind die Aktien der Gesellschaft nicht börsennotiert, so reicht eine vom Vorsitzenden des Aufsichtsrats zu unterzeichnende Niederschrift aus, soweit keine Beschlüsse gefaßt werden, für die das Gesetz eine Dreiviertel- oder größere Mehrheit bestimmt, also insbesondere Satzungsänderungen, Kapitalerhöhungen, Umwandlung; derartige Beschlüsse sind notariell zu beurkunden. Bei den börsennotierten Gesellschaften ist die Niederschrift generell in notarieller Form vorzunehmen. Werden in einer Vollversammlung gem. § 121 Abs. 6 AktG (dazu Kap. 8.4 a. E.) Beschlüsse, die nicht notariell zu beurkunden sind, ohne Mitwirkung des Aufsichtsratsvorsitzenden gefaßt, ist der aus dem Teilnehmerkreis zu wählende Versammlungsleiter für die Ausfertigung der Niederschrift gem. § 130 Abs. 1 S. 3 AktG verantwortlich.

In der Niederschrift sind der Ort und der Tag der Hauptversammlung, ggf. der Name des Notars sowie die Art und das Ergebnis der Abstimmung und die Feststellung des Vorsitzenden über die Beschlußfassung anzugeben. Der Niederschrift sind als Anlage beizufügen das Teilnehmerverzeichnis sowie die Nachweise über die Einberufung. Der Vorstand hat unverzüglich nach der Hauptversammlung eine öffentlich beglaubigte, bei Niederschrift durch den Vorsitzenden bzw. ggf. durch den Versammlungsleiter eine von diesem unterzeichnete Abschrift des Protokolls und der Anlagen zum Handelsregister einzureichen.

Die Nichtbeachtung der gesetzlichen Vorschriften über die Niederschrift der Hauptversammlung hat gravierende Konsequenzen. Nach § 241 Nr. 2 AktG sind Hauptversammlungsbeschlüsse *nichtig*, d. h. auch ohne Anfechtungsklage eines Aktionärs unwirksam, wenn sie unter Verstoß gegen § 130 Abs. 1 AktG nicht oder unzureichend oder nicht notariell dokumentiert sind. Dieselben Konsequenzen hat das Fehlen der Angaben gem. § 130 Abs. 2 AktG und die fehlende Unterschrift des Notars im Falle der notariell aufgenommene Niederschrift.

8.7 Fehlerhafte Beschlüsse

Beschlüsse der Hauptversammlung können nichtig oder anfechtbar in den vom Aktiengesetz genannten Fällen sein. Ein *nichtiger* Beschluß ist und bleibt unwirksam; ein *anfechtbarer* Beschluß wird nur dann unwirksam, wenn nach Anfechtungsklage des Aktionärs das Gericht den betreffenden Beschluß für nichtig erklärt.

8.7.1 Nichtige Beschlüsse

Ein Beschluß der Hauptversammlung ist nach § 241 AktG insbesondere dann nichtig, wenn er

1. in einer Hauptversammlung gefaßt worden ist, die unter Verstoß gegen § 121 Abs. 2 und 3 oder 4 einberufen war (dazu Kap. 8.4);
2. nicht nach § 130 Abs. 1, 2 und 4 beurkundet ist (dazu Kap. 8.6);
3. mit dem Wesen der Aktiengesellschaft nicht zu vereinbaren ist oder durch seinen Inhalt Vorschriften verletzt, die ausschließlich oder überwiegend zum Schutze der Gläubiger der Gesellschaft oder sonst im öffentlichen Interesse gegeben sind;
   der Anwendungsbereich dieser Vorschrift ist nicht sehr groß, sie wird bei der kleinen Aktiengesellschaft keine wesentliche Rolle spielen;
4. durch seinen Inhalt gegen die guten Sitten verstößt;
5. auf Anfechtungsklage durch Urteil rechtskräftig für nichtig erklärt worden ist;
6. nach § 144 Abs. 2 FGG aufgrund rechtskräftiger Entscheidung vom Gericht als nichtig gelöscht worden ist.

Das Aktiengesetz enthält Spezialtatbestände über die *Nichtigkeit* von Hauptversammlungsbeschlüssen zur Wahl von Aufsichtsratsmitgliedern (§ 250 AktG; dazu Kap. 7.2), zur Verwendung des Bilanzgewinns (§ 253 AktG) und zum Jahresabschluß (§ 256 AktG; dazu Kap. 9.7).

8.7.2 Anfechtbare Beschlüsse

Ein Beschluß der Hauptversammlung ist *anfechtbar*, wenn eine Verletzung des Gesetzes oder der Satzung vorliegt oder wenn ein Aktionär mit der Ausübung des Stimmrechts für sich oder einen Dritten Sondervorteile zum Schaden der Gesellschaft oder der anderen Aktionäre zu erlangen suchte und der Beschluß geeignet ist, diesem Zweck zu dienen (§ 243 Abs. 1, 2 AktG). Ist ein Beschluß bereits gem. § 241 AktG als nichtig zu werten, so kommt es auf die Anfechtbarkeit nicht mehr an. Die Anfechtbarkeit ist bei Verletzung jedweder gesetzlichen Vorschrift, nicht nur des Aktiengesetzes, gegeben. In Betracht kommen Verfahrensfehler und inhaltliche Fehler.

Die in der Verletzung gesetzlicher Vorschriften oder von Satzungsbestimmungen liegenden *Verfahrensfehler* beim Zustandekommen von Beschlüssen müssen einen Einfluß auf das Ergebnis der Beschlußfassung gehabt haben. Man kann folgende Fallgruppen unterscheiden (Hüffer, Rz. 14 ff. zu § 243 AktG):

- Vorbereitungs- und Durchführungsmängel;
  Vorbereitungsmängel sind Verstöße gegen Vorschriften über die Einberufung und die Bekanntgabe der Tagesordnung. Ein Durchführungsmangel ist der Eingriff in das Teilnahmerecht des Aktionärs;
- Verletzung von Auskunfts- und Informationspflichten;
  die unberechtigte Auskunftsverweigerung und die Verletzung anderer Informationspflichten sind in der Regel für die Beschlußfassung erheblich;
- fehlerhafte Feststellung des Abstimmungsergebnisses;
  dazu kann es kommen etwa bei der Nichtbeachtung von Stimmverboten (§ 136 AktG) oder bei der Zurückweisung von Bevollmächtigten.

Ein *Inhaltsfehler* liegt vor, wenn die durch den Hauptversammlungsbeschluß getroffene Regelung selbst mit ihrem Inhalt gesetzes- oder satzungswidrig ist. Zu denken ist an einen Verstoß gegen das Gebot der *Gleichbehandlung* aller Aktionäre nach § 53a AktG oder gegen die gesellschaftsrechtliche *Treuepflicht* in den Ausprägungen, die sie durch die umfangreiche Rechtsprechung zum Anfechtungsrecht gefunden hat (zur materiellen Beschlußkontrolle siehe Hüffer, Rz. 21 ff. zu § 243 AktG).

Besondere Tatbestände bestehen für die Anfechtung der Wahl von Aufsichtsratsmitgliedern (§ 251 AktG; dazu Kap. 7.2), des Beschlusses über die Verwendung des Bilanzgewinns (§ 254 AktG), eines Kapitalerhöhungsbeschlusses (§ 255 AktG) und des Jahresabschlusses (§ 257 AktG; dazu Kap. 9.7).

Die Anfechtung erfolgt durch Erhebung einer *Anfechtungsklage* beim Landgericht, zu richten gegen die Gesellschaft, innerhalb eines Monats ab Beschlußfassung (§ 246 AktG). Zur Anfechtung befugt ist nach § 245 AktG

1. jeder in der Hauptversammlung erschienene Aktionär, wenn er gegen den Beschluß *Widerspruch* zur Niederschrift erklärt hat;
   es reicht nicht aus, daß der Aktionär gegen den Beschluß gestimmt hat, er muß vielmehr hinreichend deutlich erklären, daß er gegen die Rechtmäßigkeit des Beschlusses Bedenken hat und deshalb gerichtliche Schritte in Erwägung zieht. Er muß die Protokollierung nicht ausdrücklich beantragen, doch sollte er seinen Widerspruch so deutlich machen, daß dem Notar bzw. dem die Niederschrift aufnehmenden Aufsichtsratsvorsitzenden der Widerspruch nicht entgeht;
2. jeder in der Hauptversammlung nicht erschienene Aktionär, wenn er zu der Hauptversammlung zu Unrecht nicht zugelassen worden ist oder die Versammlung nicht ordnungsgemäß einberufen oder der Gegenstand der Beschlußfassung nicht ordnungsgemäß bekanntgemacht worden ist;

3. jeder Aktionär, wenn ein Fall des § 243 Abs. 2 AktG vorliegt, also ein Aktionär mit der Ausübung des Stimmrechts für sich oder einen Dritten Sondervorteile zu erlangen suchte;
4. der Vorstand;
   dazu muß der Vorstand, wenn er aus mehreren Personen besteht, einen Beschluß mit der nach Satzung oder Geschäftsordnung notwendigen Mehrheit fassen;
5. jedes Mitglied des Vorstands oder Aufsichtsrats, wenn durch die Ausführung des Beschlusses Mitglieder des Vorstands oder des Aufsichtsrats eine strafbare Handlung oder eine Ordnungswidrigkeit begehen oder wenn sie ersatzpflichtig würden.

Der Vorstand hat die Erhebung der Klage und den Termin zur mündlichen Verhandlung unverzüglich in den Gesellschaftsblättern bekanntzumachen (§ 246 Abs. 4 AktG). Gibt das Gericht der Anfechtungsklage statt, so wird der angegriffene Beschluß gem. § 241 Nr. 5 AktG nichtig. Die Urteilswirkung tritt nicht nur für die beiden Parteien des Anfechtungsprozesses ein, also den klagenden Aktionär und die beklagte Aktiengesellschaft, sondern für alle Aktionäre sowie sämtliche Verwaltungsmitglieder. Der Vorstand hat das Urteil unverzüglich zum Handelsregister einzureichen. War der Beschluß in das Handelsregister eingetragen, so ist auch das Urteil einzutragen. Die Eintragung des Urteils ist in gleicher Weise wie die des Beschlusses bekanntzumachen (§ 248 AktG).

8.8   Sonderbeschluß

Nach § 138 AktG sind die durch das Aktiengesetz oder die Satzung vorgeschriebenen Sonderbeschlüsse gewisser Aktionäre regelmäßig entweder in einer gesonderten Versammlung oder in einer gesonderten Abstimmung zu fassen. Dabei gelten die gesetzlichen Vorschriften über die Hauptversammlung für die Einberufung, die Teilnahme, das Auskunftsrecht und die Beschlüsse sinngemäß. Die Regelung des § 138 AktG findet insbesondere Anwendung bei Bestehen mehrerer Aktiengattungen, etwa wenn Vorzugsaktien neben Stammaktien ausgegeben sind (z. B. bei Beschlußfassung über die Ausgabe weiterer Vorzugsaktien) und bei Vorhandensein außenstehender Aktionäre bei Unternehmensverträgen.

9   Jahresabschluß, Gewinnverwendung, Publizität

Die Rechnungslegung ist von zentraler Bedeutung bei Kapitalgesellschaften. Ihr Ziel ist die Transparenz des Gesellschaftsvermögens und der Schutz der Gläubiger und Aktionäre. Die Rechnungslegung ist - anders als in anderen Ländern - in Deutschland weitgehend gesetzlich geregelt. Die heute geltenden Rechnungslegungsvorschriften beruhen vor allem auf dem Bilanzrichtliniengesetz aus dem Jahre 1985. Mit diesem Gesetz wurde anläßlich der Umsetzung der einschlägigen EG-Richtlinien in nationales Recht das bislang schon geltende, aber in großem Umfang nicht gesetzlich geregelte allgemeine Bilanzrecht erstmals systematisch in einem Gesetzeswerk untergebracht.

Die zuvor im Aktiengesetz geregelten speziellen Rechnungslegungsvorschriften wurden in das Handelsgesetzbuch überführt, das jetzt im Dritten Buch für alle Kaufleute die Buchführung und Bilanzierung normiert. Es gibt dort einen für alle Kaufleute geltenden allgemeinen Teil (§§ 238 - 263 HGB) und die ergänzenden Vorschriften (§§ 264 ff. HGB) für Kapitalgesellschaften, welche generell erheblich höheren Anforderungen seitens des Gesetzgebers unterliegen.

Hinter den knappen Worten des § 91 AktG, daß der Vorstand dafür zu sorgen hat, daß die erforderlichen Handelsbücher geführt werden, und des § 170 Abs. 1 AktG, daß er den Jahresabschluß und den Lagebericht unverzüglich nach ihrer Aufstellung dem Aufsichtsrat vorzulegen hat, steht somit das gesamte, in einer Vielzahl von Rechtsvorschriften geregelte Buchführungs- und Bilanzrecht des Handelsgesetzbuches.

9.1 Aufstellung des Jahresabschlusses und des Lageberichts

Der Vorstand der Aktiengesellschaft hat den Jahresabschluß, bestehend aus Bilanz, Gewinn- und Verlustrechnung (§ 242 HGB) und Anhang sowie ggf. den Lagebericht aufzustellen (§ 264 Abs. 1 HGB). Die Aufstellung muß innerhalb von drei Monaten nach Ende des Geschäftsjahres erfolgen; die *Aufstellungsfrist* verlängert sich für kleine Kapitalgesellschaften bis auf sechs Monate, wenn dies einem ordnungsgemäßen Geschäftsgang entspricht, und die Verpflichtung zur Aufstellung eines Lageberichts entfällt. Eine Aktiengesellschaft oder Gesellschaft mit beschränkter Haftung gilt als *kleine Kapitalgesellschaft*, wenn die Größenmerkmale des § 267 HGB nicht überschritten sind und, im Falle einer Aktiengesellschaft, die Aktien auch nicht an einer Börse in einem Mitgliedstaat der Europäischen Union zum Amtlichen Handel oder Geregelten Markt zugelassen sind und die Zulassung nicht beantragt ist. Die seit 1991 geltenden Merkmale der Größenklassen werden für die nach dem 31.12.1998 beginnenden Geschäftsjahre erhöht. Kleine Kapitalgesellschaften sind solche, die mindestens zwei der drei nachstehenden Merkmale nicht überschreiten:

Bilanzsumme: DM 6.720.000,00
Umsatzerlöse: DM 13.440.000,00
Arbeitnehmer: 50

Bei der Beurteilung, ob eine große Kapitalgesellschaft vorliegt, sind folgende Größenmerkmale maßgeblich:

Bilanzsumme: DM 26.890.000,00
Umsatzerlöse: DM 53.780.000,00
Arbeitnehmer: 250

9.1.1 Jahresabschluß

Der Jahresabschluß hat nach § 264 Abs. 2 HGB unter Beachtung der Grundsätze ordnungsmäßiger Buchführung ein den tatsächlichen Verhältnissen entsprechendes Bild der Vermögens-, Finanz- und Ertragslage der Kapitalgesellschaft zu vermitteln. Diese Generalklausel wird durch die detaillierten Einzelregelungen der §§ 265 ff. HGB und die speziellen Vorschriften für Aktiengesellschaften (§§ 152, 158, 160 AktG) ergänzt. Bei Aufstellung des Jahresabschlusses hat der Vorstand die gesetzliche Rücklage nach § 150 AktG zu dotieren. Es handelt sich dabei um eine Gewinnrücklage, in die 5 % des Jahresüberschusses jährlich einzustellen sind, bis die gesetzliche Rücklage und etwa vorhandene bestimmte Kapitalrücklagen zusammen 10 % des Grundkapitals erreichen (§ 150 Abs. 2 AktG). Die Aufstellung des Jahresabschlusses, die dem Vorstand insgesamt und nicht nur einzelnen Mitgliedern obliegt, ist erfolgt, wenn der Vorstand das gesamte Zahlen- und Erläuterungswerk unterschriftsreif erstellt hat.

9.1.2 Lagebericht

Im *Lagebericht* sind zumindest der Geschäftsverlauf und die Lage der Kapitalgesellschaft so darzustellen, daß ein den tatsächlichen Verhältnissen entsprechendes Bild vermittelt wird; dabei ist auch auf die Risiken der künftigen Entwicklung einzugehen (§ 289 HGB). Der Lagebericht soll auch eingehen auf:

- Vorgänge von besonderer Bedeutung, die nach dem Schluß des Geschäftsjahres eingetreten sind;
- die voraussichtliche Entwicklung der Kapitalgesellschaft;

- den Bereich Forschung und Entwicklung;
- bestehende Zweigniederlassungen der Gesellschaft.

Kleine Kapitalgesellschaften brauchen den Lagebericht nicht aufzustellen (§ 264 Abs. 1 S. 3 AGB).

9.2 Prüfung durch den Abschlußprüfer

Ist die Aktiengesellschaft prüfungspflichtig, so muß der Vorstand dem Abschlußprüfer den Jahresabschluß und den Lagebericht unverzüglich nach der Aufstellung vorlegen (§ 320 HGB). Für den Jahresabschluß und den Lagebericht besteht *Prüfungspflicht*, sofern die Aktiengesellschaft keine kleine Kapitalgesellschaft im Sinne des § 267 HGB (s. o. Kap. 9.1) ist. Zur Bestellung und Beauftragung des Abschlußprüfers siehe Kap. 8.3.1 und Kap. 7.1.2. Hat keine Prüfung stattgefunden, so kann der Jahresabschluß nicht festgestellt werden (§ 316 HGB). Ist ein Jahresabschluß nicht festgestellt, so ist er nichtig, ebenso der auf ihn gestützte Gewinnverwendungsbeschluß. Darauf beruhende Dividendenzahlungen an Aktionäre können nach § 62 AktG der Rückzahlung an die Gesellschaft unterliegen.

Abschlußprüfer kann bei der Aktiengesellschaft nur ein *Wirtschaftsprüfer* oder eine Wirtschaftsprüfungsgesellschaft sein (§ 319 Abs. 1 HGB). Abschlußprüfer kann nicht sein, wer an der Führung der Bücher oder der Aufstellung des zu prüfenden Jahresabschlusses der Kapitalgesellschaft über die Prüfungstätigkeit hinaus mitgewirkt hat (§ 319 Abs. 2 Nr. 5 HGB). Der Abschlußprüfer kann vom Vorstand alle für die sorgfältige Prüfung notwendigen Auskünfte und Unterlagen verlangen (§ 320 HGB). Die Prüfung umfaßt die Buchführung und erstreckt sich darauf, ob die gesetzlichen Vorschriften und sie ergänzende Bestimmungen der Satzung beachtet sind. Die Prüfung ist dabei so anzulegen, daß Unrichtigkeiten und Verstöße mit wesentlicher Auswirkung bei gewissenhafter Arbeit erkannt werden (§ 317 Abs. 1 HGB). Bei einer Aktiengesellschaft, die Aktien mit amtlicher Notierung ausgegeben hat, ist außerdem im Rahmen der Prüfung zu beurteilen, ob der Vorstand die ihm nach § 91 Abs. 2 AktG (dazu Kap. 6.1.4) obliegenden Maßnahmen in einer geeigneten Form getroffen hat und ob das danach einzurichtende Überwachungssystem seine Aufgaben erfüllen kann.

Der Abschlußprüfer erstellt einen *Prüfungsbericht*, in dem er über Art und Umfang sowie über das Ergebnis der Prüfung schriftlich und mit der gebotenen Klarheit berichtet (§ 321 HGB). Im Hauptteil des Prüfungsberichts ist darzustellen, ob die Buchführung und die weiteren geprüften Unterlagen, der Jahresabschluß und der Lagebericht den gesetzlichen Vorschriften und den ergänzenden Bestimmungen der Satzung entsprechen und ob der Vorstand die verlangten Aufklärungen und Nachweise erbracht hat. Sind seitens des Prüfers keine Ein-

117

wendungen gegen Jahresabschluß und Lagebericht zu erheben, so schließt er den Prüfungsbericht mit dem Bestätigungsvermerk (§ 322 HGB) zum Jahresabschluß ab.

Der *Bestätigungsvermerk* faßt das Ergebnis der Prüfung zusammen und enthält neben einer Beschreibung von Gegenstand, Art und Umfang der Prüfung auch eine Beurteilung des Prüfungsergebnisses. Der Prüfer hat dabei ausdrücklich zu erklären, daß die von ihm durchgeführte Prüfung zu keinen Einwendungen geführt hat und daß der vom Vorstand aufgestellte Jahresabschluß aufgrund der bei der Prüfung gewonnenen Erkenntnisse nach seiner Beurteilung unter Beachtung der Grundsätze ordnungsmäßiger Buchführung ein den tatsächlichen Verhältnissen entsprechendes Bild der Vermögens-, Finanz- und Ertragslage des Unternehmens vermittelt.

Im Bestätigungsvermerk ist auch darauf einzugehen, ob der Lagebericht eine zutreffende Vorstellung von der *Lage* des Unternehmens vermittelt, und ob die *Risiken* der künftigen Entwicklung zutreffend dargestellt sind (§ 322 Abs. 3 AktG). Sind Einwendungen zu erheben, so hat der Abschlußprüfer den Bestätigungsvermerk einzuschränken oder zu versagen (§ 322 Abs. 4 AktG).

9.3 Prüfung durch den Aufsichtsrat

Der Vorstand hat dem Aufsichtsrat zu Händen des Aufsichtsratsvorsitzenden den Jahresabschluß und ggf. den Lagebericht unmittelbar nach Aufstellung zusammen mit dem Gewinnverwendungsvorschlag vorzulegen (§ 170 AktG). Ist die Aktiengesellschaft als mittelgroße oder große Kapitalgesellschaft prüfungspflichtig, so hat der Vorstand diese Unterlagen auch dem Abschlußprüfer unverzüglich nach Aufstellung vorzulegen (§ 320 Abs. 1 HGB). Der Abschlußprüfer leitet den Prüfungsbericht nach Durchführung der Prüfung dem Aufsichtsrat zu (§ 321 Abs. 5 HGB). In beiden Fällen prüft der Aufsichtsrat sodann den Jahresabschluß, den Gewinnverwendungsvorschlag und ggf. den Lagebericht; bei Pflicht zur Abschlußprüfung gem. § 316 HGB hat der Abschlußprüfer an der Beratung des Aufsichtsrats über diese Unterlagen teilzunehmen (§ 171 Abs. 1 S. 2 AktG).

Der Aufsichtsrat erstellt über seine Prüfung einen schriftlichen *Bericht* für die Hauptversammlung, in dem er auch angibt, in welcher Art und in welchem Umfang er die Geschäftsführung der Gesellschaft während des Geschäftsjahrs geprüft hat. Bei der börsennotierten Aktiengesellschaft hat er insbesondere anzugeben, welche Ausschüsse gebildet worden sind und wie oft der Aufsichtsrat und die Ausschüsse getagt haben. Außerdem hat er zu dem Ergebnis der Prüfung des Jahresabschlusses durch den Abschlußprüfer Stellung zu nehmen. Den Bericht hat der Vorstand der Hauptversammlung vorzulegen (§§ 171 Abs. 2 S.

1, 120 Abs. 3 S. 2 AktG). Der Prüfungsbericht des Aufsichtsrats und der Gewinnverwendungsvorschlag sind ebenso wie der Jahresabschluß nebst Lagebericht ab Zeitpunkt der Einberufung der Hauptversammlung in den Geschäftsräumen der Aktiengesellschaft zur Einsichtnahme auszulegen, und jeder Aktionär kann die Erteilung einer Abschrift verlangen (§ 175 Abs. 2 AktG).

Der Aufsichtsrat muß seinen Bericht innerhalb eines Monats, nachdem ihm die zu prüfenden Unterlagen zugegangen waren, dem Vorstand zuleiten. Wird der Bericht des Aufsichtsrats dem Vorstand nicht innerhalb der Monatsfrist zugeleitet, so setzt er dem Aufsichtsrat eine Nachfrist von nicht mehr als einem Monat. Wird der Bericht auch dann nicht vorgelegt, so gilt der Jahresabschluß als vom Aufsichtsrat nicht gebilligt (§ 171 Abs. 3 AktG) mit der Folge, daß ausnahmsweise die Hauptversammlung die Kompetenz zur Feststellung des Jahresabschlusses erlangt (§ 173 Abs. 1, 2. Alt. AktG).

9.4 Feststellung des Jahresabschlusses

Die Feststellung des Jahresabschlusses geschieht

- *regelmäßig* durch ausdrückliche Billigung seitens des Aufsichtsrats (9.4.1),
- *ausnahmsweise* durch die Hauptversammlung (9.4.2.).

9.4.1 Feststellung durch den Aufsichtsrat

Billigt der Aufsichtsrat den Jahresabschluß, so ist dieser festgestellt (§ 172 S. 1 AktG). Die Feststellung ist ein rechtsgeschäftlicher Vorgang, durch den der Jahresabschluß rechtlich wirksam wird. Die bilanziellen Maßnahmen werden im Verhältnis zur Hauptversammlung und zu Dritten dadurch rechtsverbindlich; das betrifft vor allem die Positionen des Jahresabschlusses, bei denen der Vorstand eine Ermessensentscheidung zu treffen hat, wozu die Ausübung von Ansatzwahlrechten nach §§ 246 - 251 HGB und von Bewertungswahlrechten nach §§ 252 - 256 HGB sowie die Einstellung in die freien Gewinnrücklagen (§ 58 Abs. 2 AktG) gehören.

Die Einstellung in die freie Gewinnrücklage anläßlich der Feststellung des Jahresabschlusses darf nach § 58 Abs. 2 S. 1 AktG nicht mehr als die Hälfte des Jahresüberschusses ausmachen. Die Satzung der Aktiengesellschaft kann anordnen, daß der Vorstand auch mehr als die Hälfte des Jahresüberschusses in die freie Gewinnrücklage einstellen darf. In Höhe dieser Einstellung mindert sich der für Gewinnausschüttungen an die Aktionäre verfügbare Betrag und erhöht sich die Liquidität der Gesellschaft. Die Befugnis zur Einstellung in die freie Gewinnrücklage endet, soweit dadurch diese Rücklage auf mehr als die Hälfte des Grundkapitals anwachsen würde (§ 58 Abs. 2 S. 3 AktG). Bei der nicht börsennotierten Aktiengesellschaft i. S. d. § 3 Abs. 2 AktG kann die Satzung dem Vorstand die Befugnis zur Einstellung in freie Rücklagen auch teilweise oder gänzlich entziehen und somit im letzteren Fall die Entscheidung der Hauptversammlung vorbehalten (§ 58 Abs. 2 S. 2 AktG).

9.4.2 Feststellung durch die Hauptversammlung

Zur Feststellung des Jahresabschlusses durch die Hauptversammlung kommt es nach §§ 172 S. 1, 173 Abs. 1 AktG ausnahmsweise dann, wenn

- der Aufsichtsrat den Jahresabschluß nicht ausdrücklich billigt, oder
- Vorstand und Aufsichtsrat beschließen, die Feststellung des Jahresabschlusses der Hauptversammlung zu überlassen.

Die Hauptversammlung hat in diesem Fall dieselben Kompetenzen, die dem Vorstand bei der Aufstellung zustehen (§ 173 Abs. 2 S. 1 AktG). Sie kann deshalb von dem vorgelegten Jahresabschluß abweichen, sie ist an die Festlegungen des Vorstands nicht gebunden. Im Rahmen der Bilanzierungs- und Bewertungsvorschriften des Handelsgesetzbuchs nutzt sie die Spielräume bei dem Ansatz und der Bewertung von Posten nach eigenem Ermessen aus. Bei der Feststellung des Jahresabschlusses durch die Hauptversammlung dürfen Einstellungen in die Rücklagen nur insoweit vorgenommen werden, als dies durch Gesetz oder Satzung vorgeschrieben ist (§ 173 Abs. 2 S. 2 AktG); dies ist schon bei der Aufstellung der Satzung vor der Gründung zu bedenken!

Durch Gesetz vorgeschriebene Gewinnrücklagen sind die dem Auffangen von Verlusten dienende *Gesetzliche Rücklage* nach § 150 AktG in Höhe von bis zu 10 % des Grundkapitals und die nach § 272 Abs. 4 HGB zu bildende Rücklage bei Erwerb eigener Aktien durch die Gesellschaft. Eine durch Satzung vorgeschriebene Gewinnrücklage ist die Rücklage nach § 58 Abs. 1 AktG. Diese Vorschrift erlaubt es der Aktiengesellschaft gerade für den Fall, daß die Feststellung des Jahresabschlusses bei der Hauptversammlung liegt, durch eine entsprechende Satzungsvorschrift die Zuführung zu einer Gewinnrücklage zwingend anzuordnen.

Die Feststellung des Jahresabschlusses einschließlich der Verwendung des Jahresüberschusses durch die Hauptversammlung geschieht durch einen mit einfacher Mehrheit zu fassenden Beschluß. Wurde der Jahresabschluß durch die Hauptversammlung geändert, so ist der geänderte Jahresabschluß, sofern Prüfungspflicht besteht, erneut zu prüfen (§ 173 Abs. 3 AktG). Bei prüfungspflichtigen Aktiengesellschaften hat der Abschlußprüfer an den Verhandlungen der Hauptversammlung über die Feststellung des Jahresabschlusses teilzunehmen (§ 176 Abs. 2 AktG).

Weist der festgestellte Jahresabschluß einen Bilanzgewinn aus, so läßt dies noch keinen *Zahlungsanspruch* der Aktionäre auf die Dividende entstehen, weil diese der Höhe nach noch nicht bezifferbar ist. Die Aktionäre haben aber einen gerichtlich einklagbaren Anspruch auf Herbeiführung eines Hauptversammlungsbeschlusses über die Verwendung des Bilanzgewinns (vgl. § 58 Abs. 4 AktG).

9.5 Beschlußfassung über die Gewinnverwendung

Der Beschlußfassung über die Gewinnverwendung geht die Feststellung des Jahresabschlusses, sei es durch Vorstand und Aufsichtsrat oder durch die Hauptversammlung, voran. Die Verwendung des Bilanzgewinns ist ausschließlich Sache der Hauptversammlung (§§ 174 Abs. 1, 58 Abs. 3 AktG). Die Beschlußfassung wird dadurch vorbereitet, daß der Vorstand der Hauptversammlung den Jahresabschluß, den Lagebericht, den Bericht des Aufsichtsrats und den Vorschlag des Vorstands über die Verwendung des Bilanzgewinns zuleitet.

Der Gewinnverwendungsbeschluß bezieht sich auf den *Bilanzgewinn*, der wie folgt aus dem Jahresüberschuß/Jahresfehlbetrag entwickelt wird (§ 158 Abs. 1 AktG):

	Jahresüberschuß/Jahresfehlbetrag
+/-	Gewinnvortrag/Verlustvortrag
+	Entnahmen aus Rücklagen
-	Einstellungen in Gewinnrücklagen
=	Bilanzgewinn

Die von Vorstand/Aufsichtsrat bzw. von der Hauptversammlung selbst gem. § 58 Abs. 1, 2, 2a AktG vorgenommenen Einstellungen in die Rücklagen sind also bereits abgezogen.

Die Hauptversammlung beschließt über die Verwendung des Bilanzgewinns auf der Grundlage des zuvor entweder von der Hauptversammlung selbst oder von Vorstand und Aufsichtsrat festgestellten Jahresabschlusses; im zweiten Fall liegt den Aktionären der von Vorstand und Aufsichtsrat erstellte Vorschlag zur Beschlußfassung (§ 124 Abs. 3 S. 1 AktG; dazu Kap. 6.1.5) vor. Der Vorschlag der Verwaltung bindet die Hauptversammlung nicht, sie ist frei bei ihrer Entscheidung und kann den Bilanzgewinn teilweise oder vollständig ausschütten oder ihn auch gänzlich auf neue Rechnung vortragen (Gewinnvortrag) oder in die Gewinnrücklagen einstellen, solange kein Verstoß gegen § 254 AktG (dazu Kap. 9.7.3) vorliegt. Nach dieser Vorschrift ist ein Gewinnverwendungsbeschluß anfechtbar, wenn die Gewinnthesaurierung bei vernünftiger kaufmännischer Beurteilung nicht notwendig ist, um die Lebens- und Widerstandsfähigkeit der Gesellschaft für einen hinsichtlich der wirtschaftlichen und finanziellen Notwendigkeiten übersehbaren Zeitraum zu sichern und dadurch unter die Aktionäre kein Gewinn in Höhe von mindestens 4 % des Grundkapitals abzüglich von noch nicht eingeforderten Einlagen verteilt wird.

In dem Gewinnverwendungsbeschluß ist nach § 174 Abs. 2 AktG die Verwendung des Bilanzgewinns im einzelnen darzulegen, namentlich sind anzugeben

- der Bilanzgewinn,
- der an die Aktionäre auszuschüttende Betrag,
- die in Gewinnrücklagen einzustellenden Beträge,
- ein Gewinnvortrag,
- der zusätzliche Aufwand aufgrund des Beschlusses.

Weicht der Gewinnverwendungsbeschluß der Hauptversammlung vom Vorschlag der Verwaltung ab, so hat das Auswirkungen auf die Positionen der Bilanz und der Gewinn- und Verlustrechnung (z. B. Einstellungen in Gewinnrücklagen, Körperschaftsteuerrückstellungen). Eine an sich gebotene Änderung des Jahresabschlusses ist aber wegen § 174 Abs. 3 AktG nicht durchzuführen, sie wird erst bei dem Abschluß des nächsten Jahres berücksichtigt. Mit der Beschlußfassung entsteht ein klagbarer Anspruch der Aktionäre gegen die Gesellschaft auf Zahlung der ihnen jeweils zustehenden Dividende.

9.6 Publizität

Die Vorschriften zur Publizität der Aktiengesellschaft finden sich in §§ 325 - 335 HGB. Der Umfang der *Offenlegungspflicht* hängt davon ab, ob es sich um eine kleine, mittelgroße oder große Kapitalgesellschaft im Sinne des § 267 HGB handelt.

Der Vorstand hat den Jahresabschluß im Anschluß an die Hauptversammlung, jedoch spätestens vor Ablauf des neunten Monats des dem Abschlußstichtag nachfolgenden Geschäftsjahres, mit dem Bestätigungsvermerk oder dem Vermerk über dessen Versagung zum *Handelsregister* des Sitzes der Kapitalgesellschaft einzureichen. Gleichzeitig sind der Lagebericht, der Bericht des Aufsichtsrats und ggf. der Vorschlag für die Gewinnverwendung und der dazu ergangene Beschluß einzureichen. Sodann hat der Vorstand im Bundesanzeiger bekanntzumachen, bei welchem Handelsregister und unter welcher Nummer diese Unterlagen eingereicht worden sind (§ 325 Abs. 1 S. 2 HGB).

Ist die Aktiengesellschaft eine *große* Kapitalgesellschaft, überschreitet sie also die entsprechenden Merkmale oder ist sie börsennotiert, so gilt die Besonderheit, daß die offenzulegenden Unterlagen zunächst im Bundesanzeiger bekannt-zumachen sind und die Bekanntmachung mit diesen Unterlagen zum Handels-register einzureichen ist (§ 325 Abs. 2 HGB).

Ist die Aktiengesellschaft eine *mittelgroße* Kapitalgesellschaft, so kann sie eine verkürzte Bilanz und einen verkürzten Anhang einreichen (§ 327 HGB).

Für Aktiengesellschaften, die *kleine* Kapitalgesellschaften sind, gilt die weiter-gehende Erleichterung, daß nur die Bilanz und der Anhang, nicht aber die Ge-winn- und Verlustrechnung, einzureichen sind, und das auch erst nach Ablauf von 12 Monaten (§ 326 HGB).

Unterlaufen dem Vorstand bei der Offenlegung Fehler, so kann das den Buß-geldtatbestand des § 334 Abs. 1 Nr. 5 HGB erfüllen; wird indessen überhaupt nicht offengelegt, so stellt dies weder eine Straftat noch eine Ordnungswidrig-keit dar. Allerdings kann der Vorstand durch Festsetzung von Zwangsgeld sei-tens des Registergerichts gem. § 335 Nr. 6 HGB zur Einhaltung der Offenle-gungspflicht angehalten werden. Das Registergericht schreitet jedoch nur ein, wenn ein Aktionär, Gläubiger oder der Betriebsrat dies beantragt. Wer nicht antragsberechtigt ist, hat keine Möglichkeit, Kenntnis von dem Jahresabschluß zu gelangen. Nachdem der Europäische Gerichtshof durch Urteil vom 29.09.1998 (DB 1998, S. 2106) entschieden hat, daß das deutsche Recht inso-weit gegen europäisches Recht verstoße, steht eine Änderung unmittelbar be-vor. Der Kreis der Antragsberechtigten wird erweitert, künftig soll nach dem Gesetzentwurf der Bundesregierung vom 13.08.1999 (Bundesratsdrucksache 458/99) jedermann antragsberechtigt sein, und das Zwangsgeld wird erhöht.

9.7 Fehlerhaftigkeit von Jahresabschluß und Gewinnverwendung

Das Aktiengesetz trifft besondere Regelungen für die Fehlerhaftigkeit von Jah-resabschlüssen und von Gewinnverwendungsbeschlüssen, wobei wiederum zwischen Nichtigkeit und Anfechtbarkeit unterschieden wird.

9.7.1 Fehlerhafter Jahresabschluß

Der von Vorstand/Aufsichtsrat bzw. der Hauptversammlung festgestellte Jah-resabschluß ist *nichtig*, wenn einer der in § 256 AktG abschließend aufgezähl-ten Nichtigkeitsgründe besteht, also wenn

- er durch seinen Inhalt Vorschriften verletzt, die ausschließlich oder überwie-gend zum Schutze der Gläubiger der Gesellschaft gegeben sind,
- er im Falle einer gesetzlichen Prüfungspflicht nicht nach § 316 Abs. 1 und 3 HGB geprüft worden ist oder er geprüft worden ist von Personen, die nicht

zum Abschlußprüfer bestellt sind oder nicht Abschlußprüfer sind,
- bei seiner Feststellung die Bestimmungen des Aktiengesetzes oder der Satzung über die Einstellung von Beträgen in Kapital- oder Gewinnrücklagen oder über die Entnahme daraus verletzt worden sind,
- bei Feststellung des Jahresabschlusses durch Vorstand und Aufsichtsrat eines dieser beiden Organe nicht ordnungsgemäß mitgewirkt hat,
- bei Feststellung des Jahresabschlusses durch die Hauptversammlung:
 die Hauptversammlung nicht ordnungsgemäß einberufen war, oder
 die Feststellung nicht ordnungsgemäß beurkundet bzw. niedergeschrieben ist, oder
 der Feststellungsbeschluß erfolgreich angefochten worden ist;
- die Klarheit und Übersichtlichkeit des Jahresabschlusses durch Gliederungsverstöße wesentlich beeinträchtigt ist,
- Posten vorsätzlich über- oder unterbewertet sind.

Die Nichtigkeit kann nach Ablauf von sechs Monaten seit der Bekanntmachung im Bundesanzeiger bzw. von drei Jahren in den anderen Fällen nicht mehr geltend gemacht werden, d. h. es tritt *Heilung* des Jahresabschlusses ein (§ 256 Abs. 6 AktG); mit Wegfall der Nichtigkeit wird der Jahresabschluß gültig. Die Dreijahresfrist gilt bei den Verstößen gegen Gliederungs- und Bewertungsvorschriften und gegen die Gläubigerschutzvorschriften, die Sechsmonatsfrist in den anderen heilbaren Fällen. Nicht heilungsfähig sind die fehlende oder unzureichende Abschlußprüfung und die nach erfolgreicher Anfechtungsklage eines Aktionärs gegen den von der Hauptversammlung festgestellten Jahresabschluß eintretende Nichtigkeit. Ist der Feststellungsbeschluß nichtig, so kann auf eine erneute, nunmehr wirksame Feststellung hingewirkt werden; im übrigen kann der Eintritt der Heilung und damit die Unabänderbarkeit nur durch Klageerhebung nach §§ 256 Abs. 7, 249 AktG abgewandt werden.

Der ausnahmsweise von der Hauptversammlung (dazu Kap. 9.4.2) gefaßte Beschluß über die Feststellung des Jahresabschlusses ist nichtig, wenn er erfolgreich durch Erhebung einer Anfechtungsklage angefochten wird (§ 257 AktG). Die *Anfechtung* kann jedoch gem. § 257 Abs. 1 S. 2 AktG nicht darauf gestützt werden, daß der Inhalt des Jahresabschlusses gegen Gesetz oder Satzung verstößt. Derartige Verstöße sollen ohne Konsequenzen bleiben; sind sie gravierend, können die Nichtigkeitsgründe des § 256 AktG vorliegen. Als Anfechtungstatbestände verbleiben daher nur wesentliche Verfahrensfehler. Ein anfechtbarer Feststellungsbeschluß wird rechtlich bindend, wenn er nicht innerhalb der Monatsfrist des § 246 Abs. 1 AktG angefochten worden ist.

9.7.2 Sonderprüfung

Wie oben (Kap. 9.7.1) bereits angesprochen, führt die Unterbewertung von Posten zur Nichtigkeit des Jahresabschlusses, wenn dadurch die Vermögens- und Ertragslage vorsätzlich unrichtig wiedergegeben oder verschleiert wird. Unterbewertet sind Aktivposten, wenn sie mit einem niedrigeren Wert, Passivposten, wenn sie mit einem höheren Betrag angesetzt sind als nach den Rechnungslegungsvorschriften des Handelsgesetzbuchs zulässig ist (§ 256 Abs. 5 S. 3 AktG). Ob eine Unterbewertung besteht oder nicht, weiß nur der Vorstand, der den Jahresabschluß aufstellt. Die Unterbewertung bliebe unentdeckt und folgenlos, wenn den Aktionären nicht durch § 258 AktG eine Handhabe zur Aufklärung des Sachverhalts zur Verfügung stünde.

Nach § 258 AktG können Aktionäre, die mindestens 5 % des Grundkapitals innehaben, innerhalb einer Frist von einem Monat nach der Hauptversammlung den Antrag auf Bestellung von Sonderprüfern beim Amtsgericht stellen. Die Sonderprüfer haben zu prüfen, ob die bemängelten Posten nicht wesentlich unterbewertet sind. Sonderprüfer können nur *Wirtschaftsprüfer* und Wirtschaftsprüfungsgesellschaften sein; diese Funktion ist unvereinbar mit der des Abschlußprüfers. Der Sonderprüfer erstellt einen Prüfungsbericht (§ 259 AktG). Stellt der Prüfer eine nicht unwesentliche Unterbewertung fest, so gibt er die Beträge an und stellt die Auswirkungen auf den Jahresüberschuß dar. Gegen die abschließenden Feststellungen des Sonderprüfers kann die Aktiengesellschaft selbst durch den Vorstand oder können andere Aktionäre, die ihrerseits mindestens 5 % der Aktien halten, innerhalb eines Monats nach Veröffentlichung des Berichts des Sonderprüfers im Bundesanzeiger den Antrag auf Entscheidung durch das zuständige Landgericht stellen (§§ 260, 132 AktG).

Ist eine gerichtliche Entscheidung nicht eingeholt worden oder bestätigt das Landgericht den Bericht des Sonderprüfers, so ist in dem ersten Jahresabschluß, der im Anschluß daran aufgestellt wird, entsprechend den Feststellungen des Sonderprüfers die Bilanz aufzustellen. Dabei wird sich ein "Ertrag aufgrund höherer Bewertung gemäß dem Ergebnis der Sonderprüfung" ergeben, der gesondert auszuweisen ist. Dieser Ertrag gehört nicht zum Jahresüberschuß des betreffenden Jahres. Über die Verwendung dieses zusätzlichen Ertrags abzüglich der darauf entfallenden Steuern entscheidet die Hauptversammlung, soweit nicht in dem Jahresabschluß ein Bilanzverlust ausgewiesen ist, der nicht durch Kapital- oder Gewinnrücklagen gedeckt ist (§ 261 Abs. 3 AktG). Die Hauptversammlung kann diesen zusätzlichen Ertrag ausschütten oder thesaurieren.

9.7.3 Fehlerhaftigkeit des Gewinnverwendungsbeschlusses

Es geht hier um den Beschluß über die Verwendung des Bilanzgewinns durch die Hauptversammlung gem. §§ 174, 58 Abs. 3 AktG, also um die Verwendung des Gewinns, der nach erfolgter Feststellung des Jahresabschlusses durch Vorstand und Aufsichtsrat (§ 172 AktG) oder durch die Hauptversammlung (§ 173 AktG) für die Aktionäre noch zur Disposition steht.

Der Gewinnverwendungsbeschluß der Hauptversammlung ist *nichtig*, wenn einer der allgemeinen Nichtigkeitsgründe des § 241 AktG vorliegt, nach denen jedweder Hauptversammlungsbeschluß nichtig ist, oder wenn der besondere Nichtigkeitsgrund des § 253 AktG vorliegt. Nach § 253 Abs. 1 S. 1 AktG ist ein Gewinnverwendungsbeschluß insbesondere dann nichtig, wenn die *Feststellung* des Jahresabschlusses, auf dem der Beschluß beruht, nichtig ist (dazu Kap. 9.7.1). Sofern die Nichtigkeit des Jahresabschlusses geheilt wird, nimmt der Gewinnverwendungsbeschluß an der Heilung teil. Er wird dann also durch Zeitablauf gültig.

Der Gewinnverwendungsbeschluß ist nach § 254 AktG *anfechtbar*, wenn einer der allgemeinen Anfechtungsgründe des § 243 AktG vorliegt (dazu Kap. 8.7.2) und ferner, wenn die Hauptversammlung aus dem Bilanzgewinn übermäßig in die Gewinnrücklagen einstellt oder ihn als Gewinnvortrag einbehält.

10 Kapitalerhöhung und Kapitalherabsetzung

Die Ausstattung der Gesellschaft mit Kapital ist für deren Fähigkeit zur Wahrnehmung von Marktchancen von entscheidender Bedeutung. Das gilt nicht nur in der Gründungsphase, sondern auch für etablierte Unternehmen, die sich im fortwährenden Wandel der wirtschaftlichen Strukturen behaupten wollen. Das Eigenkapital hat dabei auch für die Beurteilung der Kreditwürdigkeit der Gesellschaft Bedeutung. Die Initiative zur Kapitalerhöhung wird in der Regel vom Vorstand ausgehen. Die Entscheidung über die Vornahme einer Kapitalerhöhung liegt aber alleine bei der Hauptversammlung. Das Gegenstück zur Kapitalerhöhung ist die *Kapitalherabsetzung*.

10.1 Kapitalerhöhung gegen Einlagen

Die Kapitalerhöhung gegen Einlagen gem. § 182 AktG ist die normale Form der Kapitalerhöhung. Infolge der Erhöhung des Grundkapitals und der Vermehrung der Zahl der Aktien ist jede Kapitalerhöhung immer auch zugleich eine Satzungsänderung. Bei der Kapitalerhöhung sind zwei Verfahrensabschnitte zu unterscheiden, nämlich das auf den Hauptversammlungsbeschluß zur Kapitalerhöhung gerichtete Verfahren (§§ 182 bis 184 AktG) und die Durchführung des Kapitalerhöhungsbeschlusses (§§ 185 ff. AktG).

Im *ersten Verfahrensabschnitt* beschließt die Hauptversammlung mit Dreiviertelmehrheit die Erhöhung des Grundkapitals (§ 182 Abs. 1 AktG) und setzt dabei zugleich den Mindestausgabebetrag fest (§ 182 Abs. 3 AktG). Der Kapitalerhöhungsbeschluß ist auch bei der nicht börsennotierten Aktiengesellschaft notariell zu beurkunden (§ 130 Abs. 1 S. 3 AktG). Die Kapitalerhöhung kann nur durch Ausgabe neuer Aktien erfolgen, nicht durch Anhebung des Nennbetrags der vorhandenen Aktien. Bei Gesellschaften mit Stückaktien muß sich bei der Kapitalerhöhung die Zahl der Aktien in demselben Verhältnis wie das Grundkapital erhöhen (§ 182 Abs. 1 AktG). Das Grundkapital soll nicht erhöht werden, solange ausstehende Einlagen auf das bisherige Kapital noch erlangt werden können (§ 182 Abs. 4 AktG). Bei einem Verstoß gegen diese Sollvorschrift wird das Gericht die Eintragung des Kapitalerhöhungsbeschlusses ablehnen. Besondere Vorschriften gelten für den Fall der Kapitalerhöhung mit Sacheinlagen, insbesondere das Erfordernis der Prüfung der Werthaltigkeit durch einen oder mehrere Prüfer (§ 183 Abs. 3 AktG).

Die Erhöhung des Grundkapitals wird sodann durch Vorstand und Aufsichtsratsvorsitzenden zum Handelsregister angemeldet, wobei im Falle einer Sachkapitalerhöhung der Prüfungsbericht über den Wert der Sacheinlage der Anmeldung beizufügen ist (§§ 188, 184 Abs. 1 AktG). Das Gericht kann die Eintragung ablehnen, wenn der Wert der Sacheinlage nicht unwesentlich hinter dem geringsten Ausgabebetrag der dafür zu gewährenden Aktien zurückbleibt. Weitere Anlagen zur Anmeldung sind insbesondere die Zweitschriften der Zeichnungsscheine und ein Verzeichnis der Zeichner, eine Zusammenstellung der Kosten der Kapitalerhöhung und ggf. die Sacheinlagevereinbarungen (§ 188 Abs. 3 AktG). Anmeldung und Eintragung des Hauptversammlungsbeschlusses über die Kapitalerhöhung können mit der Anmeldung und Eintragung der Durchführung der Kapitalerhöhung verbunden werden (§§ 184 Abs. 1, 188 Abs. 4 AktG).

Mit dem Hauptversammlungsbeschluß ist das Kapital aber noch nicht materiell erhöht, dazu bedarf es des *zweiten Verfahrensabschnitts*, der tatsächlichen Durchführung der Kapitalerhöhung. Zu ihrer Durchführung sind die neuen Aktien zu zeichnen und die Einlagen zu leisten. Die Gesellschaft hat ihren Aktionären den Erwerb der neuen Aktien anzubieten. Aufgrund des *Bezugsrechts* hat jeder Aktionär das Recht, bei einer Kapitalerhöhung junge Aktien entsprechend seiner bestehenden Beteiligung am Grundkapital zugeteilt zu bekommen (§ 186 Abs. 1 AktG). Der Aktionär wird auf diese Weise vor einer Verminderung seiner Beteiligungsquote geschützt, was Auswirkungen auf seine Einflußmöglichkeiten in der Hauptversammlung hätte, z. B. bei Herabsinken unter bestimmte Schwellen.

Beispiele:

75 %	erforderliche Mehrheit für Satzungsänderung (§ 179 Abs. 2 AktG),
50 %	Mehrheitsbeschlüsse der Hauptversammlung (§ 133 Abs. 1 AktG),
25 % + 1 Aktie	Verhinderung einer Satzungsänderung (§ 179 Abs. 2 AktG),
10 %	Sonderprüfer; besondere Vertreter (§§ 142, 147 AktG),
5 %	Einberufung; Beschlußgegenstand (§ 122 AktG).

Das Bezugsrecht des Aktionärs wird von der Gesellschaft in der Weise erfüllt, daß sie ihm Unterlagen zur Verfügung stellt, die die Abgabe der Zeichnungserklärung ermöglichen. Für die Ausübung des Bezugsrechts ist eine Frist von mindestens zwei Wochen zu bestimmen (§ 186 Abs. 1 S. 2 AktG). Üblicherweise werden den Aktionären Vordrucke für die Zeichnung der neuen Aktien zur Verfügung gestellt; das kann auch schon vor dem Kapitalerhöhungsbeschluß erfolgen. Durch Unterzeichnung und Übersendung an die Aktiengesellschaft macht der Aktionär der Gesellschaft ein Angebot auf Abschluß eines Zeichnungsvertrages, das von der Aktiengesellschaft nur noch anzunehmen ist. Der *Zeichnungsschein* hat gem. § 185 AktG zu enthalten:

- den Tag, an dem die Erhöhung des Grundkapitals beschlossen worden ist;
- den Ausgabebetrag der Aktien, den Betrag der festgesetzten Einzahlungen sowie den Umfang von Nebenverpflichtungen;
- die bei einer Kapitalerhöhung mit Sacheinlagen vorgesehenen Festsetzungen und, wenn mehrere Gattungen ausgegeben werden, den auf jede Aktiengattung entfallenden Betrag des Grundkapitals;
- den Zeitpunkt, an dem die Zeichnung unverbindlich wird, wenn nicht bis dahin die Durchführung der Erhöhung des Grundkapitals eingetragen ist.

Zeichnungsscheine, die diese Angaben nicht vollständig oder, mit Ausnahme des als letztes aufgeführten Vorbehalts, Beschränkungen der Verpflichtung des Zeichners enthalten, sind nichtig (§ 185 Abs. 2 AktG).

Durch den Zeichnungsvertrag wird die Aktiengesellschaft verpflichtet, im Falle der Durchführung der Kapitalerhöhung dem Zeichner die vereinbarte Zahl von Aktien zu überlassen; der Zeichner verpflichtet sich zu deren Annahme und zur Leistung der Einlage.

Bei Überzeichnung, das heißt wenn mehr Zeichnungsverträge geschlossen werden als Aktien auszugeben sind, werden zunächst die Inhaber mit gesetzlichen Bezugsrechten bedacht, sodann erfolgt eine verhältnismäßige Zuteilung.

Das Bezugsrecht kann durch den Kapitalerhöhungsbeschluß ganz oder teilweise ausgeschlossen werden, wenn dafür eine sachliche Rechtfertigung besteht. Der *Bezugsrechtsausschluß* ist sachlich gerechtfertigt, wenn er im Interesse der Gesellschaft liegt und er zur Erreichung des beabsichtigten Zwecks geeignet, erforderlich und verhältnismäßig ist (BGH NJW 1994, 1410).

Beispiele:

- bei Ausgabe von Belegschaftsaktien,
- zur Vermeidung von unpraktikablen Bezugsverhältnissen,
- in Sanierungsfällen,
- bei Börseneinführung,
- bei Sachkapitalerhöhung, sofern ein hinreichendes Interesse der Aktiengesellschaft an der Sacheinlage besteht

(vgl. Hüffer, Rz. 29 ff. zu § 186 AktG). Nach § 186 Abs. 3 S. 4 AktG ist ein Ausschluß des Bezugsrechts insbesondere dann zulässig, wenn die Kapitalerhöhung gegen Bareinlagen 10 % des Grundkapitals nicht übersteigt und - bei börsennotierten Aktiengesellschaften - der Ausgabebetrag den Börsenpreis nicht wesentlich unterschreitet. Der Vorstand hat der Hauptversammlung einen schriftlichen Bericht über den Grund für den Ausschluß des Bezugsrechts vorzulegen; in dem Bericht ist der vorgeschlagene Ausgabebetrag zu begründen (§ 186 Abs. 4 S. 2 AktG).

Die Durchführung der Kapitalerhöhung wird abgeschlossen durch die Erbringung der Einlagen. Bareinlagen erfolgen durch ordnungsgemäße Einzahlung des eingeforderten Betrags (§§ 188 Abs. 2, 36 Abs. 2 AktG). Sacheinlagen sind vollständig zu leisten; besteht die Sacheinlage aber in der Verpflichtung, einen Vermögensgegenstand auf die Aktiengesellschaft zu übertragen, so muß diese Leistung innerhalb von fünf Jahren erfolgen (§§ 188 Abs. 2, 36a Abs. 2 AktG).

Der Vorstand hat mit dem Vorsitzenden des Aufsichtsrates die Durchführung der Kapitalerhöhung beim Handelsregister zur Eintragung anzumelden (§ 188 AktG). Der Anmeldung sind insbesondere beizufügen:

- die Zweitschriften der Zeichnungsscheine und ein vom Vorstand unterschriebenes Verzeichnis der Zeichner, das die auf jeden entfallenden Aktien und die auf sie geleisteten Einzahlungen angibt;
- bei einer Kapitalerhöhung mit Sacheinlagen die Verträge, die dem Kapitalerhöhungsbeschluß (§ 183 AktG) zugrundeliegen oder zu ihrer Ausführung geschlossen worden sind;
- eine Berechnung der Kosten, die für die Gesellschaft durch die Ausgabe der neuen Aktien entstehen werden.

Mit der Eintragung der Durchführung der Erhöhung des Grundkapitals in das Handelsregister ist das Grundkapital erhöht (§ 189 AktG).

Sind Einzahlungen auf neue Aktien schon vor dem Kapitalerhöhungsbeschluß (§ 182 Abs. 1 AktG) geleistet worden, so sind sie grundsätzlich nicht schuldbefreiend. Eine Ausnahme gilt nur dann, wenn die *Vorauszahlung* zum Zwecke der Sanierung der Aktiengesellschaft erforderlich und als solche gekennzeichnet ist.

Soweit der Ausgabebetrag der Aktien höher ist als deren Nennwert, so ist der übersteigende Betrag als Kapitalrücklage (§ 272 Abs. 2 Nr. 1 HGB) in die Bilanz einzustellen.

Abschließend ist anzumerken, daß der Börsengang und die Kapitalerhöhung bei börsennotierten Aktiengesellschaften in der Praxis anders abläuft als hier an Hand der gesetzlichen Vorschriften dargestellt. Es findet in der Regel eine sogenannte *Fremdemission* statt, bei der eine Emissionsbank bzw. ein Emissionskonsortium sich schon vor dem Kapitalerhöhungsbeschluß gegenüber der Aktiengesellschaft verpflichtet, alle neuen Aktien zu zeichnen und diese am Markt unterzubringen. Ist dann der Kapitalerhöhungsbeschluß gefaßt, so erfolgt die Zeichnung und die Einzahlung durch die Emissionsbank, die dann die Aktien unter Beachtung der Bezugsrechte weiterveräußert (dazu Kap. 15.4.1). Die vom Aktiengesetz als Regelfall angesehene Eigenemission stellt in der Praxis die Ausnahme dar, sie kommt nur bei Aktiengesellschaften mit überschaubarem Aktionärskreis in Betracht.

10.2 Bedingte Kapitalerhöhung

Die in den §§ 192 bis 201 AktG geregelte bedingte Kapitalerhöhung ist ein Beschluß über die Erhöhung des Grundkapitals, der nur so weit durchgeführt werden soll, wie von einem Umtausch- oder Bezugsrecht Gebrauch gemacht wird, das die Gesellschaft auf die neuen Aktien (Bezugsaktien) einräumt, vgl. § 192 Abs. 1 AktG. Die bedingte Kapitalerhöhung ist nur zu bestimmten Zwecken zulässig, nämlich

- zur Gewährung von Umtausch- oder Bezugsrechten an Gläubiger von Wandelschuldverschreibungen (§ 221 AktG),
- zur Vorbereitung des Zusammenschlusses mehrerer Unternehmen; Zusammenschluß ist jede Verbindung von Unternehmen, sofern Aktien zur Durchführung benötigt werden, z. B. Erwerb fremder Anteile gegen Hingabe eigener Aktien, Verschmelzung durch Aufnahme gemäß §§ 60 ff. UmwG;
- zur Gewährung von Bezugsrechten an Arbeitnehmer und Vorstandsmitglieder (dazu Kap. 6.2.3).

Bei der bedingten Kapitalerhöhung bleibt das gesetzliche Bezugsrecht der Aktionäre (§ 186 AktG) unberücksichtigt, weil bei dessen Ausübung der Zweck der bedingten Kapitalerhöhung verfehlt würde. Der Schutz der Interessen der Aktionäre wird durch die in den §§ 192 und 193 AktG aufgestellten Voraussetzungen einer bedingten Kapitalerhöhung gewährleistet.

Der Nennbetrag des bedingten Kapitals darf die Hälfte und das zur Gewährung von Bezugsrechten an Arbeitnehmer und Vorstandsmitglieder beschlossene Kapital darf 10 % des Grundkapitals nicht übersteigen. Zeitliche Beschränkungen bestehen - anders als beim genehmigten Kapital, (§ 202 Abs. 1 AktG) - nicht. Der Beschluß über die bedingte Kapitalerhöhung bedarf einer Dreiviertelmehrheit; er muß u. a. festlegen

- den Zweck der bedingten Kapitalerhöhung,
- den Kreis der Bezugsberechtigten,
- den Ausgabebetrag oder die Grundlagen, nach denen der Ausgabebetrag zu errechnen ist,
- bei der Gewährung von Bezugsrechten an Arbeitnehmer und Vorstandsmitglieder (Stock Options) auch die Aufteilung der Bezugsrechte auf diese Personen, die Erfolgsziele, die Erwerbs- und Ausübungszeiträume und die Wartezeit für die erstmalige Ausübung, die mindestens zwei Jahre betragen muß (§ 193 Abs. 2 AktG). Nicht umfaßt ist die Gewährung von Bezugsrechten an Aufsichtsratsmitglieder. Diesen können mittels Wandelschuldverschreibungen mit Bezugsrecht, sog. Optionsanleihen (§ 192 Abs. 2 Nr. 1 AktG), oder Bildung genehmigten Kapitals (§ 202 AktG) Stock Options zugewandt werden.

Unter den Voraussetzungen des § 194 AktG ist die bedingte Kapitalerhöhung mit Sacheinlagen möglich; Hauptanwendungsfall ist die Sacheinlage eines Unternehmens oder einer Beteiligung zur Durchführung eines Unternehmenszusammenschlusses im Sinne des § 192 Abs. 2 Nr. 2 AktG. Bei Sacheinlagen ist eine Prüfung durchzuführen (§ 194 Abs. 4 AktG).

Der Vorstand und der Aufsichtsratsvorsitzende haben den Beschluß über die bedingte Kapitalerhöhung zur Eintragung in das Handelsregister anzumelden (§ 195 AktG). Bei einer bedingten Kapitalerhöhung mit Sacheinlagen sind die zugrundeliegenden Verträge sowie der Prüfungsbericht der Anmeldung beizufügen (§ 195 Abs. 2 AktG). Das Gericht kann die Eintragung der Kapitalerhöhung ablehnen, wenn der Wert der Sacheinlage nicht unwesentlich hinter dem geringsten Ausgabebetrag der dafür zu gewährenden Aktien zurückbleibt (§ 194 Abs. 4 AktG).

Das Bezugs- oder Umtauschrecht bezüglich neuer Aktien aus der bedingten Kapitalerhöhung wird von dem jeweiligen Berechtigten durch schriftliche Bezugs- oder Umtauscherklärung gegenüber der Aktiengesellschaft ausgeübt (§§ 198 Abs. 1, 192 Abs. 5 AktG). Die Erklärung hat die gleiche Wirkung wie eine Zeichnungserklärung im Sinne des § 185 AktG (dazu Kap. 10.1). Hat der Berechtigte die Gegenleistung erbracht, dürfen die Aktien vom Vorstand an ihn ausgegeben werden (§ 199 Abs. 1 AktG). Mit der Ausgabe der Bezugsaktien ist das Grundkapital entsprechend der Zahl der ausgegebenen Aktien erhöht, deshalb ändert sich mit jeder Aktienausgabe das Grundkapital (§ 200 AktG). Der Vorstand hat innerhalb eines Monats nach Ablauf des Geschäftsjahres zur Eintragung in das Handelsregister anzumelden, in welchem Umfang im abgelaufenen Geschäftsjahr Bezugsaktien ausgegeben worden sind. Anders als bei der Kapitalerhöhung gegen Einlagen (§ 182 AktG) ist die Eintragung im Handelsregister also nur deklaratorisch und nicht Voraussetzung für die Wirksamkeit der Kapitalerhöhung.

10.3 Genehmigtes Kapital

Nach §§ 202 ff. AktG kann der Vorstand ermächtigt werden, das Grundkapital bis zu einem bestimmten Nennbetrag (genehmigtes Kapital) durch Ausgabe neuer Aktien gegen Einlagen zu erhöhen. Der Zweck dieser Regelung ist, dem Vorstand die schnelle und flexible Beschaffung neuen Eigenkapitals zu ermöglichen, was bei der nach §§ 182 ff. AktG ablaufenden Kapitalerhöhung gegen Einlagen nicht gewährleistet ist. Der gleiche Zweck ließe sich auch durch Bildung von Vorratsaktien erreichen, was aber im Interesse der Kapitalerhaltung durch § 56 AktG ausdrücklich verboten ist. Das genehmigte Kapital kann auch beschlossen werden für solche Zwecke, die eine bedingte Kapitalerhöhung erlauben, ist aber anders als diese zeitlich auf fünf Jahre beschränkt und dem gesetzlichen Bezugsrecht unterworfen.

Das genehmigte Kapital wird entweder bei der Gründung der Aktiengesellschaft durch die von den Gründern einstimmig zu beschließende Satzung oder später durch eine entsprechende Satzungsänderung geschaffen (§ 202 Abs. 1, 2 AktG). Die Satzungsänderung bedarf eines mit Dreiviertelmehrheit zu fassenden Hauptversammlungsbeschlusses. Der Nennbetrag des genehmigten Kapitals darf die Hälfte des Grundkapitals, das zur Zeit der Ermächtigung vorhanden ist, nicht übersteigen (§ 202 Abs. 3 AktG). Neben dem genehmigtem Kapital kann auch bedingtes Kapital bestehen, welches ebenfalls nicht mehr als die Hälfte des Grundkapitals ausmachen kann; die Summe von genehmigtem und bedingtem Kapital kann somit den Betrag des Grundkapitals erreichen.

Für die Ausgabe der neuen Aktien gelten gem. § 203 Abs. 1 AktG die Vorschriften der §§ 185 - 191 AktG über die Kapitalerhöhung gegen Einlagen entsprechend. Damit ist auch die Regelung des § 186 AktG über das Bezugsrecht umfaßt. Wird das genehmigte Kapital durch Satzungsänderung gebildet (§ 202 Abs. 2 AktG), so kann das Bezugsrecht durch mit Dreiviertelmehrheit zu fassenden Beschluß der Hauptversammlung ausgeschlossen werden (§§ 186 Abs. 3, 4 AktG). Ist das genehmigte Kapital bereits Gegenstand der Gründungssatzung so kann schon hier und ohne Beachtung der Vorschriften des § 186 Abs. 3, 4 AktG der Bezugsrechtsausschluß geregelt werden. Sowohl die Ermächtigung durch Gründungssatzung als auch die Ermächtigung durch Satzungsänderung können vorsehen, daß die Entscheidung über den Ausschluß des Bezugsrechts dem Vorstand übertragen wird; dessen Entscheidung unterliegt der Zustimmung durch den Aufsichtsrat (§§ 203 Abs. 2, 204 Abs. 1 S. 2 AktG).

Ein Bezugsrechtsausschluß bedarf wegen der durch das Absinken der Anteils-quote bedingten Bedeutung des Eingriffs in die Mitgliedschaftsrechte des Aktionärs einer sachlichen Rechtfertigung. Sind die neuen Aktien zur Ausgabe an Arbeitnehmer der Gesellschaft bestimmt, gilt der Bezugsrechtsausschluß als materiell gerechtfertigt (vgl. § 202 Abs. 4 AktG).

Bei der Durchführung der Kapitalerhöhung hat der Vorstand neben den aktien-rechtlichen Vorschriften und etwaigen einschlägigen Satzungsbestimmungen zur Kapitalerhöhung die Vorgaben der ihm erteilten Ermächtigung zu beachten. Das Aktiengesetz schreibt die Befristung und den Maximalbetrag der Kapital-erhöhung sowie die Erteilung der Zustimmung des Aufsichtsrats zu der Durch-führung der Kapitalerhöhung vor (§ 202 Abs. 1, 3 AktG), ferner die Zulässig-keit einer etwaigen Sacheinlage (vgl. § 205 AktG). Als weitere Bestimmungen kommen in Betracht die Art und Gattung der Aktien, bei Nennbetragsaktien die Höhe des Nennbetrags, der Beginn der Gewinnbezugsberechtigung, der Zeit-punkt der Aktienausgabe und die Höhe des Ausgabebetrags; sind derartige Be-stimmungen nicht getroffen, entscheidet der Vorstand mit Zustimmung des Aufsichtsrats darüber (§ 204 Abs. 1 AktG).

Die Kapitalerhöhung soll nur durchgeführt werden, wenn dafür ein *Bedürfnis* besteht. Sie hat deshalb gem. § 203 Abs. 3 AktG zu unterbleiben, solange die Bar- und Sacheinlagen auf das Grundkapital noch nicht bzw. nicht vollständig geleistet sind und die Erlangung dieser Einlagen nicht als zwecklos angesehen werden muß, z. B. wegen Zahlungsunfähigkeit des Einlegers oder wegen Un-tergangs des Sacheinlagegegenstandes; das gilt nicht, wenn die Aktien an Ar-beitnehmer der Gesellschaft ausgegeben werden (§ 203 Abs. 4 AktG).

Gegen *Sacheinlagen* dürfen Aktien nur ausgegeben werden, wenn die Ermäch-tigung, also die Satzung oder der Kapitalerhöhungsbeschluß, es vorsehen. Der Gegenstand der Sacheinlage, die Person des Einlegers und der Nennbetrag bzw. die Anzahl der für die Sacheinlage zu gewährenden Aktien kann bereits durch die Ermächtigung festgesetzt werden. Soweit es daran fehlt, entscheidet darüber der Vorstand mit Zustimmung des Aufsichtsrats (§ 205 Abs. 2 AktG). Wie bei der Kapitalerhöhung mit Sacheinlagen und der bedingten Kapitalerhöhung mit Sacheinlagen bedarf die Ausgabe von Aktien aus genehmigtem Kapital gegen Sacheinlagen der Prüfung (§ 205 Abs. 3 AktG). Die Festsetzung und die Prü-fung sind nicht erforderlich, wenn Belegschaftsaktien an Arbeitnehmer ausge-geben werden gegen Einbringung der Forderung des Arbeitnehmers gegen die Gesellschaft aus einer ihm eingeräumten Gewinnbeteiligung (§ 205 Abs. 5 AktG).

Der Vorstand kann auch ermächtigt werden, *Belegschaftsaktien* zu Lasten des Jahresüberschusses der Gesellschaft - ohne Einzahlungen von Seiten der Arbeitnehmer - auszugeben (§ 204 Abs. 3 AktG). Dabei wird die Forderung der Gesellschaft gegen den Zeichner der Aktie auf Leistung der Einlage durch einen entsprechenden Teilbetrag des Jahresüberschusses gedeckt. Voraussetzung ist, daß der den Jahresüberschuß ausweisende Jahresabschluß geprüft und mit einem uneingeschränkten Bestätigungsvermerk (dazu Kap. 9.2) versehen worden ist.

Der auf die Bildung von genehmigtem Kapital gerichtete Beschluß der Hauptversammlung (§ 202 Abs. 2 AktG) ist nach §§ 255, 243 ff. AktG anfechtbar. Die Wahrscheinlichkeit einer Anfechtungsklage ist bei Bezugsrechtsausschluß und bei Sacheinlagen infolge der dafür geltenden zusätzlichen aktienrechtlichen Bestimmungen größer als bei Bareinlagen, deshalb werden in der Praxis bei Bedarf mehrere Ermächtigungen beschlossen. In diesen Fällen umfaßt das Genehmigte Kapital I die Barkapitalerhöhung mit Bezugsrecht, das in einem gesonderten Tagesordnungspunkt beschlossene Genehmigte Kapital II die Kapitalerhöhung mit Bezugsrechtsausschluß bzw. Sacheinlage.

10.4 Kapitalerhöhung aus Gesellschaftsmitteln

Bei der Kapitalerhöhung aus Gesellschaftsmitteln nach §§ 207 ff. AktG werden keine neuen Mittel von außen zugeführt, vielmehr werden vorhandene Kapital- und Gewinnrücklagen in Grundkapital umgewandelt. Dennoch liegt eine echte Kapitalerhöhung vor, denn die umgewandelten Beträge unterliegen als Grundkapital einer erheblich stärkeren Bindung (vgl. §§ 222 ff. AktG) als bloße Rücklagen.

Während die Kapitalerhöhung gegen Einlagen durch Ausgabe neuer Aktien ausgeführt werden muß (§ 182 Abs. 1 S. 4 AktG), kann die Kapitalerhöhung aus Gesellschaftsmitteln bei Gesellschaften mit Stückaktien auch ohne Ausgabe neuer Aktien erfolgen (§ 207 Abs. 2 AktG). In diesem Fall erhöht sich bei unveränderter Beteiligungsquote der auf die einzelne Stückaktie entfallende anteilige Betrag des Grundkapitals (§ 8 Abs. 3, 4 AktG). Diese Vorgehensweise bietet sich an zur Beibehaltung gerader anteiliger Beträge am Grundkapital bei der Umstellung des Grundkapitals von Deutscher Mark auf Euro.

Die Kapitalerhöhung aus Gesellschaftsmitteln kann erst beschlossen werden, nachdem der Jahresabschluß für das letzte vor der Beschlußfassung über die Kapitalerhöhung abgelaufene Geschäftsjahr festgestellt ist (§ 207 Abs. 3 AktG).

Umwandlungsfähig sind die Kapitalrücklagen und Gewinnrücklagen, die in der letzten Jahresbilanz ausgewiesen waren; diesen steht gleich die im letzten Beschluß über die Verwendung des Jahresüberschusses oder des Bilanzgewinns ausgewiesene Zuführung zu diesen Rücklagen (§ 208 Abs. 1 S. 1 AktG). Kapitalrücklagen und die gesetzliche Gewinnrücklage nach § 150 AktG können nur soweit zur Umwandlung in Grundkapital eingesetzt werden, als sie zusammen 10 % des bisherigen Grundkapitals übersteigen. Die Umwandlung scheidet aus, soweit in der zugrundegelegten Bilanz ein Verlust einschließlich eines Verlustvortrags ausgewiesen ist (§ 208 AktG).

Dem Kapitalerhöhungsbeschluß ist eine Bilanz zugrunde zu legen (§ 207 Abs. 4 AktG). Es kann die letzte Jahresbilanz verwandt werden, wenn diese geprüft und mit dem uneingeschränkten Bestätigungsvermerk des Abschlußprüfers versehen ist und wenn ihr Stichtag höchstens acht Monate vor der Anmeldung des Kapitalerhöhungsbeschlusses zur Eintragung in das Handelsregister liegt. Kann die Achtmonatsfrist nicht eingehalten werden, besteht die Möglichkeit, eine andere, zu einem späteren Stichtag aufgestellte Bilanz zugrunde zu legen. Die umzuwandelnden Rücklagen müssen sowohl in dieser besonderen Erhöhungsbilanz als auch in der letzten Jahresbilanz ausgewiesen sein; die Kapitalerhöhung aus Gesellschaftsmitteln scheidet also aus, wenn die umzuwandelnde Rücklage erst nach dem Stichtag der letzten Jahresbilanz entstanden ist. Die besondere Erhöhungsbilanz muß den gleichen Anforderungen genügen wie die Jahresbilanz; der Erstellung von Gewinn- und Verlustrechnung, Anhang und Lagebericht bedarf es nicht. Die Bilanz ist zu prüfen, und auch hier gilt die Achtmonatsfrist (§ 209 Abs. 2, 3 AktG).

Bei der Anmeldung des Kapitalerhöhungsbeschlusses, für die Vorstand und Aufsichtsratsvorsitzender zuständig sind, ist von diesen zu erklären, daß nach ihrer Kenntnis seit dem Stichtag der zugrundegelegten Bilanz bis zum Tag der Anmeldung keine Vermögensminderung eingetreten ist, die der Kapitalerhöhung entgegenstünde, wenn sie am Tag der Anmeldung beschlossen worden wäre.

Die neuen Aktien stehen den bisherigen Aktionären verhältnismäßig zu; ein entgegenstehender Beschluß der Hauptversammlung ist nichtig (§ 212 AktG).

10.5 Wandel-/Gewinnschuldverschreibungen, Genußrechte

Wandelschuldverschreibungen sind nach § 221 AktG Anleihen, die dem Gläubiger das Recht gewähren, seinen Anspruch auf Rückzahlung des Anleihebetrages gegen Aktien umzutauschen, sog. Wandelanleihen, oder bei Rückzahlung des Betrages Aktien zu einem bestimmten Kurs zu beziehen, sog. Optionsanleihen. Optionsanleihen sind weit verbreitet, die Verzinsung ist eher unterdurchschnittlich, dafür besteht für den Kapitalanleger aber die Aussicht, bei günstiger Aktienkursentwicklung Kursgewinne zu verwirklichen.

Bei *Gewinnschuldverschreibungen* orientiert sich die Verzinsung der Anleihe an der Dividende der Gesellschaft. Gewinnschuldverschreibungen haben ebenso wie Wandelanleihen in der Praxis keine große Bedeutung.

Der Begriff des *Genußrechts* ist im Aktiengesetz erwähnt, aber nicht bestimmt (§ 221 Abs. 3 AktG). Die häufigste Form des Genußscheins ist die Überlassung von Kapital gegen Teilhabe an Gewinn und Liquidationserlös.

10.6 Kapitalherabsetzung

Als Kapitalherabsetzung wird die Verringerung des Grundkapitals bezeichnet. Maßnahmen der Kapitalherabsetzung sind die ordentliche Kapitalherabsetzung, die vereinfachte Kapitalherabsetzung und die Einziehung von Aktien. Die Kapitalherabsetzung führt zu einer Schmälerung des den Gläubigern haftenden Kapitals und wirkt zugleich auf die Mitgliedsrechte der Aktionäre ein, deshalb trifft das Aktiengesetz eine Reihe von Regelungen für diese Maßnahme.

10.6.1 Ordentliche Kapitalherabsetzung

Die ordentliche Kapitalherabsetzung ist in den §§ 222 bis 228 AktG geregelt. Die Hauptversammlung kann mit Dreiviertelmehrheit die ordentliche Herabsetzung des Grundkapitals beschließen (§ 222 AktG). In dem Beschluß ist der Zweck der Herabsetzung anzugeben. Jeder Zweck ist zulässig, z. B. Rückzahlung von Einlagen an Aktionäre (vgl. § 222 Abs. 3 AktG), Befreiung der Aktionäre von der Verpflichtung zur Leistung von Einlagen (vgl. § 225 Abs. 2 S. 2 AktG), Einstellung in Rücklagen, Abrundung des Grundkapitals auf einen glatten Betrag und Beseitigung einer Unterbilanz (vgl. Hüffer, Rz. 20 zu § 222 AktG). Die Kapitalherabsetzung kann mit einer Kapitalerhöhung verbunden werden (vgl. §§ 228, 230 AktG), was bei Sanierungsfällen regelmäßig geschieht. Die Herabsetzung des Grundkapitals erfolgt bei Gesellschaften mit Nennbetragsaktien durch Herabsetzung des Nennbetrags der Aktien. Für Nennbetragsaktien wie für Stückaktien gilt, daß der Mindestbetrag je Aktie von 1 Euro nicht unterschritten werden darf; ggf. hat die Herabsetzung durch Zusammenlegung der Aktien zu geschehen. Die Herabsetzung des Grundkapitals unter den Mindestnennbetrag von 50.000 Euro ist nur erlaubt, wenn dieser Betrag durch eine gleichzeitig beschlossene Kapitalerhöhung wieder erreicht wird (§ 228 AktG).

Der Kapitalherabsetzungsbeschluß wird von Vorstand und Aufsichtsratsvorsitzendem zur Eintragung in das Handelsregister angemeldet. Mit der Eintragung des Beschlusses ist das Grundkapital herabgesetzt (§§ 223, 224 AktG). Innerhalb einer Frist von sechs Monaten ab Eintragung können die Gläubiger der Aktiengesellschaft von dieser die Leistung einer *Sicherheit* für ihre Ansprüche verlangen, worauf in der Bekanntmachung der Eintragung hinzuweisen ist (§ 225 Abs. 1 AktG). Die Pflicht zur Sicherheitsleistung ist unabhängig davon, ob Zahlungen an die Aktionäre aufgrund der Herabsetzung des Grundkapitals geleistet werden (§ 225 Abs. 3 AktG). Zahlungen an Aktionäre aufgrund der Kapitalherabsetzung darf die Gesellschaft erst dann leisten, wenn seit der Eintragung sechs Monate verstrichen und den Gläubigern, die sich rechtzeitig gemeldet haben, Sicherheit geleistet worden ist; das gilt entsprechend für eine Befreiung der Aktionäre von der Verpflichtung zur Leistung von Einlagen.

Der aus der Kapitalherabsetzung gewonnene Betrag ist in der Gewinn- und Verlustrechnung der Gesellschaft als „Ertrag aus der Kapitalherabsetzung" gesondert auszuweisen (§ 240 AktG).

10.6.2 Vereinfachte Kapitalherabsetzung

Während die ordentliche Kapitalherabsetzung zu jedem Zweck zulässig ist, darf die in den §§ 229 - 236 AktG geregelte vereinfachte Kapitalherabsetzung nur zu *Sanierungszwecken* erfolgen, nämlich

- Ausgleich von Wertminderungen,
- Deckung sonstiger Verluste oder
- Einstellung von Beträgen in die Kapitalrücklage,

wobei zuvor die Gewinn- und Kapitalrücklagen bis auf 10 % des herabgesetzten Grundkapitals aufgelöst und ein etwaiger Gewinnvortrag verwendet worden sein muß (§ 229 AktG).

Die Vorschriften über die ordentliche Kapitalherabsetzung gelten - mit Ausnahme des Rechts auf Sicherheitsleistung (§ 225 AktG) - entsprechend. Der aus der Auflösung von Kapital- oder Gewinnrücklagen und aus der Kapitalherabsetzung gewonnene Betrag darf nicht zu Zahlungen an die Aktionäre oder zur Befreiung von Einlageleistungen verwandt werden, sondern nur zu dem im Kapitalherabsetzungsbeschluß angegebenen Zweck (§ 230 AktG). Nach erfolgter Kapitalherabsetzung sind Gewinnausschüttungen nur unter den Einschränkungen des dem Gläubigerschutz dienenden § 233 AktG zulässig.

Die Kapitalherabsetzung und eine etwa mit ihr verbundene Kapitalerhöhung können unter den Voraussetzungen der §§ 234, 235 AktG auch schon in dem Jahresabschluß des Geschäftsjahres, welches dem Kapitalherabsetzungsbeschluß vorausgegangen ist, ausgewiesen werden. Der aus der Kapitalherabsetzung gewonnene Betrag ist in der Gewinn- und Verlustrechnung der Gesellschaft als „Ertrag aus der Kapitalherabsetzung" gesondert auszuweisen (§ 240 AktG). Dient die Kapitalherabsetzung der Einstellung von Beträgen in die Kapitalrücklage, so ist die Einstellung als „Einstellung in die Kapitalrücklage nach den Vorschriften über die vereinfachte Kapitalherabsetzung" in der Gewinn- und Verlustrechnung gesondert auszuweisen, und im Anhang sind dazu Erläuterungen zu geben (§ 240 AktG).

10.6.3 Einziehung von Aktien

Die Kapitalherabsetzung durch Einziehung von Aktien richtet sich nach den §§ 237 bis 239 AktG und den Vorschriften über die ordentliche Kapitalherabsetzung (§§ 237 Abs. 2, 222 - 228 AktG). Sinn und Zweck der Einziehung von Aktien ist nicht die Kapitalherabsetzung, sondern die Beseitigung der von ihr betroffenen Mitgliedsrechte. Die Einziehung von Aktien soll nach Willen des Gesetzgebers nicht möglich sein ohne eine gleichzeitige Kapitalherabsetzung, wodurch der Schutz der Gläubiger und der betroffenen Aktionäre gewährleistet wird. Demgegenüber bleiben beim Ausschluß säumiger Aktionäre nach § 64 AktG (Kaduzierung) und beim Erwerb eigener Aktien die Aktien erhalten, das Grundkapital verringert sich nicht. Zum Vergleich: die Einziehung von GmbH-Geschäftsanteilen nach § 34 GmbHG führt nicht zu einer Verminderung des Stammkapitals.

Zweck der Einziehung ist insbesondere die Beseitigung des konkret betroffenen Mitgliedsrechts; da besondere gesetzliche Vorschriften insoweit nicht bestehen, kann die Einziehung jedoch auch zu anderen Zwecken erfolgen, z. B. Sanierung oder Rückzahlung an die Aktionäre, sie stellt somit eine Alternative zu den anderen Maßnahmen der Kapitalherabsetzung dar. Der Zweck der Einziehung ist in dem Hauptversammlungsbeschluß anzugeben (§§ 237 Abs. 2 S. 1, 222 Abs. 3 AktG).

Zu unterscheiden ist die *Zwangseinziehung* und die Einziehung *eigener Aktien*. Eigene Aktien kann die Aktiengesellschaft auch ohne eine entsprechende Satzungsbestimmung aufgrund eines Hauptversammlungsbeschlusses einziehen. Eine Zwangseinziehung ist nur zulässig, wenn sie schon in der Gründungssatzung oder durch eine vor dem Erwerb der einzuziehenden Aktien eingefügte Satzungsbestimmung vorgesehen war. Dabei wird unterschieden zwischen der angeordneten und der gestatteten Zwangseinziehung (§ 237 Abs. 1 AktG).

Bei der *angeordneten* Zwangseinziehung gibt die Satzung präzise vor, unter welchen Voraussetzungen Aktien eingezogen werden. Liegen diese Voraussetzungen vor, so muß die Einziehung erfolgen; ein Ermessen steht dem Vorstand, der für die Maßnahme anstelle der Hauptversammlung zuständig ist, nicht zu. Als mögliche Gründe für die Zwangseinziehung kann die Satzung beispielsweise festlegen:

- die Verweigerung der Zustimmung zur Übertragung vinkulierter Namensaktien (§ 68 Abs. 2 AktG);
wird die Übertragung durch Verweigerung unterbunden, scheidet der Aktionär aus;
- bestimmte wichtige Gründe in der Person des Aktionärs,
z. B. Insolvenz, Zwangsvollstreckungsmaßnahmen seiner Aktien;
- Verlangen des Aktionärs.

Die Satzung hat auch zu regeln, ob die Gesellschaft ein Einziehungsentgelt zu entrichten hat und wie dieses zu ermitteln ist. Die Gesellschaft ist nicht etwa zur Leistung einer angemessenen Barabfindung verpflichtet, wie es § 207 Abs. 1 UmwG vorsieht (dazu Kap. 5.3.2.5), das Entgelt kann höher oder niedriger sein.

Läßt die Satzung eine Zwangseinziehung zu, ohne sie aber zwingend anzuordnen, handelt es sich um eine *gestattete* Zwangseinziehung. Die Satzung kann die Einziehungsgründe nennen, sie muß es aber nicht. So kann z. B. an das Vorliegen eines wichtigen Grundes angeknüpft werden, ohne daß dieser wie bei der angeordneten Zwangseinziehung präzise umschrieben sein muß. Die Entscheidung über die Zwangseinziehung und die Einzelheiten ihrer Durchführung trifft die Hauptversammlung durch Beschluß.

Beim *ordentlichen Einziehungsverfahren* (- das Gegenstück dazu ist die weiter unten dargestellte vereinfachte Einziehung -) umfaßt der mit Dreiviertelmehrheit zu fassende Hauptversammlungsbeschluß insbesondere folgende Bestimmungen:

- die Herabsetzung des Grundkapitals,
- die Herabsetzung der einzelnen Aktien,
- die Einordnung als Zwangseinziehung oder Einziehung eigener Aktien,
- Zweck der Einziehung
- die Voraussetzungen für die Zwangseinziehung,
- die Einzelheiten der Durchführung der Zwangseinziehung.

Dabei ist auch eine Bestimmung über die Höhe des Entgelts zu treffen. Es ist zulässig, daß die Satzung vorschreibt, daß in diesem Falle ein angemessenes Entgelt zu leiten ist, welches wie die angemessene Barabfindung im Sinne des § 207 Abs. 1 UmwG zu ermitteln ist. Über § 237 Abs. 2 S. 1 AktG gilt die Gläubigerschutzvorschrift des § 225 AktG sowohl bei der Zwangseinziehung als auch bei der gestatteten Einziehung; zu § 225 AktG siehe Kap. 10.6.1.

Beim *vereinfachten Einziehungsverfahren* im Sinne des § 237 Abs. 3 AktG sind die Voraussetzungen für die Einziehung herabgesetzt. Der Weg zur vereinfachten Einziehung ist eröffnet, wenn voll eingezahlte Aktien eingezogen werden, die der Gesellschaft unentgeltlich zur Verfügung gestellt werden oder wenn die Einziehung zu Lasten des Bilanzgewinns oder einer anderen Gewinnrücklage erfolgt. In diesen Fällen bedarf der Einziehungsbeschluß der Hauptversammlung nur einer einfachen Mehrheit, und der Gläubigerschutz wird lediglich in der Weise berücksichtigt, daß eine Rückstellung in die Kapitalrücklage erfolgt (§ 237 Abs. 4, 5 AktG). Wird im vereinfachten Einziehungsverfahren eine von der Satzung angeordnete Zwangseinziehung vorgenommen, tritt die Entscheidung des Vorstands an die Stelle des Hauptversammlungsbeschlusses über die Einziehung.

Mit der Eintragung des Hauptversammlungsbeschlusses bzw. - im Falle der angeordneten Zwangseinziehung - der Entscheidung des Vorstands über die Einziehung ist die Herabsetzung des Kapitals durchgeführt. Die Einziehung wird ausgeführt durch Abgabe einer Einziehungserklärung des die Gesellschaft vertretenden Vorstands gegenüber dem Aktionär (§ 238 AktG). Die Durchführung ist vom Vorstand zur Eintragung in das Handelsregister anzumelden (§ 239 AktG).

Die Kommanditgesellschaft auf Aktien (KGaA), geregelt in §§ 278 - 290 AktG, ist eine Gesellschaft mit eigener Rechtspersönlichkeit, bei der mindestens ein Gesellschafter den Gesellschaftsgläubigern unbeschränkt haftet (persönlich haftender Gesellschafter) und die übrigen Gesellschafter an dem in Aktien zerlegten Grundkapital beteiligt sind, ohne persönlich für die Verbindlichkeiten der Gesellschaft zu haften (Kommanditaktionäre). Die KGaA ist eine *Mischform* von Aktiengesellschaft und Kommanditgesellschaft, wobei der Schwerpunkt im Aktienrecht liegt. Die rechtlichen Beziehungen des persönlich haftenden Gesellschafters gegenüber den Kommanditaktionären und gegenüber Dritten einschließlich der Befugnis zur Geschäftsführung und Vertretung der Gesellschaft bestimmen sich nach den Vorschriften des Handelsgesetzbuches über die Kommanditgesellschaft, im übrigen ist das Aktiengesetz anwendbar. Die herkömmliche KGaA mit einer natürlichen Person als persönlich haftendem Gesellschafter ist in der Praxis nicht sehr verbreitet. Der Grund dafür ist, daß die Eigenkapitalbeschaffung durch Begebung von Aktien nur bei größeren Unternehmen üblich ist, und daß bei diesen gewöhnlich niemand die persönliche Haftung für die Gesellschaftsverbindlichkeiten übernehmen will. Diese Rechtsform ist aber auch deshalb selten, weil die rechtlichen Vorschriften aus zwei unterschiedlichen Gesetzbüchern überaus kompliziert sind.

Das Interesse an dieser Rechtsform stieg an, nachdem der Bundesgerichtshof (NJW 1997, S. 1923) die Übernahme der Rechtsstellung als persönlich haftender Gesellschafter durch eine Gesellschaft mit beschränkter Haftung zugelassen hatte, sog. GmbH & Co. KGaA. Der Bundesgerichtshof verlangte nur, daß die Firmierung der Gesellschaft erkennen läßt, daß bei ihr keine natürliche Person unbeschränkt als Komplementär haftet; das entspricht der Rechtslage bei der Kommanditgesellschaft, bei der ebenfalls eine Verdeutlichung erforderlich ist, wenn alleiniger persönlich haftender Gesellschafter eine GmbH ist (GmbH & Co. KG). Durch die Neufassung des § 279 Abs. 2 AktG über die Firma der KGaA wurde eine der Rechtsprechung des Bundesgerichtshofs entsprechende Regelung in das Gesetz aufgenommen.

Die KGaA hat keinen Vorstand. Die Geschäftsführungs- und Vertretungsbefugnis liegt bei dem persönlich haftenden Gesellschafter (§§ 161 Abs. 2, 114 HGB). Ist eine GmbH persönlich haftende Gesellschafterin, so ist deren Geschäftsführer zur Geschäftsführung und Vertretung bei der KGaA berufen. Der persönlich haftende Gesellschafter muß mit seinem gesamten Vermögen für die

Verbindlichkeiten der KGaA einstehen (§ 128 HGB); bei Übernahme der persönlichen Haftung durch eine GmbH unterliegt nur deren Gesellschaftskapital, das sind ggf. nur 25.000 Euro, dem Zugriff der Gläubiger der KGaA. Die Kommanditaktionäre haften den Gläubigern der KGaA nicht persönlich, insofern besteht ein Unterschied zur Kommanditgesellschaft, wo ein Haftungsausschluß nur bei Einzahlung der Haftsumme eintritt und wo die Haftung auch wieder aufleben kann.

Die Gründung der KGaA erfolgt durch mindestens fünf Personen (§ 280 Abs. 1 AktG). Die Zahl der Gesellschafter kann später absinken, eine Einmann-KGaA ist zulässig.

Die Mitglieder des Aufsichtsrats werden von den Kommanditaktionären gewählt, soweit nicht mitbestimmungsrechtliche Wahlvorschriften zur Anwendung kommen (dazu Kap. 7.2). Der persönlich haftende Gesellschafter bzw. der Geschäftsführer der persönlich haftenden Gesellschafterin kann nicht Mitglied des Aufsichtsrats sein (§ 287 Abs. 3 AktG). Der Aufsichtsrat hat die Befugnisse gemäß § 90 AktG und § 111 Abs. 1 und Abs. 2 AktG, er kann aber keine Geschäftsordnung erlassen oder Zustimmungserfordernisse gem. § 111 Abs. 4 S. 2 AktG begründen. Der Aufsichtsrat führt die Beschlüsse der Kommanditisten aus, z. B. die Geltendmachung von Rechten der Kommanditaktionäre gegen die Gesellschaft (§ 287 Abs. 1 AktG). An der Feststellung des Jahresabschlusses wirkt der Aufsichtsrat nicht mit.

Die Kompetenzen der Hauptversammlung der KGaA entsprechen grundsätzlich denen bei der Aktiengesellschaft. Die Hauptversammlung beschließt mit Zustimmung des persönlich haftenden Gesellschafters über die Feststellung des Jahresabschlusses (§ 286 Abs. 1 AktG).

Der Vorteil der GmbH & Co. KGaA gegenüber der GmbH besteht darin, daß aufgrund der aktienrechtlichen Kapitalstruktur Eigenkapital von dritter Seite aufgebracht werden kann. Gegenüber der Aktiengesellschaft gilt die Besonderheit, daß die Gesellschafter der Komplementär-GmbH den von ihnen bestellten Geschäftsführer, der die Geschäfte der GmbH & Co. KGaA leitet, steuern können, was bei der Aktiengesellschaft wegen § 76 Abs. 1 AktG nicht möglich ist.

Die Entstehung der Aktiengesellschaft durch Gründung oder Umwandlung wurde oben eingehend dargestellt. Am Ende der Gesellschaft stehen Auflösung und Löschung.

Durch die *Auflösung* (§ 262 AktG) ändert sich der Zweck der Gesellschaft. Dieser war zuvor auf Gewinnerzielung durch Betreiben des Unternehmensgegenstandes gerichtet und zielt nun auf die *Abwicklung*. Im Rahmen des Abwicklungszwecks besteht die Aktiengesellschaft fort, um ihr Vermögen zu verflüssigen, die Gesellschaftsgläubiger zu befriedigen und um einen danach etwa verbleibenden Überschuß unter die Aktionäre zu verteilen. Mit der Verteilung des Überschusses ist die Abwicklung beendet, die Gesellschaft ist im Handelsregister zu löschen.

Die Auflösung der Aktiengesellschaft tritt ein

- durch Ablauf der in der Satzung bestimmten Zeit;
- durch Beschluß der Hauptversammlung mit Dreiviertelmehrheit;
- durch die Eröffnung des Insolvenzverfahrens über das Vermögen der Gesellschaft;
- mit der Rechtskraft des Beschlusses, durch den die Eröffnung des Insolvenzverfahrens mangels Masse abgelehnt wird;
- durch registergerichtliche Verfügung bei Bestehen eines Satzungsmangels;
- durch Löschung wegen Vermögenslosigkeit (§ 141a FGG);
  eine Abwicklung findet nur statt, wenn sich nach der Löschung herausstellt, daß verteilungsfähiges Vermögen vorhanden ist (§ 264 Abs. 2 AktG);
- durch Gerichtsurteil bei Gefährdung des Gemeinwohls durch gesetzeswidriges Verhalten der Verwaltung (§ 396 AktG);
- bei Anordnung der Abwicklung durch Aufsichtsamt
  (vgl. § 38 Abs. 1 KWG);
- bei Erwerb aller Aktien durch die Aktiengesellschaft selbst;
- wenn die Gesellschaft wegen nach Registereintragung festgestellter gravierender Satzungsmängel für nichtig erklärt wird (§ 277 AktG),
vgl. § 262 AktG.

Sofern nicht das Handelsregister schon von Amts wegen unterrichtet wird, beispielsweise durch das Insolvenzgericht, ist der Vorstand zur *Anmeldung* der Auflösung beim Handelsregister verpflichtet. Das gilt insbesondere für die Fälle des Zeitablaufs und des Auflösungsbeschlusses durch die Hauptversammlung (§ 263 AktG).

Nach der Auflösung findet die Abwicklung der Gesellschaft statt, wenn nicht das Insolvenzverfahren über das Vermögen eröffnet worden ist (§ 264 AktG). Sofern nicht die Satzung oder die Hauptversammlung andere Personen als Abwickler bestellen, werden die Vorstandsmitglieder als *Abwickler* tätig. Auf Antrag des Aufsichtsrats oder einer qualifizierten Minderheit von Aktionären sind die Abwickler bei Vorliegen eines wichtigen Grundes durch das zuständige Gericht zu bestellen (§ 265 AktG).

Die Abwickler haben gem. § 267 AktG die Gläubiger unter Hinweis auf die Auflösung der Gesellschaft zur Anmeldung ihrer Ansprüche durch dreimaligen *Aufruf* in den Gesellschaftsblättern, also regelmäßig im Bundesanzeiger (§ 25 AktG), aufzufordern. Auf allen Geschäftsbriefen ist auf die Abwicklung hinzuweisen, z. B. durch den Zusatz "i. L." (§ 268 Abs. 3 AktG). Die Abwickler haben die laufenden Geschäfte zu beenden, die Forderungen einzuziehen, das übrige Vermögen in Geld umzusetzen und die Gläubiger zu befriedigen. Neue Geschäfte dürfen eingegangen werden, soweit die Abwicklung es erfordert (§ 268 Abs. 1 AktG).

Bei Beginn der Abwicklung ist eine Eröffnungsbilanz zu erstellen, und zum Schluß eines jeden Jahres ist ein Jahresabschluß aufzustellen. Die Feststellungskompetenz liegt bei der Hauptversammlung. Das Gericht kann von der Pflicht zur Prüfung des Jahresabschlusses Befreiung erteilen (§ 270 AktG). Im Anschluß an die Begleichung der Verbindlichkeiten wird vom Vorstand die *Verteilung* des verbleibenden Vermögens unter die Aktionäre vorgenommen, wobei die Zuteilung nach dem Anteil am Grundkapital erfolgt, wenn keine Aktien besonderer Gattung bevorzugt zu bedenken sind (§ 271 AktG). Die Verteilung des Vermögens unter die Aktionäre darf allerdings erst nach Ablauf eines Jahres seit Bekanntmachung der Auflösung erfolgen (§ 272 AktG). Solange mit der Verteilung des Vermögens unter die Aktionäre noch nicht begonnen worden ist, kann die Hauptversammlung die Fortsetzung der aufgelösten Gesellschaft beschließen (§ 274 AktG). Nach Beendigung der Abwicklung und Erteilung der Schlußrechnung ist der Schluß der Abwicklung von den Abwicklern bei dem Handelsregister anzumelden. Die Gesellschaft ist damit beendet und muß im Handelsregister *gelöscht* werden (§ 273 AktG).

Eine *Beendigung* der Gesellschaft kann auch durch Maßnahmen nach dem Umwandlungsgesetz eintreten, die die Übertragung des gesamten Vermögens an einen anderen Rechtsträger im Wege der Gesamtrechtsnachfolge mit sich bringen. Da in diesem Fall bei der übertragenden Gesellschaft keine Vermögensgegenstände und Verbindlichkeiten verbleiben, erübrigt sich eine Abwicklung und die übertragende Gesellschaft erlischt (§ 20 Abs. 1 Nr. 2 UmwG).

Die Löschung ist das Gegenstück zur Eintragung der Aktiengesellschaft. Mit der Eintragung entsteht die Aktiengesellschaft als juristische Person (§ 41 Abs. 1 S. 1 AktG), mit der Löschung endet (erlischt) die Aktiengesellschaft. Die juristische Person geht unter, da sie ohne Handelsregistereintragung nicht existieren kann.

13 Besteuerung der Aktiengesellschaft und der Aktionäre

Die Aktiengesellschaft ist als juristische Person selbst steuerpflichtig (§ 1 Abs. 1 Nr. 1 KStG). Ihr Einkommen wird gemäß §§ 8 KStG, 5 EStG auf der Grundlage des nach den Vorschriften des Handelsgesetzbuches erstellten Jahresabschlusses unter Beachtung der steuerlichen Modifikationen ermittelt. Abweichungen gibt es insbesondere im Bereich der Ansatz- und Bewertungswahlrechte. Auf das Einkommen entrichtet die Aktiengesellschaft *Körperschaftsteuern* mit einem Satz von z. Zt. 40 % für einbehaltene und 30 % für ausgeschüttete Gewinne, ferner Ergänzungsabgaben (Solidaritätszuschlag von z. Zt. 5,5 %).

Bei dem Aktionär unterliegt die zufließende Dividende als Einnahme aus Kapitalvermögen der *Einkommensteuer* (§ 20 Abs. 1 Nr. 1 EStG). Die von der Aktiengesellschaft gezahlte Körperschaftsteuer von 30 % wird bei dem Aktionär wie folgt angerechnet: Dem Aktionär fließt die Bardividende zu, das ist der auf seine Aktie entfallende Anteil am - mit 30 % besteuerten - Ausschüttungsbetrag. Zu versteuernde Einnahme sind die Bardividende zuzüglich eines Erhöhungsbetrags von 3/7 der Bardividende; der Erhöhungsbetrag entspricht der von der Aktiengesellschaft auf die anteilige Ausschüttung entrichteten Körperschaftsteuer von 30 % (vgl. §§ 20 Abs. 1 Nr. 3, 36 Abs. 2 Nr. 3 EStG). Die Anrechnung der von der Aktiengesellschaft gezahlten Körperschaftsteuer wird nun in der Weise hergestellt, daß der Anrechnungsbetrag wie einbehaltene Lohnsteuern oder wie Einkommensteuer-Vorauszahlungen von der für das Jahr der Zahlung festgesetzten Einkommensteuer abgezogen wird. Von der Dividende werden ferner die Kapitalertragsteuern (25 %, §§ 43, 43a EStG) und der Solidaritätszuschlag (z. Zt. 5,5 %) einbehalten, die auf die persönliche Steuerschuld des Aktionärs angerechnet werden. Zur Verdeutlichung folgendes

Beispiel:

Eine Aktiengesellschaft erwirtschaftet einen Gewinn von 1 Mio. DM vor Körperschaftsteuern; dies sei zugleich das steuerliche Einkommen der Gesellschaft. Verlustvorträge bestehen nicht, Rücklagen sind nicht zu dotieren, und ein Betrag in Höhe des Jahresüberschusses wird vollständig an den Alleinaktionär ausgeschüttet. Der Solidaritätszuschlag bleibt außer Betracht.

Aktiengesellschaft

	DM
Ergebnis vor Körperschaftsteuern	1.000.000
30 % KöSt - abzuführen an das Finanzamt	300.000
Jahresüberschuß = Bilanzgewinn = Dividende	700.000
25 % KESt - abzuführen an das Finanzamt	175.000
Zahlung an Aktionär	525.000

Aktionär

Einkommensteuerveranlagung

	DM
Dividende	700.000
anzurechnende Körperschaftsteuern	300.000
Einnahmen aus Kapitalvermögen	1.000.000

Steuerberechnung

Einkommensteuern 53 %	530.000
anzurechnende Körperschaftsteuern	- 300.000
anzurechnende Kapitalertragsteuern	- 175.000
verbleibende Einkommensteuerschuld	55.000
Ertrag nach Steuern (DM 525.000 - DM 55.000)	470.0000

Im Vergleich zur GmbH & Co. KG hat die Aktiengesellschaft ebenso wie die GmbH den Vorteil, daß die Vergütungen an die Gesellschafter (Dienstvergütung, Miet- oder Pachtzins, Kapitalzins) die Bemessungsgrundlage für die Ermittlung des gewerbesteuerpflichtigen Ertrags mindern. Thesauriertes Einkommen wird bei der Aktiengesellschaft mit 40 % besteuert, wohingegen bei der GmbH & Co. KG nach § 32c EStG der Gewinnanteil natürlicher Personen auch bei Nichtentnahme mit bis zu 45 %, ab 2000 mit bis zu 43 %, besteuert wird.

Gehört zum Vermögen einer Aktiengesellschaft ein Grundstück, so löst die Vereinigung aller Aktien in der Hand eines Aktionärs, ferner auch die Weiterveräußerung aller Aktien von einem Alleinaktionär an einen neuen Alleinaktionär *Grunderwerbsteuern* aus(§ 1 Abs. 3 GrEStG); ab 2000 tritt diese Rechtsfolge auch ein, wenn zwar nicht alle, wohl aber 95 % der Anteile betroffen sind.

Der Erwerb von Aktien durch Schenkung oder von Todes wegen unterliegt der *Erbschaft-* bzw. *Schenkungsteuer.* Der anzusetzende Wert der Aktien ist nach § 11 BewG zu ermitteln. Werden die Aktien an der Börse gehandelt, so sind die

Börsenkurse maßgebend (§ 11 Abs. 1 BewG). Wenn das nicht der Fall ist, ist der gemeine Wert nach § 11 Abs. 2 BewG anzusetzen, der entweder aus aktuellen Verkäufen abgeleitet oder "unter Berücksichtigung des Vermögens und der Ertragsaussichten" zu schätzen ist, sog. Stuttgarter Verfahren. Da die Börsennotierung in der Regel weitaus höher liegt als der durch Schätzung ermittelte gemeine Wert, sollten vorgesehene Übertragungen von Aktien innerhalb der Familie rechtzeitig vor dem Börsengang erfolgen. Aktien sind bei Schenkungen und Erbgang steuerlich privilegiert bei Bestehen einer wesentlichen Beteiligung, wenn also der Übertragende zu mehr als einem Viertel an der Aktiengesellschaft unmittelbar beteiligt ist (§ 13a Abs. 4 ErbStG). Erwerbe von bis zu 500.000 DM bleiben unter den Voraussetzungen des § 13a Abs. 1 ErbStG steuerfrei; dieser Freibetrag kann jeweils nach Ablauf von 10 Jahren erneut in Anspruch genommen werden. Ferner wird der persönliche Freibetrag gem. § 16 Abs. 1 ErbStG von DM 600.000 bei Ehegatten und von DM 400.000 bei Kindern berücksichtigt, und das ebenfalls alle zehn Jahre. Der den Freibetrag nach § 13a Abs. 1 ErbStG übersteigende Wert wird zu lediglich 60 % angesetzt, der übersteigende Wert bleibt steuerfrei (§ 13a Abs. 2 ErbStG). Für den steuerpflichtigen Betrag gilt die Tarifbegrenzung gem. § 19a Abs. 4 ErbStG, d. h. die Steuer wird mit dem für Ehegatten und Kinder geltenden Tarif der Steuerklasse I (§ 15 Abs. 1 ErbStG) berechnet.

Hier sollen die Vor- und Nachteile der Aktiengesellschaft insbesondere im Vergleich zu der Rechtsform der Gesellschaft mit beschränkter Haftung dargestellt werden.

Nachteilig gegenüber der GmbH ist das höhere Mindestkapital von 50.000 Euro und die Einbindung in das wenig flexible Vorschriftengerüst des Aktiengesetzes. Das Gründen und Betreiben der Aktiengesellschaft ist infolge der Vorgaben des Aktiengesetzes schwieriger und teurer als bei der GmbH, insbesondere durch notwendige Prüfungshandlungen und durch die Aufwendungen für den Aufsichtsrat. Die Kapitalschutzbestimmungen sind bei der Aktiengesellschaft strenger als bei der GmbH.

Ein wesentliches Merkmal der Aktiengesellschaft ist die Unabhängigkeit des Vorstandes. Diese ist, auch wenn das aus der Sicht eines beherrschenden Gesellschafters einer GmbH auf den ersten Blick vielleicht nicht nachvollziehbar ist, ein Vorteil der Aktiengesellschaft. Der Vorstand ist verpflichtet, den Unternehmensgegenstand bestmöglich zu verwirklichen. Weder der Aufsichtsrat noch die Gesellschafter können sich in die Führung der Geschäfte einmischen, wenn man von Zustimmungsvorbehalten absieht. Dieser Umstand kann von ausschlaggebender Bedeutung sein, wenn es um die Verpflichtung von Top-Managern für die Führung des Unternehmens geht. Diese werden, anders als bei der GmbH (§ 46 Nr. 5 GmbHG), nicht von der Gesellschaft, sondern vom Aufsichtsrat bestellt. Uneinigkeiten unter den Gesellschaftern können nicht auf die Berufung der Vorstandsmitglieder und deren Geschäftsführung durchschlagen. Störmöglichkeiten einzelner Gesellschafter, zum Beispiel eines unternehmerisch nicht begabten Erben, bestehen gegenüber dem Vorstand nicht.

Die Gewinnverwendung ist bei der Aktiengesellschaft zum Teil der Bestimmung der Gesellschafter entzogen (vgl. § 58 Abs. 2 AktG). Bei der nicht börsennotierten Aktiengesellschaft kann die Satzung regeln, daß Vorstand und Aufsichtsrat zur Einstellung in Rücklagen nicht befugt sind und daß - wie bei der GmbH - ausschließlich die Gesellschafter über die Rücklagendotierung entscheiden.

Die Mitarbeiter der Aktiengesellschaft können durch *Belegschaftsaktien* motiviert und an das Unternehmen gebunden werden; die gleiche Wirkung kann durch die Gewährung von Aktienbezugsrechten (Stock Options) an Vorstandsmitglieder und Mitarbeiter erzielt werden.

Aktionäre können die Aktiengesellschaft nicht kündigen mit dem Ziel, eine Abfindung für ihre Geschäftsanteile zu erlangen, sie sind auf den Weiterverkauf der Aktien angewiesen.

Die Gesellschafter der GmbH haben ein umfassendes Auskunfts- und Einsichtsrecht (§ 51a GmbHG). Diesem entsprechen die Befugnisse des Aufsichtsrats gem. §§ 111 Abs. 1 und 2, 90 AktG. Den Aktionären steht lediglich ein Fragerecht in der Hauptversammlung zu (§ 131 AktG).

Nicht verschwiegen werden soll, daß die hier besonders herausgestellten Rechtsvorschriften für die Aktiengesellschaft durch entsprechende Satzungsgestaltung auch bei einer GmbH übernommen werden können. Auch hier kann eine Gewaltenteilung mit unabhängigem Geschäftsführer, der von einem Aufsichtsrat überwacht wird, begründet werden. Ein Vorteil der Aktiengesellschaft gegenüber der GmbH ist aber, zumindest heute und auf absehbare Zeit, das höhere Ansehen der Aktiengesellschaft im Wirtschaftsleben.

Nur über die Rechtsform der Aktiengesellschaft wird mittel- oder langfristig die Kapitalaufnahme am Kapitalmarkt ermöglicht, wodurch die Abhängigkeit von den Banken und den Gesellschaftern als Kreditgebern sinkt. Auch wenn der Gang an die Börse vorerst nicht geplant ist, so ist die kleine Aktiengesellschaft doch ein Übungsinstrument für die Unternehmensinhaber, um sich mit der Gewaltenteilung zwischen Vorstand, Aufsichtsrat und Hauptversammlung vertraut zu machen. Durch Unternehmensplanung, Risikomanagement und Berichtswesen tritt eine Professionalisierung des Unternehmens ein, die auf die Mitarbeiter und nach außen hin ausstrahlt.

Die Struktur der Aktiengesellschaft erleichtert zugleich die *Generationenfolge* im mittelständischen Unternehmen, wenn für die Unternehmensleitung kein Nachfolger bereitsteht. Der bisher als Gesellschafter-Geschäftsführer aktive Unternehmer kann einen externen Vorstand suchen und selbst in den Aufsichtsrat eintreten; die Familienangehörigen werden Aktionäre und partizipieren, anders als bei einem Unternehmensverkauf, an Wertsteigerungen des Unternehmens und über die ihnen zufließenden Dividenden an den Unternehmenserträgen.

15 Der Gang an die Börse

Der Gang an die Börse, das "Going Public", ist schon länger nicht mehr nur ein Thema für Großunternehmen; in den vergangenen Jahren sind Aktien einer Vielzahl von mittelständischen Unternehmen an der Börse plaziert worden. Dieser Trend ist zu begrüßen und wird vom Gesetzgeber durch die Gesetzesreform von 1994 ausdrücklich gefördert. Auch wer als Unternehmer heute den Gang an die Börse auf absehbare Zeit für ausgeschlossen hält, der sollte dennoch mit den Grundzügen den Going Public vertraut sein.

15.1 Gründe für den Gang an die Börse

In jedem Unternehmen ist von Zeit zu Zeit zu prüfen, ob die gegebene Unternehmensstruktur den Anforderungen genügt. Mittelständische Unternehmen sind gewöhnlich dadurch gekennzeichnet, daß ein oder mehrere Gründer bzw. deren Familien das Unternehmen beherrschen und ihm dadurch seine Prägung verleihen. Die Beteiligung an dem Unternehmen stellt regelmäßig den größten Teil des Vermögens des Unternehmers bzw. seiner Familie dar; der Unternehmer ist zumeist der wichtigste Kreditgeber seines Unternehmens.

Steigt der Kapitalbedarf des Unternehmens stark an, z. B. bei erheblichen Kapazitätserweiterungen, bei Anpassungen der Produktion an veränderte Nachfragestrukturen oder in Zeiten konjunkturbedingten Absatzrückgangs, so reicht die finanzielle Kraft des Unternehmens möglicherweise nicht aus, um den Kapitalbedarf zu decken. Auch die Aufnahme von Fremdkapital gestaltet sich schwierig, wenn die Eigenkapitalausstattung im Verhältnis zum Gesamtkapitalbedarf zu niedrig ist.

Nicht selten ist der Unternehmer in dieser Situation gezwungen, einen finanzkräftigen Partner in das Unternehmen aufzunehmen, der natürlich künftig an der Entscheidungsfindung teilhaben will; der Unternehmer muß dann die Macht im Unternehmen mit einem Außenstehenden teilen. Dies kann der Unternehmer vermeiden dadurch, daß rechtzeitig, nämlich wenn der Kapitalmangel noch gar nicht bevorsteht, das Eigenkapital durch Kapitalzufuhr von außen gestärkt wird. Infolge der Verbesserung der Eigenkapitalausstattung steigt die Kreditwürdigkeit des Unternehmens, so daß zusätzlich auch der Spielraum für weitere Fremdfinanzierungsmaßnahmen erweitert wird. Die Stärkung der Eigenkapitalbasis ist der entscheidende Beweggrund für den Börsengang.

Ein mittelbarer Vorteil des Börsengangs besteht darin, daß dadurch der Bekanntheitsgrad des Unternehmens erheblich erhöht und das Ansehen auch bei Kunden und Lieferanten verbessert wird. Anläßlich der Börseneinführung ist ein Börsenzulassungsprospekt bzw. ein Unternehmensbericht zu erstellen. Hier kann das Unternehmen über die Pflichtangaben hinaus eine großzügige Selbstdarstellung liefern und damit die Aufmerksamkeit potentieller neuer Geschäftspartner erlangen bzw. die Verbindung zu vorhandenen Geschäftsfreunden festigen.

Die Börseneinführung wird üblicherweise von umfassenden Public Relations-Maßnahmen flankiert, durch die die Anleger auf das Unternehmen aufmerksam gemacht werden, die aber auch die Beziehungen zu Kunden und Lieferanten stärken. Über diesen einmaligen Effekt hinaus kann die alljährliche Veröffentlichung des Jahresabschlusses von dem Unternehmen wiederum zur aktiven Selbstdarstellung in der Öffentlichkeit genutzt werden.

15.2 Die Struktur der deutschen Börsen

Der Börsenhandel findet auf unterschiedlichen Aktienmärkten statt, die sich in ihren Anforderungen erheblich unterscheiden. Es sind dies

- der Amtliche Handel,
- der Geregelte Markt,
- der Neue Markt,
- der Freiverkehr.

15.2.1 Der Amtliche Handel

Der Amtliche Handel ist der im Börsengesetz nebst Börsenzulassungsverordnung geregelte Markt für große Unternehmen mit erhöhten Zugangsvoraussetzungen und Publizitätsanforderungen.

Die Zulassung der Aktie zum Amtlichen Handel ist von der Aktiengesellschaft zusammen mit einer zum Börsenhandel zugelassenen Bank zu beantragen (§ 36 Abs. 2 BörsG). Der Zugang ist möglich für Unternehmen, die mindestens drei Jahre als Unternehmen bestehen und ihre Jahresabschlüsse offengelegt haben (§ 3 Abs. 1 BörsZulV). Es müssen Aktien im Kurswert von mindestens DM 2,5 Mio. zugelassen werden, die breit gestreut sind (§§ 2 Abs. 1, 9 BörsZulV). In einem Börseneinführungsprospekt sind detaillierte Angaben über z. B. Kapital, Investitionen, Umsatzerlöse und Aufwand für Forschung und Entwicklung der letzten drei Jahre sowie die Organe und die Beteiligungsverhältnisse zu machen (vgl. §§ 13 - 32 BörsZulV). Zudem sind Zwischenberichte jeweils nach Ablauf der Hälfte des Geschäftsjahres vorzulegen (vgl. § 44b BörsG). Angesichts der hohen Anforderungen ist die Zahl der Neueinführungen hier relativ gering.

15.2.2 Der Geregelte Markt

Auch die Vorschriften über den Geregelten Markt finden sich im Börsengesetz (§§ 71 bis 77 BörsG). Der Geregelte Markt soll mittleren Unternehmen den Zugang zum Kapitalmarkt ermöglichen. Die Zulassungsvorschriften sind weniger streng, und das zu plazierende Volumen ist geringer. Statt eines Prospektes ist ein Unternehmensbericht vorzulegen, die Zwischenberichterstattung ist nicht obligatorisch.

15.2.3 Der Neue Markt

Für mittelständische Unternehmen ist der Neue Markt von Bedeutung, den die Deutsche Börse im Jahre 1997 an der Frankfurter Wertpapierbörse errichtet hat. Der Neue Markt soll innovativen, rasch wachsenden Unternehmen mit hohem Wachstumspotential die Beschaffung des für das Wachstum benötigten Kapitals über die Börse ermöglichen.

Der Neue Markt ist ein eigenständiges börsliches Handelssegment, für den die gesetzlichen Mindeststandards des Geregelten Markts gelten. Die tatsächlichen Anforderungen sind aber höher, insbesondere beim Rechnungswesen und der Informationspolitik. Zugangsvoraussetzungen sind unter anderem

- ein haftendes Eigenkapital der Gesellschaft von mind. 1,5 Mio. Euro,
- ein Emissionsvolumen von mindestens 5 Mio. Euro,
- Emission möglichst über 50 % aus Kapitalerhöhung,
- Streubesitz möglichst 25 % (mindestens 20 %),
- Begebung ausschließlich von Stammaktien,
- Verpflichtung von Designated Sponsors (Betreuern) für den Handel,
- Emissionsprospekt nach internationalen Standards,
- Haltepflicht der Altaktionäre von mindestens sechs Monaten,
- Anerkennung des Übernahmekodex,
- Publikationen in Deutsch und Englisch.

Folgepflichten der am Neuen Markt notierten Gesellschaften sind

- Erstellung der Jahresabschlüsse nach
  US-GAAP (US-Generally Accepted Accounting Principles), oder
  IAS (International Accounting Standards), oder
  HGB mit Überleitungsrechnung nach IAS oder US-GAAP,
- Offenlegung des Anteilsbesitzes von Aufsichtsrat und Vorstand,

- Veröffentlichung der Jahresabschlüsse spätestens vier Monate nach Stichtag,
- Vorlage von Quartalsberichten spätestens nach zwei Monaten mit Angaben zum Geschäftsverlauf und wichtigen Kennzahlen,
- Durchführung einer Analystenveranstaltung mindestens einmal im Jahr,
- Veröffentlichung eines Unternehmenskalenders mit Zeit und Ort von Hauptversammlungen, Bilanzpressekonferenzen, Analystenveranstaltungen und anderen besonders wichtigen Terminen.

Der Neue Markt hat sich recht schnell zu einer sehr stark beachteten Börse mit hohen Umsätzen entwickelt, und die Zahl der dort notierten Aktiengesellschaften geht Ende 1999 auf die 200 zu.

15.2.4 Der Freiverkehr

Auch der Freiverkehr (§ 78 BörsG) findet an den Börsen statt, er wird aber nicht staatlich überwacht. Es handelt sich um einen in den Räumen der Börse abgehaltenen privaten Markt. Hier sind meistens Unternehmen notiert, bei denen nur geringe Aktienumsätze stattfinden.

15.3 Die Vorbereitung des Börsengangs

Dem Börsengang kann eine mehrjährige Vorlaufzeit vorangehen. Diese beginnt damit, daß im Unternehmen Überlegungen angestellt werden, die Eigenkapitalbasis durch die Aufnahme von fremden Gesellschaftern zu erweitern. Es ist sinnvoll, alsbald ein innerbetriebliches Projektteam, das der Geschäftsleitung bzw. dem Unternehmensinhaber berichtet, zu bilden. Seine erste Aufgabe ist die interne und externe Informationsbeschaffung.

Zunächst wird eine *Unternehmensanalyse* durchgeführt und die aktuelle Situation des Unternehmens ermittelt und dargestellt, d. h. sein Zustand und die Position auf den Absatz- und Beschaffungsmärkten. Auf dieser Grundlage und der Beurteilung der künftigen Entwicklung wird eine mehrjährige Unternehmensplanung einschließlich des künftigen Kapitalbedarfs erstellt.

Gleichzeitig werden Erkundigungen eingezogen, wie der Börsengang möglichst effizient in die Tat umgesetzt werden kann. Die Teilnahme an Seminaren und Informationsveranstaltungen, die Lektüre einschlägiger Literatur und die intensive Befassung mit den Erfahrungen, die andere Unternehmen beim Börsengang gemacht haben, verhelfen zu einem ersten Einblick in die Geschehensabläufe und die damit verbundenen Probleme. Gelegentlich zeigt es sich, daß Unternehmer dann die Planung des Börsengangs erst einmal zurückstellen. In diesen Fällen ist es ratsam, dennoch alsbald die *Umwandlung* des Unternehmens in eine Aktiengesellschaft durchzuführen. Je früher die Rechtsform der Aktiengesellschaft erlangt ist, um so eher ist die zweijährige Nachgründungsfrist abgelaufen (§ 52 AktG; dazu Kap. 4.10). Zudem ist die Führung des Unternehmens in der Rechtsform der Aktiengesellschaft über einen Zeitraum von mehreren Jahren hinweg sinnvoll und nützlich, um sich an die rechtsformspezifischen Besonderheiten zu gewöhnen. Bleibt es auf Dauer bei der Entscheidung, nicht an die Börse zu gehen, so ist der Aufwand infolge der Umwandlung dennoch nicht als verloren anzusehen, denn die Strukturverbesserung bei der Unternehmensverfassung und die damit verbundene Professionalisierung der Unternehmensführung ist für die Gesellschaft ein bleibender Vorteil.

Ist die Bereitschaft vorhanden, den durch die Vorbereitung des Börsengangs veranlaßten Aufwand zu betreiben, so sind im nächsten Schritt erste persönliche Kontakte zu *Beratern* herzustellen. Es kommt dann nicht selten auf den Zufall an, ob der Anwalt, der Wirtschaftsprüfer bzw. Steuerberater oder die Hausbank als erstes angesprochen wird. Davon kann es abhängen, welcher Berater beim weiteren Ablauf die Führung innehat. Wichtig ist nur, daß der angesprochene Berater, wenn er nicht selbst mit der Materie vertraut ist, den Kontakt zu Spezialisten herstellt. Folgende Mitwirkende werden gebraucht:

- Rechtsanwälte
- Wirtschaftsprüfer/Steuerberater
- Unternehmensberater
- Emissionsberater/Emissionsbank
- Public Relations-Berater

Diesen externen Beratern steht das betriebliche Projektteam als Ansprechpartner gegenüber, natürlich auch die Geschäftsleitung bzw. der Unternehmensinhaber, soweit es um grundsätzliche Fragen geht. Noch während der Vorbereitungsphase werden nun unter Einbeziehung der Berater die unternehmensinternen Vorarbeiten überprüft und ggf. ergänzt. Am Ende dieser Überlegungen steht die Festlegung des *Kapitalbedarfs* im Rahmen der Unternehmensplanung.

15.3.1 Die Prüfung der Börsenreife

Im Anschluß an die Unternehmensanalyse wird die *Börsenreife* geprüft. In *qualitativer* Hinsicht ist das Bestehen eines wirkungsvollen Planungs- und Controllingssystems erforderlich, das die Erstellung eines aussagekräftigen und überprüfbaren Geschäftsplans gewährleistet. Die Gesellschaft muß über eine überzeugende Unternehmenskonzeption verfügen. Kriterien sind insbesondere die Branche, die Wettbewerbssituation, die Kapitalausstattung, die Organisationsstruktur und die Zukunftserwartungen.

Entscheidender Gesichtspunkt für die Börsenreife ist die Ertragskraft des Unternehmens, denn von dieser hängen Börsenkurs- und Dividendenentwicklung ab. Bleibt das Unternehmen nach dem Börsengang bei der Kursentwicklung und der Dividende hinter dem Branchendurchschnitt zurück, so wird der Anleger enttäuscht sein. Die sich im Aktionärskreis bildende Unzufriedenheit wird in der Hauptversammlung lautstark und medienwirksam ausgedrückt werden, was negative Auswirkungen auf die Geschäftstätigkeit des Unternehmens haben wird.

Für die *quantitative* Börsenreife gibt es keine starren Grenzen, doch sollten Umsatz und Bilanzsumme des Unternehmens nicht unbedeutend sein und das Grundkapital mindestens etwa 6 Mio. DM betragen.

Fehlt es an der Börsenreife, so ist zu prüfen, ob erkannte Defizite behoben werden können. Ist das nicht der Fall, muß der Unternehmer über *Alternativen* nachdenken, z. B. die Aufnahme von "venture capital" durch Einräumung einer Minderheitsbeteiligung an eine Kapitalbeteiligungsgesellschaft.

Die Vorbereitungsphase wird abgeschlossen mit der Aufstellung eines Zeitplans und der Verteilung der Aufgaben an die Berater des Unternehmens, verbunden mit entsprechenden Vertragsabschlüssen.

Die einzelnen Schritte des Börsengangs einschließlich der Vorbereitungen dazu sind von den jeweils damit betrauten Beratern entsprechend der abgesprochenen Aufgabenverteilung in Teams durchzuführen.

15.3.2 Gestaltungen vor dem Börsengang

Nur die Aktiengesellschaft und die KGaA können sich Eigenkapital durch die Ausgabe von Aktien beschaffen. Sofern keine dieser Rechtsformen besteht, ist die *Umwandlung* des Unternehmens vorzunehmen, in den meisten Fällen durch die Formwandlung von der GmbH (zur Umwandlung siehe Kap. 5).

Nach dem Börsengang wird die Aktiengesellschaft fremde Mitgesellschafter haben, die bei künftigen Entscheidungen auf Aktionärsebene mitbestimmen wollen. Deshalb sind rechtzeitig vorher die Interessen der Altgesellschafter zu sichern.

In *personeller* Hinsicht bedeutet dies die Besetzung der Positionen in Vorstand und Aufsichtsrat mit Personen, die das Vertrauen der bisherigen Gesellschafter genießen.

Sollen die Machtverhältnisse in der Hauptversammlung beibehalten werden, so müssen bei der Festlegung des zu plazierenden Kapitals die *Mehrheitsverhältnisse* bedacht werden. Dabei ist zu unterscheiden, ob Stammaktien oder stimmrechtslose Vorzugsaktien oder Aktien beider Gattungen ausgegeben werden. Wollen die Altgesellschafter sich stets in allen Fragen durchsetzen wollen, müssen sie die Erhaltung einer Dreiviertelmehrheit anstreben; ansonsten reicht es schon aus, wenn sie die einfache Mehrheit behalten.

Wenn Altgesellschafter nicht eine, sondern mehrere Personen sind, dann ist eine *Koordinierung* der Interessen sinnvoll. Das gilt insbesondere dann, wenn die Beziehungen der Gesellschafter zueinander nicht von der Qualität sind, daß ein übereinstimmendes Handeln immer gewährleistet erscheint. Dies kann geschehen durch die Einbringung der Aktien in eine Holding-Gesellschaft in der Rechtsform der GmbH, der Personengesellschaft oder der Gesellschaft bürgerlichen Rechts. Eine weniger intensive Verbindung der Altgesellschafter als die Bildung einer Holding-Gesellschaft stellt der Abschluß von Konsortial- oder Stimmbindungsverträgen dar.

Zu bedenken ist neben der Koordination des künftigen Abstimmungsverhaltens die Beibehaltung der *Beteiligungsquote* der Gruppe bei künftigen Kapitalerhöhungen. So könnten beispielsweise die Mittel durch Einbehalten der Dividenden in einer Holding-Gesellschaft angespart werden.

15.3.3 Steuerfragen

Im Zusammenhang mit der Umwandlung ist zu prüfen, ob es angesichts der Planungen und Zielsetzungen der Gesellschafter sinnvoll ist, die Gesellschaftsbeteiligung unter Inanspruchnahme der steuerlichen Begünstigungen (§§ 16, 34 EStG) zu "entstricken", damit ein für die nahe Zukunft etwa geplanter Aktienverkauf - auf dem erstrebten höheren Kursniveau - ganz oder teilweise steuerfrei bleibt. Regelungen zur vorweggenommenen Erbfolge sollten wegen niedrigerer Schenkungsteuern rechtzeitig vor dem Börsengang erfolgen (dazu Kap. 13).

15.4 Der Ablauf des Börsengangs

Der Ablauf des Börsengangs erfolgt auf der Grundlage des *Emissionskonzepts*, das zuvor von den Beratern auf der Grundlage der Zielvorstellungen des Unternehmers und der Unternehmensplanung aufgestellt worden ist. In dem Emissionskonzept werden Festlegungen zu den nachfolgenden Punkten vorgenommen.

15.4.1 Aktienübernahme, Plazierung

Die Emission erfolgt unter Einschaltung eines Kreditinstitutes; bei größeren Unternehmen wird ein Bankenkonsortium benötigt. Es wird unterschieden zwischen dem *Übernahmekonsortium*, das alle Aktien fest übernimmt, und dem *Begebungskonsortium*, das als Kommissionär tätig wird und die nichtverkauften Aktien nicht selbst übernehmen muß. Üblich ist in der Praxis die Plazierung durch ein Übernahmekonsortium. Dieses übernimmt die zur Plazierung vorgesehenen Aktien aus der Kapitalerhöhung, ggf. von dem bisherigen Aktionär, auf der Grundlage eines zwischen Bank (Emissionsbank) und Gesellschaft (Emittenten) zu schließenden Aktienübernahmevertrages. Beim Aushandeln der finanziellen und rechtlichen Konditionen wird der von dem Unternehmen mandatierte Rechtsanwalt eingeschaltet. Der Aktienübernahmevertrag bedarf der mit Dreiviertelmehrheit zu beschließenden Zustimmung durch die Hauptversammlung (dazu Kap. 8.3.2).

Die Emissionsbanken zeichnen die neu ausgegebenen Aktien zum Nennbetrag bzw. die Stückaktien zum anteiligen Betrag des Grundkapitals, um nicht mit dem Agio in Vorlage treten zu müssen. Durch eine entsprechende Bestimmung im Übernahmevertrag werden die Banken aber verpflichtet, den gesamten Bezugspreis, zu dem die Aktien bei den Anlegern plaziert werden, an die Emittentin abzuführen; auf diese Weise kommt - wenn auch mit einer kurzen Verzögerung - das Agio der emittierenden Gesellschaft zugute.

15.4.2 Börsensegment, Plazierungsvolumen

Die Wahl des Börsensegments wird stark beeinflußt von den anderen Elementen des Emissionskonzepts. Die Anforderungen sind, wie in Kap. 15.2 dargestellt, unterschiedlich hoch. Je höher die Anforderungen, umso angesehener ist aber auch der betreffende Handel.

Die nach den börsenrechtlichen Vorschriften im Amtlichen Handel und im Geregelten Markt zu plazierenden Mindestvolumina reichen nicht aus, um einen ordnungsgemäßen Börsenhandel zu gewährleisten. Es besteht die Gefahr, daß es bei geringen Börsenumsätzen zu großen Kursschwankungen kommt. Beim Neuen Markt beträgt deshalb das Mindestvolumen für den Kurswert der einzuführenden Aktien 10 Mio. DM.

Die Zahl der abzugebenden Aktien ist auch nach oben zu begrenzen, denn durch die Aufnahme fremder Aktionäre in die Gesellschaft ändern sich die Mehrheitsverhältnisse in der Hauptversammlung. Eine kritische Grenze wird überschritten, wenn die Beteiligung der Altaktionäre unter 75 % absinkt. In diesem Zusammenhang wird zu prüfen sein, ob auch stimmrechtslose Vorzugsaktien ausgegeben werden sollten. Im übrigen sollte das Engagement der Aktionäre nicht zu weit reduziert werden. Den Anlegern soll nicht der Eindruck vermittelt werden, daß die Altaktionäre das unternehmerische Interesse an der Gesellschaft verloren haben und "Kasse machen" wollen.

15.4.3 Rücklagenbildung

Zu entscheiden ist, wem das von den Fremdaktionären aufgebracht Kapital zufließen soll. Wollen die Altaktionäre den von ihnen geschaffenen Wert der Gesellschaft für sich realisieren, so werden sie Aktien aus ihrem Bestand verkaufen. Soll der Börsengang indessen der Finanzierung des Unternehmens dienen, so behalten die Altaktionäre ihre Aktien, und die von den Neuaktionären zu erwerbenden Aktien stammen ausschließlich aus der anläßlich des Börsengangs durchzuführenden *Kapitalerhöhung*. Die Nominaleinlagen der Neuaktionäre verstärken das Grundkapital, das von ihnen gezahlte Aufgeld wird in die Kapitalrücklage eingestellt. Möglich ist es natürlich auch, die dem Kapitalmarkt angebotenen Aktien sowohl aus einer Kapitalerhöhung als auch aus dem Bestand der Altaktionäre zu entnehmen; die richtige Zusammensetzung dieses Angebots bedarf einer sorgfältigen Überlegung. Am neuen Markt hat die Emission möglichst zu mehr als 50 % aus der Kapitalerhöhung zu stammen.

15.4.4 Unternehmensprüfung (due diligence)

Bevor der Ausgabebetrag der Aktien auf der Grundlage des Unternehmenswertes ermittelt wird, ist eine sorgfältige Unternehmensprüfung, die sog. Due Diligence, durchzuführen. Dabei werden die rechtlichen und wirtschaftlichen Gegebenheiten von den in Frage kommenden Beratern ermittelt und kritisch untersucht. Prüfungsgegenstände sind insbesondere

- rechtliche Grundlagen,
- organisatorische Grundlagen
  vor allem Planungswesen und Management,
- Marktsituation
  vor allem Konkurrenz- und Nachfragesituation,
- Rechnungswesen,
- Jahresabschlüsse.

15.4.5 Unternehmensbewertung, Emissionskurs

Die Ermittlung des optimalen Emissionskurses ist meistens der schwierigste Teil der Börseneinführung. Das Unternehmen und die Altgesellschafter haben ein Interesse an einem möglichst hohen Kurs, aufgrund dessen dem Unterneh-

men entsprechend hohe Eigenmittel oder den Altgesellschaftern hohe Veräuße-
rungserlöse zufließen.

Die Emissionsbanken hingegen haben ein hohes Interesse daran, sämtliche Aktien plazieren zu können. Die Aussichten dafür sind am besten, wenn der Kurs
nicht zu hoch ist. Darüber hinaus bestünde bei einem zu hohen Ausgabepreis
die Gefahr, daß die Kurse in der Folgezeit sinken und die Aktionäre über die
entsprechenden Kursverluste enttäuscht sind.

Grundlage für die Festlegung des Emissionskurses ist der *Unternehmenswert*,
der durch eine ertragswertorientierte Unternehmensbewertung zu ermitteln ist.
Dabei sind die Ertragsaussichten des Unternehmens im Rahmen einer Planungs-
rechnung unter Berücksichtigung der in der Vergangenheit erzielten bereinigten
Gewinne zu prognostizieren. In der Praxis werden die Empfehlungen der Deut-
schen Vereinigung für Finanzanalyse und Anlageberatung e.V. (DVFA) zu
Grunde gelegt. Zur Ermittlung des objektiven Unternehmensgewinns aus dem
Jahresüberschuß werden die sich aus den Jahresabschlüssen ergebenden Zahlen
bereinigt, um eine Vergleichbarkeit mit anderen Unternehmen der gleichen
Branche zu ermöglichen. Das Ergebnis der DVFA-Bewertung wird sodann als
Gewinn je Aktie ausgedrückt.

Der bereinigte Gewinn je Aktie wird mit dem Kurs-Gewinn-Verhältnis der
Branche multipliziert, das Ergebnis ist dann im Normalfall der Emissionskurs je
Aktie. Zu berücksichtigen ist allerdings auch die aktuelle Verfassung der Börse
und das Zinsniveau für langfristige Anlagen im Zeitpunkt des Börsengangs, so
daß von daher noch Modifikationen angezeigt sein können.

Seit etwa 1996 hat sich die Festsetzung des Emissionspreises im Bookbuilding-
Verfahren in der Praxis durchgesetzt. Beim Bookbuilding werden über einen
bestimmten Zeitraum Kauforders von Anlegern innerhalb einer vom Emittenten
vorgesehenen Preisspanne hereingenommen, wobei Preisbildung und Aktien-
zuteilung bis zum festgelegten Schlußtag der Bookbuilding-Phase offenbleiben.
Dem Bookbuilding geht die Präsentation des Börsenkandidaten bei den institu-
tionellen Kapitalanlegern im Rahmen von sog. Roadshows voraus. Die Anleger
werden aufgefordert, Orders auf der Grundlage der bekanntgegebenen Unternehmensbewertung abzugeben. Die Gesamtheit der eingehenden Aufträge bildet das Orderbuch, das sich durch die einzelnen Orders aufbaut (bookbuilding)
und die Grundlage für den festzulegenden Emissionspreis darstellt.

Ebenfalls seit etwa 1996 ist es üblich geworden, den Emissionsbanken vorüber-
gehend die Option zum Bezug weiterer Aktien im Umfang von bis zu 15 % des
Emissionsvolumen zum gleichen Bezugspreis einzuräumen, sog. Greenshoe-
Option. Die Banken sind durch diese Mehrzuteilungsoption in der Lage, den

Anlegern mehr Aktien zuzuteilen, als sie selbst von der Gesellschaft übernommen hatten (zu Bookbuilding und Greenshoe siehe Picot/Land, DB 1999, 570).

15.4.6 Börsenzulassungs- oder Unternehmensbericht

Der Handel der Aktie an der Börse bedarf der Zulassung durch die Zulassungsstelle der Börse. Das Börsenzulassungsverfahren wird der Emittent sinnvollerweise mit Unterstützung seiner Berater betreiben. Die Voraussetzungen für die Zulassung sind unterschiedlich hoch. Das gilt insbesondere für die Darstellung des Unternehmens. Die Zulassung zum *Amtlichen Handel* setzt die Erstellung eines Prospekts voraus, der über die tatsächlichen und rechtlichen Verhältnisse, die für die Beurteilung der Aktien wesentlich sind, richtig und vollständig Auskunft gibt (§ 13 Abs. 1 BörsZulV). Für den *Geregelten Markt* reicht ein Unternehmensbericht aus, der über die Gesellschaft und die Aktien Angaben enthält, die für die Anlageentscheidung des Publikums von wesentlicher Bedeutung sind, insbesondere über die Entwicklung des Unternehmens, die Geschäftslage und die Geschäftsaussichten sowie den letzten veröffentlichten Jahresabschluß (§ 73 Abs. 1 BörsG). Beim *Neuen Markt* sind die Anforderungen erheblich höher, siehe dazu Kap. 15.2.3.

Der Emittent haftet gegenüber den Anlegern für die Richtigkeit des Prospekts bzw. des Unternehmensberichts. Sind Angaben unrichtig oder unvollständig, so löst das Schadensersatzpflichten aus. Diese scharfe Haftung unterstreicht die Bedeutung der Due Diligence-Prüfung und der Inanspruchnahme juristischer Hilfe bei Abfassung des Prospekts bzw. des Berichts.

15.4.7 Public Relations

Sobald der Börsengang auch in zeitlicher Hinsicht feststeht, ist mit Hilfe einer spezialisierten Agentur entsprechende Öffentlichkeitsarbeit zu leisten. Das Unternehmen ist den in Frage kommenden Großanlegern und der Presse zu präsentieren. Gleichzeitig ist das Interesse des Privatpublikums durch geeignete Maßnahmen, z. B. Zeitungsanzeigen, zu wecken.

15.4.8 Folgemaßnahmen

Mit dem erfolgreichen Absatz der Aktien ist der Börsengang abgeschlossen. Käufe und Verkäufe von Aktien vollziehen sich von nun an ohne Kenntnis oder gar Mitwirkung des Unternehmens. Kurssteigerungen kommen nur den Aktieninhabern, nicht der Gesellschaft zugute. Die Gesellschaft sieht sich jetzt aber Pflichten ausgesetzt, die vorher nicht bestanden hatten. Sind die Aktien der Gesellschaft am Neuen Markt notiert, so hat sie jährlich eine Bilanzpressekonferenz und eine Analystenveranstaltung durchzuführen, ferner sind Quartalsberichte zu erstellen.

Die jährlich durchzuführende Hauptversammlung muß, nachdem nun auch fremde Aktionäre erscheinen, sorgfältig organisiert und entsprechend den Vorschriften des Aktienrechtes durchgeführt werden, um keine Anfechtungsgründe zu liefern. Die Fortführung von Public Relations-Maßnahmen liegt im Interesse des Unternehmens und der Pflege der Beziehungen zu den Anlegern. Mit Hilfe der Bank ist die Durchführung der Dividendenzahlungen zu organisieren.

15.4.9 Die Kosten des Börsengangs

Der Gang an die Börse löst nicht unbeträchtliche Kosten aus. Sofern das Unternehmen noch in einer anderen Rechtsform geführt wird, ist die Umwandlung in die Rechtsform der Aktiengesellschaft vorzunehmen. Dadurch werden Beratungskosten für die hinzugezogenen Rechtsanwälte, Wirtschaftsprüfer und Steuerberater sowie Notar- und Gerichtskosten ausgelöst.

Bei dem Börsengang selbst entstehen Kosten für die Unternehmensprüfung (due diligence), die Erstellung des Gutachtens im Rahmen der Unternehmensbewertung und für Ausarbeitung und Druck des Börsenzulassungsprospekts sowie dessen Veröffentlichung im Börsenpflichtblatt und im Bundesanzeiger. Die Begebung der Aktien löst Druckkosten aus (vgl. § 8 BörsZulV).

Die Vergütung für das bei der Börseneinführung mitwirkende Bankenkonsortium ist Verhandlungssache. Üblich ist, daß das Übernahmekonsortium eine Managementgebühr und eine Verkaufsprovision von je 2 % vom Emissionsbetrag sowie 1 % vom Nennbetrag der Aktien für die Kosten der Börseneinführung erhält, ferner für das Plazierungsrisiko zusätzlich eine Prämie von 3 %, gerechnet vom Emissionsbetrag.

Schließlich entstehen Kosten für die Public Relations-Maßnahmen, mit denen die Gesellschaft den Börsengang unterstützt. In der Zeit nach dem Börsengang wird es laufende Kosten für die Veröffentlichungen geben, zu denen die börsennotierte Aktiengesellschaft verpflichtet ist.

Der Vertrieb von Aktien kann auch außerhalb der Börse erfolgen. Die vergangenen Jahrzehnte haben gezeigt, daß es eine große Nachfrage nach interessanten Anlagemöglichkeiten für privates Kapital gibt. Zu erinnern ist insbesondere an die Bauherrenmodelle, die geschlossenen Immobilienfonds, Schiffsbeteiligungen und ähnliche Kapitalanlagen. Eine Beteiligung am Erfolg von Wirtschaftsunternehmen war zwar seit jeher möglich über den Kauf von Aktien an der Börse und die Beteiligung an Investmentfonds. Jedoch gelten bei den börsennotierten Aktien die Kurse durchweg als hoch; deshalb können Anleger für den Erwerb von nicht börsennotierten Aktien interessiert werden mit Blick auf den Preis.

Weitere Zielgruppen für den Erwerb von nicht börsennotierten Aktien sind

- die Mitarbeiter,
- Geschäftspartner,
- produkt- oder brancheninteressierte Personen,
- institutionelle Kapitalanleger, insbesondere spezialisierte Fonds.

Die Ausgabe von Belegschaftsaktien an Mitarbeiter ist seit vielen Jahren bei börsennotierten Unternehmen verbreitet. Ist die Aktie aber nicht börsennotiert, stellt sich für den Mitarbeiter wie für andere Aktionäre auch die Frage nach der Veräußerbarkeit der Aktien. Bei Belegschaftsaktien hat man sich in der Vergangenheit oft mit bedingten Rückkaufangeboten von Seiten der Mehrheitsaktionäre beholfen.

Mit der steigenden Verbreitung der Aktie haben sich mittlerweile andere Möglichkeiten eröffnet. In jüngerer Zeit treten Finanzdienstleister an den Markt, die private Märkte für Aktien einrichten. Diese Dienstleister helfen der Gesellschaft also nicht nur bei dem Vertrieb der Aktien außerhalb der Mitarbeiterschaft, sondern übernehmen auch den Handel mit diesen Aktien. Das bedeutet, daß sie Preise für den An- und Verkauf der Aktien stellen und die organisatorischen Vorkehrungen für die Abwicklung der Aktienkaufverträge treffen.

Als wichtige Vertriebshilfe hat sich sehr schnell das Internet erwiesen, in dem nicht nur Werbung für den Kauf von nicht börsennotierten Aktien gemacht wird, sondern auch zugleich Käufe abgewickelt werden können. Dieses Medium stellt sich als eine hervorragende Ergänzung zu den herkömmlichen Vertriebsformen dar.

Von dem hier dargestellten außerbörslichen Aktienhandel ist es dann kein großer Sprung mehr zum Aktienhandel im Freiverkehr (dazu Kap. 15.2.4), der zum Teil von denselben Dienstleistern begleitet wird.

Anhang

1. Muster

Die nachfolgenden Muster sollen dem an der Rechtsform interessierten Unternehmer einen ersten Eindruck über das Regelungswerk geben. Es handelt sich um die verfremdete Wiedergabe von Unterlagen, die bei einem von den Verfassern betreuten Umwandlungsfall verwandt worden waren. Angesichts der individuellen Besonderheiten sind sie zur Weiterverwendung nur bedingt geeignet. Es ist in jedem Fall unumgänglich, eine auf die speziellen Ausprägungen des Unternehmens eingehende Beratung durch die entsprechenden Berufsträger in Anspruch zu nehmen.

1.1 Satzung einer Aktiengesellschaft

Satzung
der
Müller & Schulze AG

§ 1
Firma, Sitz, Geschäftsjahr

(1) Die Gesellschaft führt die Firma " Müller & Schulze AG".

(2) Sie hat ihren Sitz in Köln.

(3) Geschäftsjahr ist das Kalenderjahr.

§ 2
Gegenstand des Unternehmens

(1) Gegenstand des Unternehmens ist der Handel mit neuen und gebrauchten Kraftfahrzeugen.

(2) Die Gesellschaft ist zu allen Geschäften und Maßnahmen berechtigt, die dem Gegenstand des Unternehmens dienen, und kann zu diesem Zweck auch andere Unternehmen gründen, erwerben oder sich an ihnen beteiligen.

§ 3
Grundkapital, Aktienurkunden

(1) Das Grundkapital der Gesellschaft beträgt 500.000 Euro und ist eingeteilt in 500.000 Aktien zum Nennbetrag von je 1 Euro.

(2) Der Vorstand bestimmt mit Zustimmung des Aufsichtsrats die Form der Aktienurkunden wie auch der Gewinnanteils- und Erneuerungsscheine. Der Anspruch auf Verbriefung der Aktien ist ausgeschlossen.

§ 4
Namensaktien, Übertragung der Aktien

(1) Die Aktien lauten auf den Namen der Aktionäre.

(2) Die Aktien können nur mit Zustimmung der Gesellschaft übertragen werden. Die Zustimmung erteilt der Vorstand, wenn der Aufsichtsrat einwilligt.

(3) Trifft im Falle einer Kapitalerhöhung der Erhöhungsbeschluß keine Bestimmung darüber, ob die neuen Aktien auf den Namen oder deren Inhaber lauten sollen, so lauten sie ebenfalls auf den Namen der Aktionäre.

§ 5
Vorstand

(1) Der Vorstand besteht aus einer oder mehreren Personen. Der Vorstand kann auch bei einem den Betrag des § 76 Abs. 2 S. 2 AktG übersteigenden Grundkapital aus einer Person bestehen. Der Aufsichtsrat bestimmt die Zahl der Mitglieder des Vorstandes, er ernennt ggf. einen Vorsitzenden und einen stellvertretenden Vorsitzenden des Vorstands.

(2) Besteht der Vorstand nur aus einer Person, so vertritt diese die Gesellschaft. Besteht der Vorstand aus mehreren Personen, so wird die Gesellschaft durch zwei Mitglieder des Vorstands gemeinsam oder durch ein Mitglied des Vorstands zusammen mit einem Prokuristen vertreten.

(3) Der Vorstand faßt seine Beschlüsse mit Stimmenmehrheit, die Stimme des Vorsitzenden gibt bei Stimmengleichheit den Ausschlag.

(4) Der Aufsichtsrat kann einzelnen Mitgliedern des Vorstands Einzelvertretungsbefugnis erteilen und ihnen gestatten, Rechtsgeschäfte mit sich als Vertreter Dritter vorzunehmen.

(5) Der Vorstand hat die Geschäfte der Gesellschaft nach Maßgabe der Gesetze, der Satzung und der Geschäftsordnung zu führen. Er kann sich mit Zustimmung des Aufsichtsrats durch einstimmigen Beschluß eine Geschäftsordnung geben. Ein Geschäftsverteilungsplan des Vorstands bedarf der Zustimmung des Aufsichtsrats.

§ 6
Aufsichtsrat

(1) Der Aufsichtsrat besteht aus drei Mitgliedern. Er wählt aus seiner Mitte einen Vorsitzenden und einen stellvertretenden Vorsitzenden. Der Aufsichtsrat kann sich eine Geschäftsordnung geben.

(2) Die Wahl der Aufsichtsratsmitglieder erfolgt für die Zeit bis zur Beendigung der Hauptversammlung, die über die Entlastung für das vierte Geschäftsjahr nach dem Beginn der Amtszeit beschließt, wobei das Geschäftsjahr, in dem die Amtszeit beginnt, nicht mitgerechnet wird. Die Wahl des Nachfolgers eines vor Ablauf der Amtszeit ausgeschiedenen Mitgliedes erfolgt für den Rest der Amtszeit des ausgeschiedenen Mitglieds.

(3) Die Mitglieder des Aufsichtsrats können ihr Amt durch eine an den Vorstand zu richtende schriftliche Erklärung unter Einhaltung einer Frist von drei Monaten niederlegen.

(4) Der Aufsichtsrat entscheidet durch Beschluß. Die Sitzungen werden vom Vorsitzenden schriftlich einberufen, und zwar mit einer Ladungsfrist von 14 Tagen. Außerhalb der Sitzungen ist auch schriftliche oder fernmündliche Beschlußfassung zulässig, wenn kein Mitglied diesem Verfahren widerspricht. Der Aufsichtsrat ist nur beschlußfähig, wenn alle drei Mitglieder an der Beschlußfassung teilnehmen. Bei Stimmengleichheit gibt die Stimme des Vorsitzenden den Ausschlag.

(5) Der Vorsitzende ist ermächtigt, im Namen des Aufsichtsrats erforderliche Willenserklärungen abzugeben und entgegenzunehmen.

(6) Jedes Mitglied des Aufsichtsrats erhält neben dem Ersatz seiner nachgewiesenen Auslagen nach Abschluß eines Geschäftsjahres eine angemessene

Vergütung, die durch Beschluß der Hauptversammlung festgesetzt wird, jeweils zuzüglich Umsatzsteuern.

§ 7
Hauptversammlung

(1) Die Hauptversammlung findet am Sitz der Gesellschaft statt.

(2) Sie wird durch den Vorstand einberufen. Die Einberufung muß mindestens einen Monat und einen Tag vor dem Tag der Versammlung erfolgen. Tagungsort, Tagungszeit und Tagungsordnung sind in der Einladung mitzuteilen.

(3) Die Leitung der Hauptversammlung obliegt dem Vorsitzenden des Aufsichtsrats, im Falle seiner Verhinderung seinem Stellvertreter. Sind beide verhindert, wird der Versammlungsleiter von der Hauptversammlung gewählt.

(4) Je 1 Euro Nennbetrag der Aktie gewährt in der Hauptversammlung eine Stimme.

(5) Beschlüsse der Hauptversammlung werden, soweit nicht zwingende gesetzliche Vorschriften entgegenstehen, mit einfacher Mehrheit der abgegebenen Stimmen gefaßt.

§ 8
Jahresabschluß

(1) Der Vorstand hat innerhalb der gesetzlichen Fristen den Jahresabschluß (Bilanz nebst Gewinn- und Verlustrechnung und Anhang) und ggf. den Lagebericht für das vergangene Geschäftsjahr aufzustellen und diese Unterlagen nach ihrer Aufstellung unverzüglich dem Aufsichtsrat und, bei Prüfungspflicht, auch dem Abschlußprüfer vorzulegen. Zugleich hat der Vorstand dem Aufsichtsrat den Vorschlag, den er der Hauptversammlung für die Verwendung des Bilanzgewinns machen will, zu übermitteln.

(2) Der Aufsichtsrat hat den Jahresabschluß und den Lagebericht des Vorstands und den Vorschlag für die Verwendung des Bilanzgewinns zu prüfen und über das Ergebnis der Prüfung schriftlich an die Hauptversammlung zu berichten. Er hat seinen Bericht innerhalb eines Monats nach Zugang der Vorlagen dem Vorstand zuzuleiten. Billigt der Aufsichtsrat nach Prüfung

den Jahresabschluß, so ist dieser festgestellt, sofern nicht Vorstand und Aufsichtsrat beschließen, die Feststellung des Jahresabschlusses der Hauptversammlung zu überlassen.

§ 9
Rücklagen

(1) Sofern Vorstand und Aufsichtsrat den Jahresabschluß feststellen, sind sie nicht dazu ermächtigt, einen Teil des Jahresüberschusses in andere Gewinnrücklagen einzustellen. Die Entscheidung über die Bildung anderer Gewinnrücklagen obliegt ausschließlich der Hauptversammlung.

(2) Sofern die Hauptversammlung den Jahresabschluß feststellt, sind 10 % des Jahresüberschusses so lange in die anderen Gewinnrücklagen einzustellen, bis sie die Hälfte des Grundkapitals erreichen. Dabei sind Beträge, die in die gesetzliche Rücklage einzustellen sind, und ein Verlustvortrag vorab vom Jahresüberschuß abzuziehen.

§ 10 Schlußbestimmungen

(1) Die Bekanntmachungen der Gesellschaft erfolgen ausschließlich im Bundesanzeiger.

(2) Der Aufsichtsrat ist befugt, Änderungen der Satzung, die nur deren Fassung betreffen, zu beschließen.

(3) Die Gesellschaft trägt die mit der Gründung verbundenen Kosten (Rechtsanwalts-, Notar- und Registergerichtsgebühren, einschließlich Veröffentlichungskosten) bis zu einem Gesamtbetrag von 10.000 Euro.

1.2 Umwandlungsbeschluß

UR-Nr. 4711/1999

Verhandelt zu Köln am 01. Oktober 1999

Vor mir, dem Notar

Dr. jur. Josef Schmitz

mit dem Amtssitz in Köln

erschien

Herr Karl Müller, Kraftfahrzeugmeister,
geboren am 01. Mai 1967,
wohnhaft Hohe Str. 13, 50000 Köln.

Der Erschienene ist dem Notar von Person bekannt. Er bat um Beurkundung des nachfolgenden

Umwandlungsbeschlusses:

Ich halte sämtliche Geschäftsanteile an der im Handelsregister des Amtsgerichts Köln unter HRB 40131 eingetragenen Müller & Schulze GmbH mit Sitz in Köln. Die Stammeinlagen in Höhe von 500.000 Euro sind voll eingezahlt.

Ich halte unter Verzicht auf alle gesetzlichen und vertraglichen Formen und Fristen der Einberufung und Ankündigung eine außerordentliche Gesellschafterversammlung ab und fasse folgende Beschlüsse:

1. Die Müller & Schulze GmbH wird durch Formwechsel in eine Aktiengesellschaft umgewandelt.

2. Die Gesellschaft neuer Rechtsform führt die Firma Müller & Schulze AG.

3. Der bisherige Anteilsinhaber an der Müller & Schulze GmbH wird Aktionär der Aktiengesellschaft.

4. Durch den Formwechsel wird das bisherige Stammkapital der Gesellschaft in Höhe von 500.000 Euro zum Grundkapital der Aktiengesellschaft. Es ist eingeteilt in 500.000 Namens-Stammaktien zu je einem Euro, die allesamt der Gesellschafter Müller übernimmt.

5. Einzelnen Gesellschaftern werden keine Sonderrechte oder Vorzüge gewährt; besondere Rechte, wie Anteile ohne Stimmrecht, Vorzugsgeschäftsanteile, Mehrstimmrechtsanteile, Schuldverschreibungen und Genußrechte, bestehen bei der Gesellschaft nicht und sollen auch nicht gewährt werden, und Maßnahmen dieser Art sind nicht vorgesehen.

6. Eines Abfindungsangebotes nach § 194 Abs. 1 Nr. 6 bedarf es nicht, weil an der formwechselnden Gesellschaft nur ein Anteilsinhaber beteiligt ist.

7. Der Formwechsel bringt für die Arbeitnehmer der Müller & Schulze GmbH keine Änderungen mit sich, insbesondere liegt kein Betriebsübergang nach § 613a Abs 1 BGB vor. Ein Betriebsrat besteht nicht. Die Gesellschaft unterliegt wegen der geringen Zahl von - fünfzehn - Arbeitnehmern nicht der unternehmerischen Mitbestimmung.

8. Da ein Betriebsrat nicht besteht, bedurfte es der vorherigen Zuleitung des Entwurfes des Umwandlungsbeschlusses nicht.

9. Für die Müller & Schulze AG wird die als Anlage dieser Urkunde beigefügte Satzung, die mit verlesen wird, festgestellt.

10. Für den Formwechsel hat der erschienene Alleingesellschafter gestimmt, der somit den Gründern im Sinne des Aktiengesetzes gleichsteht.

11. Das nach Abzug der Schulden verbleibende Vermögen der formwechselnden Gesellschaft übersteigt den Nennbetrag des Grundkapitals der Müller & Schulze AG.

12. Zu Mitgliedern des ersten Aufsichtsrates bestelle ich die Herren
    1. A
    2. B
    3. C

Ihre Amtszeit endet mit Beendigung der Hauptversammlung, die über die Entlastung für das bis zum 31.12.2003 endende Geschäftsjahr beschließt.

13. Die Kosten dieser Urkunde und ihres Vollzuges trägt die Müller & Schulze AG.

172

Ich verzichte auf die Klage gegen die Wirksamkeit des Umwandlungsbeschlusses.

Der Notar wies den Erschienenen darauf hin, daß...

Vorgelesen vom Notar, von dem Erschienenen genehmigt und eigenhändig unterschrieben:

Anlage:
Satzung der Müller & Schulze AG

1.3 Niederschrift der ersten Aufsichtsratssitzung

Müller & Schulze AG
Köln

Niederschrift

über die erste Sitzung des Aufsichtsrats der

Müller & Schulze AG

in Köln:

Laut Umwandlungsbeschluß vom heutigen Tage sind die Herren

1. A

2. B

3. C

zu Mitgliedern des Aufsichtsrats der Müller & Schulze AG bestellt worden. Sie nehmen die Bestellung an, treten zu einer Sitzung zusammen und fassen einstimmig folgende Beschlüsse:

1. Zum Vorsitzenden des Aufsichtsrats wird

Herr A,

zu seinem Stellvertreter
Herr B

gewählt. Die Herren A und B nehmen die Wahl an.

2. Zum Vorstand wird

Herr Karl Müller, Köln,

für die Dauer von 5 Jahren bestellt. Er ist stets einzelvertretungsbefugt, auch wenn die Gesellschaft mehrere Vorstandsmitglieder hat. Ihm ist gestattet, Rechtsgeschäfte mit sich als Vertreter Dritter vorzunehmen.

Der dem Aufsichtsrat vorliegende Dienstvertrag wird genehmigt. Der Vorsitzende des Aufsichtsrats wird ermächtigt, ihn im Namen des Aufsichtsrats mit dem Vorstand abzuschließen.

Köln, den 01. Oktober 1999

....
(A)

....
(B)

....
(C)

1.4 Handelsregisteranmeldung

Amtsgericht - Handelsregister

50670 Köln

HRB 40131
Müller & Schulze GmbH, Köln
Formwechsel in Müller & Schulze AG

Als alleiniger Geschäftsführer der Müller & Schulze GmbH melde ich an:

1. Die Müller & Schulze GmbH, Köln, ist aufgrund des als Anlage beigefügten Umwandlungsbeschlusses vom 01. Oktober 1999 (UR-Nr. 4711/1999 des Notars Dr. Schmitz in Köln) formwechselnd in die **Müller & Schulze AG** mit Sitz in Köln umgewandelt worden. Der Aktiengesellschaft liegt die Satzung zugrunde, die dem Umwandlungsbeschluß als Anlage beigefügt ist.

   Gründer ist Herr Karl Müller, geb. am 01.05.1967, wohnhaft Hohe Str. 13, Köln. Das Grundkapital der Gesellschaft beträgt 500.000 Euro und ist eingeteilt in 500.000 Namensaktien zu je einem Euro.

   Zu Mitgliedern des Aufsichtsrats wurden bestellt die Herren A, B und C.

2. Der Unterzeichner, Karl Müller, ist zum Vorstand bestellt. Er ist stets einzelvertretungsberechtigt, auch wenn die Gesellschaft mehrere Vorstandsmitglieder hat, und befugt, mit sich als Vertreter Dritter Rechtsgeschäfte vorzunehmen.

   Die Vertretungsbefugnis ist allgemein wie folgt geregelt:

   Der Vorstand besteht aus einer oder mehreren Person/en; besteht der Vorstand aus einer Person, so vertritt diese die Gesellschaft. Besteht der Vorstand aus mehreren Personen, wird die Gesellschaft durch zwei Mitglieder des Vorstands gemeinsam oder durch ein Mitglied des Vorstands zusammen mit einem Prokuristen vertreten. Der Aufsichtsrat kann einzelnen Mitglieder des Vorstandes Einzelvertretungsbefugnis erteilen und ihnen gestatten, Rechtsgeschäfte mit sich als Vertreter Dritter vorzunehmen.

   Der Vorstand zeichnet seine Namensunterschrift zur Aufbewahrung beim Gericht wie folgt:

   ....

Ich versichere, daß keine Umstände vorliegen, die meiner Bestellung als Vorstandsmitglied nach § 76 Abs. 3 des Aktiengesetzes entgegenstehen, dessen Wortlaut mir bekannt ist. Über meine diesbezüglich unbeschränkte Auskunftspflicht gegenüber dem Gericht nach § 53 Abs. 2 BZRG und die Strafbarkeit von falschen Angaben nach §§ 399 Abs. 1 Nr.6, 82 Abs. 3 des Aktiengesetzes wurde ich vom beglaubigenden Notar belehrt.

Es wird gem. § 42 AktG mitgeteilt, daß alle Aktien Herrn Karl Müller, geb. am 01.05.1967, Köln, Hohe Str. 13, gehören.

Ein Umwandlungsbericht (§ 192 UmwG) ist wegen § 192 Abs. 3 UmwG nicht zu erstellen, da der Unterzeichner alleiniger Anteilseigner ist.

Einer Zuleitung des Entwurfs des Umwandlungsbeschlusses an den Betriebsrat bedurfte es nicht, da ein Betriebsrat nicht vorhanden ist.

Eine Klage gegen die Wirksamkeit des Umwandlungsbeschlusses ist nicht erhoben; der Gründer hat im Umwandlungsbeschluß auf die Klage gegen die Wirksamkeit des Umwandlungsbeschlusses verzichtet.

Anlagen:
(1) Beglaubigte Abschrift des Umwandlungsbeschlusses vom 01. Oktober 1999 (UR-Nr. 4711/1999 des Notars Dr. Schmitz in Köln), der in der Anlage dazu auch die Satzung der Müller & Schulze AG enthält,
(2) Liste mit Namen, Beruf und Wohnort der Mitglieder des Aufsichtsrates,
(3) Berechnung des Aufwands für den Formwechsel,
(4) Urschrift des Beschlusses des Aufsichtsrates über die Bestellung von Herrn Karl Müller zum Vorstand,
(5) Gründungsbericht,
(6) Prüfungsbericht des Aufsichtsrates und des Vorstands über den Hergang des Formwechsels,
(7) Prüfungsbericht des vom Gericht bestellten Prüfers.

Köln, den 01. Oktober 1999

(Karl Müller)
Geschäftsführer

1.5 Geschäftsordnung für den Aufsichtsrat

Der Aufsichtsrat der

Müller & Schulze AG, Köln

gibt sich folgende

Geschäftsordnung:

§ 1
Allgemeines

Der Aufsichtsrat übt seine Tätigkeit nach Maßgabe der gesetzlichen Bestimmungen, der Satzung und dieser Geschäftsordnung aus. Seine Mitglieder haben vorbehaltlich der Bestimmungen dieser Geschäftsordnung die gleichen Rechte und Pflichten und sind an Weisungen nicht gebunden.

§ 2
Wahl des Vorsitzenden und des Stellvertreters

(1) Der Aufsichtsrat wählt aus seiner Mitte einen Vorsitzenden und einen Stellvertreter. Die Wahlhandlung leitet das an Lebensjahren älteste Aufsichtsratsmitglied.

(2) Die Wahl erfolgt jeweils für die Amtszeit des gewählten Aufsichtsratsmitglieds. Wenn Vorsitzender oder Stellvertreter während ihrer Amtszeit aus dem Aufsichtsrat ausscheiden, ist unverzüglich eine Neuwahl für den Ausgeschiedenen vorzunehmen.

§ 3
Sitzungen und Beschlußfassungen

(1) Die Sitzung des Aufsichtsrates findet in der Regel einmal im Kalendervierteljahr, mindestens aber einmal im Kalenderhalbjahr, am Sitz der Gesellschaft statt.

(2) Sind in einer Sitzung des Aufsichtsrates Beschlüsse zu fassen, müssen zwischen der Einladung, in der die zur Beschlußfassung anstehenden Gegenstände mitzuteilen sind, und dem Sitzungstag mindestens sieben Tage liegen.

(3) Eine Beschlußfassung durch schriftliche, telegraphische, fernmündliche oder fernschriftliche Stimmabgabe sowie durch Telefax ist zulässig, wenn sie der Vorsitzende des Aufsichtsrats oder im Verhinderungsfall dessen Stellvertreter aus besonderen Gründen anordnet und wenn ihr kein Mitglied widerspricht. Die durch telegraphische, fernmündliche oder fernschriftliche Stimmabgabe gefaßten Beschlüsse sind vom Vorsitzenden des Aufsichtsrates schriftlich niederzulegen.

(4) Die von Mitgliedern des Aufsichtsrates spätestens zehn Tage vor der Sitzung dem Aufsichtsratsvorsitzenden genannten Gegenstände sind auf die Tagesordnung zu setzen.

(5) Den Vorsitz führt der Vorsitzende des Aufsichtsrates oder, im Falle seiner Verhinderung, sein Stellvertreter.

(6) Beschlüsse des Aufsichtsrates werden mit einfacher Stimmenmehrheit gefaßt, soweit das Gesetz und die Satzung nichts anderes bestimmen. Dies gilt auch für Wahlen. Die Art der Abstimmung bestimmt der Vorsitzende. Beantragt jedoch ein Mitglied des Aufsichtsrates geheime Abstimmung, so ist geheim abzustimmen.

(7) An den Sitzungen des Aufsichtsrates nehmen die Mitglieder des Vorstandes teil, sofern der Aufsichtsrat im Einzelfall keine abweichende Anordnung trifft.

§ 4
Verschwiegenheitspflicht

(1) Jedes Mitglied des Aufsichtsrates ist verpflichtet, Stillschweigen über alle vertraulichen Angaben und Geheimnisse der Gesellschaft, namentlich über Betriebs- und Geschäftsgeheimnisse, zu bewahren , die ihm durch seine Tätigkeit im Aufsichtsrat bekannt geworden sind, und zwar auch über die Beendigung seines Amtes als Aufsichtsratsmitglied hinaus. Bei Ablauf des Mandates sind alle vertraulichen Unterlagen an den Vorsitzenden des Aufsichtsrates zurückzugeben.

(2) Will ein Mitglied des Aufsichtsrates irgendwelche Informationen an Dritte weitergeben, die es in seiner Eigenschaft als Aufsichtsratsmitglied erfahren hat, so hat es hierüber den Vorsitzenden des Aufsichtsrates vorab zu unterrichten.

(3) Schriftliche Berichte der Vorstandes an den Aufsichtsrat werden den Mitgliedern des Aufsichtsrates ausgehändigt, soweit nicht der Aufsichtsrat im Einzelfall etwas anderes beschließt. Jedes Mitglied des Aufsichtsrates ist berechtigt, in Prüfungsberichte der Abschlußprüfer und in eventuelle Sonderberichte Einsicht zu nehmen und sich diese aushändigen zu lassen.

§ 5
Niederschrift

Über die Sitzungen des Aufsichtsrates ist eine Niederschrift anzufertigen, die von dem Vorsitzenden unterzeichnet wird.

Köln, den 01. Oktober 1999

Der Aufsichtsrat

....

(A)
Vorsitzender

....

(B)
stellvertretender Vorsitzender

....

(C)

1.6 Geschäftsordnung für den Vorstand

Geschäftsordnung

für den Vorstand der

Müller & Schulze AG, Köln

Der Aufsichtsrat der Gesellschaft hat in seiner Sitzung vom 01. Oktober 1999 folgende Geschäftsordnung für den Vorstand erlassen:

§ 1
Allgemeines

Der Vorstand führt die Geschäfte der Gesellschaft unter Beachtung der Sorgfalt eines ordentlichen und gewissenhaften Geschäftsleiters nach den Vorschriften der Gesetze, der Satzung, der Geschäftsordnung und des Dienstvertrages.

§ 2
Geschäftsverteilungsplan

Besteht der Vorstand aus mehr als einer Person, so kann der Aufsichtsrat dem Vorstand einen Geschäftsverteilungsplan geben. Ein Geschäftsverteilungsplan des Vorstandes bedarf der Zustimmung des Aufsichtsrats.

§ 3
Zusammenarbeit mit dem Aufsichtsrat

Die Vorstandsberichte sind in aller Regel schriftlich vorzulegen, wenn nicht im Einzelfall wegen der Dringlichkeit mündliche Berichterstattung genügt oder geboten ist.

§ 4
Zustimmungsbedürftige Geschäfte

(1) Der Vorstand bedarf zu folgenden Geschäften der Zustimmung des Aufsichtsrats:

   a) Erwerb und Veräußerung von Grundbesitz sowie Belastung eigener Grundstücke;
   b) Erwerb von Unternehmen, Errichtung vom Betriebsstätten und Zweigniederlassungen sowie die Beteiligung an Unternehmen;
   c) Abschluß von Unternehmensverträgen;

d) Ausgabe vom Schuldverschreibungen;

e) Aufnahme oder Gewährung von Finanzkrediten, wenn die Kreditsumme im Einzelfall den Betrag vom DM 100.000,00 übersteigt;

f) Übernahme von Bürgschaften und Garantien sowie die Erteilung von Kreditaufträgen außerhalb des gewöhnlichen Geschäftsbetriebes, wenn der Wert im Einzelfall DM 100.000,00 übersteigt;

g) Investitionsvorhaben, deren Umfang im Einzelfall mehr als 10% des jeweiligen Grundkapitals beträgt, und zwar ohne Rücksicht darauf, ob die Investitionen in einem Geschäftsjahr getätigt werden oder sich nach der Planung auf mehrere Geschäftsjahre verteilen;

h) Ernennung und Abberufung vom Generalbevollmächtigten und Prokuristen;

i) Die Bestimmung der Form von Aktienurkunden sowie von Gewinnanteils- und Erneuerungsscheinen (§ 3 Abs. 2 der Satzung);

j) Erteilung der Zustimmung zur Übertragung vom Aktien (§ 4 Abs. 2 der Satzung).

(2)   Die Zustimmung ist jeweils im voraus schriftlich einzuholen.

(3)   Der Aufsichtsrat ist befugt, den Kreis der zustimmungsbedürftigen Geschäfte zu erweitern oder einzuschränken.

Köln, den 01. Oktober 1999

Der Aufsichtsrat

....
(A)
Vorsitzender

....
(B)
stellvertretender Vorsitzender

....
(C)

1.7 Dienstvertrag Vorstand

Zwischen

der Müller & Schulze AG, mit Sitz in Köln, vertreten durch ihren Aufsichtsrat,

- nachfolgend "die Gesellschaft" -

und

Herrn Karl Müller, Köln,

wird nachstehender

Dienstvertrag

geschlossen:

§ 1
Aufgaben

(1) Durch Beschluß des Aufsichtsrats vom 01. Oktober 1999 ist Herr Müller zum Vorstand der Gesellschaft bestellt.

(2) Herr Müller führt seine Geschäfte nach Maßgabe der Gesetze, der Satzung, der Geschäftsordnung und dieses Vertrages. Er hat seine gesamte Arbeitskraft der Gesellschaft zur Verfügung zu stellen.

(3) Jede Nebenbeschäftigung, insbesondere die Wahrnehmung von Aufsichtsratsmandaten, bedarf der vorherigen Zustimmung des Aufsichtsrats, vertreten durch dessen Vorsitzenden.

§ 2
Bezüge

(1) Herr Müller erhält ein festes Jahresgehalt von DM 120.000,00. Das Gehalt wird in monatlichen Teilbeträgen am jeweiligen Monatsletzten ausgezahlt.

(2) Ferner erhält Herr Müller eine Tantieme in Höhe von 10 % des maßgeblichen Gewinns. Maßgeblicher Gewinn ist der Jahresüberschuß laut Handelsbilanz vor Abzug des Tantiemeaufwandes, vermindert um einen Verlustvortrag aus dem Vorjahr und um die Beträge, die nach Gesetz oder Satzung aus dem Jahresüberschuß in Gewinnrücklagen einzustellen sind. Die Gewinntantieme beträgt höchstens ein Drittel des festen Jahresgehalts gem. Abs. 1. Die Gewinntantieme ist bis zum Monatsende der Feststellung des Jahresabschlusses fällig.

(3) In dem Jahr des Beginns und in dem Jahr der Beendigung des Dienstvertrags besteht der Anspruch auf Festgehalt und Tantieme nur anteilig entsprechend der Zeitdauer der Tätigkeit als Vorstand.

(4) Herr Müller hat für die Dauer des Dienstvertrages einen Anspruch auf Überlassung eines Dienstwagens der gehobenen Mittelklasse zur dienstlichen und uneingeschränkten privaten Nutzung. Die auf die private Nutzung entfallenden Steuern werden von der Gesellschaft nicht übernommen.

(5) Bei Arbeitsunfähigkeit wegen Krankheit oder bei sonstiger unverschuldeter Verhinderung zur Dienstleistung werden die Bezüge für sechs Monate, längstens bis zur Beendigung des Dienstvertrags, fortgezahlt.

(5) Stirbt Herr Müller während seiner Bestellung als Vorstandsmitglied, werden seiner Witwe oder nach deren Tod seinen unterhaltsberechtigten Kindern die festen Bezüge gemäß § 2 Abs. 1 für den Sterbemonat sowie die drei darauf folgenden Kalendermonate weitergezahlt. Danach gilt § 6 Abs. 3.

(6) Eine Abtretung oder Verpfändung der Bezüge ist ohne Genehmigung der Gesellschaft unzulässig.

§ 3
Dauer

(1) Der Dienstvertrag wird geschlossen für fünf Jahre, beginnend am 01. des Monats, der der Eintragung der Umwandlung in das Handelsregister vorangeht. Danach verlängert sich der Vertrag jeweils um die Dauer, für die Herr Müller zum Vorstandsmitglied der Gesellschaft bestellt worden ist.

(2) Wird Herr Müller während der Laufzeit des Dienstvertrags dauernd arbeitsunfähig, endet der Dienstvertrag mit dem Ende des Quartals, in dem die dauernde Arbeitsunfähigkeit festgestellt worden ist. Von Arbeitsunfä-

higkeit in diesem Sinne ist auszugehen, wenn Herr Müller länger als sechs Monate nicht imstande ist, seine Aufgaben wahrzunehmen und die Wiederherstellung seiner Einsatzfähigkeit auch während weiterer sechs Monate nicht zu erwarten ist.

(3) Der Vertrag ist jederzeit aus wichtigem Grunde fristlos kündbar.

(4) Wird Herr Müller vor Ablauf des Dienstvertrags als Vorstand abberufen, kann mit der Abberufung gleichzeitig das Dienstverhältnis gekündigt werden. Für Herrn Müller ist die Abberufung als Vorstandsmitglied Grund für die fristlose Kündigung.

(5) Im Falle der Abberufung wie der Kündigung endet die Vorstandseigenschaft mit dem Zugang der Mitteilung über die Abberufung bzw. über die Kündigung.

§ 4
Urlaub

(1) Herr Müller hat einen Anspruch auf 30 Arbeitstage bezahlten Urlaub im Geschäftsjahr, der gegebenenfalls in zeitlicher Abstimmung mit den übrigen Mitgliedern des Vorstands festzulegen ist.

(2) Kann Herr Müller seinen Jahresurlaub nicht nehmen, weil Interessen der Gesellschaft entgegenstehen, hat er Anspruch auf Abgeltung des Urlaubs unter Zugrundelegung der Höhe des Grundgehalts (§ 2 Abs. 1).

§ 5
Wettbewerb

(1) Während der Dauer dieses Vertrags und der darauf folgenden zwei Jahre nach dessen Beendigung wird Herr Müller ohne Einwilligung des Aufsichtsrats kein Unternehmen betreiben oder im Geschäftszweig der Gesellschaft für eigene oder fremde Rechnung Geschäfte machen. Ohne Einwilligung des Aufsichtsrats wird Herr Müller auch nicht Mitglied des Vorstands, Geschäftsführer oder Geschäftsführergesellschafter einer anderen Handelsgesellschaft sein.

(2) Herr Müller wird sich während der Dauer des Dienstvertrags nicht an einem Konkurrenzunternehmen oder einem mit diesem Unternehmen verbundenen Unternehmen mittelbar oder unmittelbar beteiligen. Anteilsbe-

sitz, der keinen Einfluß auf die Organe des betreffenden Unternehmens ermöglicht, gilt nicht als Beteiligung im Sinne dieser Bestimmung.

(3) Das Wettbewerbsverbot gilt nicht, wenn dieser Vertrag von Herrn Müller aus wichtigem Grund zulässigerweise fristlos gekündigt wird.

(4) Nach Beendigung des Vertrags zahlt die Gesellschaft, wenn sie nicht in entsprechender Anwendung der Grundsätze des § 75a HGB ausdrücklich auf die Geltendmachung des Wettbewerbsverbots schriftlich verzichtet, an den Vorstand eine Entschädigung in Höhe von 50% des durchschnittlichen festen Jahresgehalts der letzten drei Jahre pro Jahr für die Dauer des Wettbewerbsverbots.

(5) Für jeden Fall des Verstoßes gegen das Wettbewerbsverbot zahlt Herr Müller der Gesellschaft eine Vertragsstrafe in Höhe eines 1/24 des Jahresgehalts; steht er nicht mehr in den Diensten der Gesellschaft, gilt der letzte von dieser gezahlte Jahresbezug. Die Vertragsstrafe tritt neben die übrigen Ansprüche der Gesellschaft aus der Wettbewerbsvereinbarung. Bei einem andauernden Wettbewerbsverstoß gilt die Tätigkeit während eines Monats als jeweils selbständiger Verstoß im Sinne des Satzes 1.

§ 6
Ruhegehalt

(1) Scheidet Herr Müller nach Vollendung des 60. Lebensjahrs oder bei Dienstunfähigkeit aus den Diensten der Gesellschaft aus, hat er Anspruch auf Zahlung eines monatlichen Ruhegehalts. Das Ruhegehalt beträgt 75 % des in den letzten drei Jahren gezahlten festen durchschnittlichen Monatsgehalts und erhöht sich für jedes vollendete Dienstjahr als Vorstandsmitglied um 2% dieses Monatsgehalts.

(2) Scheidet Herr Müller als Vorstandsmitglied aus den Diensten der Gesellschaft aus, ohne daß die Voraussetzungen des § 1 erfüllt sind und daß in seiner Person ein Grund gegeben ist, der die Gesellschaft zur fristlosen Kündigung berechtigen würde, hat er ebenfalls den Anspruch gemäß Abs. 1.

(3) Die Witwe des Vorstands oder nach deren Tod seine unterhaltsberechtigten Kinder haben, soweit § 2 Abs. 5 zeitlich nicht mehr greift, Anspruch auf 60 % des Ruhegehalts, das der Vorstand im Zeitpunkt seines Todes bezogen bzw. das ihm zu diesem Stichtag zugestanden hätte.

§ 7
Schlußbestimmungen

(1) Die vertraglichen Vereinbarungen der Parteien ergeben sich erschöpfend aus diesem Vertrag. Vertragsänderungen bedürfen der Schriftform.

(2) Die Ungültigkeit einzelner Bestimmungen bedeutet nicht die Rechtswidrigkeit des Vertrags im ganzen. Anstelle der unwirksamen Vorschrift ist eine Regelung zu vereinbaren, die der wirtschaftlichen Zwecksetzung der Parteien am ehesten entspricht. Entsprechendes gilt im Falle einer Lücke.

Köln, den 01. Oktober 1999   Köln, den 01. Oktober 1999

Der Aufsichtsrat

....

(A)   (Karl Müller)
Vorsitzender
für den Aufsichtsrat

2. Gesetzestexte (Auszüge)

2.1 Aktiengesetz

§ 1 Wesen der Aktiengesellschaft

(1) Die Aktiengesellschaft ist eine Gesellschaft mit eigener Rechtspersönlichkeit. Für die Verbindlichkeiten der Gesellschaft haftet den Gläubigern nur das Gesellschaftsvermögen.

(2) Die Aktiengesellschaft hat ein in Aktien zerlegtes Grundkapital.

§ 2 Gründerzahl

An der Feststellung des Gesellschaftsvertrags (der Satzung) müssen sich eine oder mehrere Personen beteiligen, welche die Aktien gegen Einlagen übernehmen.

§ 6 Grundkapital

Das Grundkapital muß auf einen Nennbetrag in Euro lauten.

§ 7 Mindestnennbetrag des Grundkapitals

Der Mindestnennbetrag des Grundkapitals ist fünfzigtausend Euro.

§ 8 Form und Mindestbeträge der Aktien

(1) Die Aktien können entweder als Nennbetragsaktien oder als Stückaktien begründet werden.

(2) Nennbetragsaktien müssen auf mindestens einen Euro lauten. Aktien über einen geringeren Nennbetrag sind nichtig. Für den Schaden aus der Ausgabe sind die Ausgeber den Inhabern als Gesamtschuldner verantwortlich. Höhere Aktiennennbeträge müssen auf volle Euro lauten.

(3) Stückaktien lauten auf keinen Nennbetrag. Die Stückaktien einer Gesellschaft sind am Grundkapital in gleichem Umfang beteiligt. Der auf die einzelne Aktie entfallende anteilige Betrag des Grundkapitals darf einen Euro nicht unterschreiten. Abs. 2 S. 3 findet entsprechende Anwendung.

(4) Der Anteil am Grundkapital bestimmt sich bei Nennbetragsakticn nach dem Verhältnis ihres Nennbetrags zum Grundkapital, bei Stückaktien nach der Zahl der Aktien.

(5) Die Aktien sind unteilbar.

(6) ...

§ 9 Ausgabebetrag der Aktien

(1) Für einen geringeren Betrag als den Nennbetrag oder den auf die einzelne Stückaktie entfallenden anteiligen Betrag des Grundkapitals dürfen Aktien nicht ausgegeben werden (geringster Ausgabebetrag).

(2) Für einen höheren Betrag ist die Ausgabe zulässig.

§ 10 Aktien und Zwischenscheine

(1) Die Aktien können auf den Inhaber oder auf Namen lauten.

(2) Sie müssen auf Namen lauten, wenn sie vor der vollen Leistung des Ausgabebetrags ausgegeben werden....

(3) - (4) ...

(5) In der Satzung kann der Anspruch des Aktionärs auf Verbriefung seines Anteils ausgeschlossen oder eingeschränkt werden.

§ 11 Aktien besonderer Gattung

Die Aktien können verschiedene Rechte gewähren, namentlich bei der Verteilung des Gewinns und des Gesellschaftsvermögens. Aktien mit gleichen Rechten bilden eine Gattung.

§ 42 Einpersonen-Gesellschaft

Gehören alle Aktien allein oder neben der Gesellschaft einem Aktionär, ist unverzüglich cine entsprechende Mitteilung unter Angabe von Name, Vorname, Geburtsdatum und Wohnort des alleinigen Aktionärs zum Handelsregister einzureichen.

§ 53a Gleichbehandlung der Aktionäre

Aktionäre sind unter gleichen Voraussetzungen gleich zu behandeln.

§ 67 Eintragung im Aktienbuch

(1) Namensaktien sind unter Bezeichnung des Inhabers nach Namen, Wohnort und Beruf in das Aktienbuch der Gesellschaft einzutragen.

(2) Im Verhältnis zur Gesellschaft gilt als Aktionär nur, wer als solcher im Aktienbuch eingetragen ist.

(3) - (5) ...

§ 76 Leitung der Aktiengesellschaft

(1) Der Vorstand hat unter eigener Verantwortung die Gesellschaft zu leiten.

(2) Der Vorstand kann aus einer oder mehreren Personen bestehen. Bei Gesellschaften mit einem Grundkapital von mehr als drei Millionen Euro hat er aus mindestens zwei Personen zu bestehen, es sei denn, die Satzung bestimmt, daß er aus einer Person besteht. ...

(3) ...

§ 91 Organisation; Buchführung

(1) Der Vorstand hat dafür zu sorgen, daß die erforderlichen Handelsbücher geführt werden.

(2) Der Vorstand hat geeignete Maßnahmen zu treffen, insbesondere ein Überwachungssystem einzurichten, damit den Fortbestand der Gesellschaft gefährdende Entwicklungen früh erkannt werden.

§ 111 Aufgaben und Rechte des Aufsichtsrats

(1) Der Aufsichtsrat hat die Geschäftsführung zu überwachen.

(2) Der Aufsichtsrat kann die Bücher und Schriften der Gesellschaft sowie die Vermögensgegenstände, namentlich die Gesellschaftskasse und die Bestände an Wertpapieren und Waren, einsehen und prüfen. ...

(3) ...

(4) Maßnahmen der Geschäftsführung können dem Aufsichtsrat nicht übertragen werden. Die Satzung oder der Aufsichtsrat kann jedoch bestimmen, daß bestimmte Arten von Geschäften nur mit seiner Zustimmung vorgenommen werden dürfen. Verweigert der Aufsichtsrat seine Zustimmung, so kann der Vorstand verlangen, daß die Hauptversammlung über die Zustimmung beschließt. ...

(5) ...

§ 118 (Rechte der Hauptversammlung) Allgemeines

(1) Die Aktionäre üben ihre Rechte in den Angelegenheiten der Gesellschaft in der Hauptversammlung aus, soweit das Gesetz nichts anderes bestimmt.

(2) Die Mitglieder des Vorstands und des Aufsichtsrats sollen an der Hauptversammlung teilnehmen.

§ 119 Rechte der Hauptversammlung

(1) Die Hauptversammlung beschließt in den im Gesetz und in der Satzung ausdrücklich bestimmten Fällen, namentlich über ...

(2) Über Fragen der Geschäftsführung kann die Hauptversammlung nur entscheiden, wenn der Vorstand es verlangt.

§ 172 Feststellung durch Vorstand und Aufsichtsrat

Billigt der Aufsichtsrat den Jahresabschluß, so ist dieser festgestellt, sofern nicht Vorstand und Aufsichtsrat beschließen, die Feststellung des Jahresabschlusses der Hauptversammlung zu überlassen. Die Beschlüsse des Vorstands und des Aufsichtsrats sind in den Bericht des Aufsichtsrats an die Hauptversammlung aufzunehmen.

§ 173 Feststellung durch die Hauptversammlung

(1) Haben Vorstand und Aufsichtsrat beschlossen, die Feststellung des Jahresabschlusses der Hauptversammlung zu überlassen, oder hat der Aufsichtsrat den Jahresabschluß nicht gebilligt, so stellt die Hauptversammlung den Jahresabschluß fest.

(2) - (3) ...

§ 174 Gewinnverwendung

(1) Die Hauptversammmlung beschließt über die Verwendung des Bilanzgewinns. Sie ist hierbei an den festgestellten Jahresabschluß gebunden.

(2) In dem Beschluß ist die Verwendung des Bilanzgewinns im einzelnen darzulegen, namentlich sind anzugeben

1. der Bilanzgewinn;
2. der an die Aktionäre auszuschüttende Betrag;
3. die in Gewinnrücklagen einzustellenden Beträge;
4. ein Gewinnvortrag;
5. der zusätzliche Aufwand aufgrund des Beschlusses.

(3) ...

§ 175 Einberufung (der ordentlichen Hauptversammlung)

(1) Unverzüglich nach Eingang des Berichts des Aufsichtsrats hat der Vorstand die Hauptversammlung zur Entgegennahme des festgestellten Jahresabschlusses und des Lageberichts sowie zur Beschlußfassung über die Verwendung eines Bilanzgewinns einzuberufen. Die Hauptversammlung hat in den ersten acht Monaten des Geschäftsjahrs stattzufinden.

(2) Der Jahresabschluß, der Lagebericht, der Bericht des Aufsichtsrats und der Vorschlag des Vorstands für die Verwendung des Bilanzgewinns sind von der Einberufung an in dem Geschäftsraum der Gesellschaft zur Einsicht der Aktionäre auszulegen. Auf Verlangen ist jedem Aktionär unverzüglich eine Abschrift der Vorlagen zu erteilen.

(3) ...

§ 176 Vorlagen, Anwesenheit des Abschlußprüfers

(1) Der Vorstand hat der Hauptversammlung die in § 175 Abs. 2 angegebenen Vorlagen vorzulegen. Zu Beginn der Verhandlung soll der Vorstand seine Vorlagen, der Vorsitzende des Aufsichtsrats den Bericht des Aufsichtsrats erläutern. Der Vorstand soll dabei auch zu einem Jahresfehlbetrag oder einem Verlust Stellung nehmen, der das Jahresergebnis wesentlich beeinträchtigt hat. ...

(2) ...

§ 278 Wesen der Kommanditgesellschaft auf Aktien

(1) Die Kommanditgesellschaft auf Aktien ist eine Gesellschaft mit eigener Rechtspersönlichkeit, bei der mindestens ein Gesellschafter den Gesellschaftsgläubigern unbeschränkt haftet (persönlich haftender Gesellschafter) und die übrigen an dem in Aktien zerlegten Grundkapital beteiligt sind, ohne persönlich für die Verbindlichkeiten der Gesellschaft zu haften (Kommanditaktionäre).

(2) Das Rechtsverhältnis der persönlich haftenden Gesellschafter untereinander und gegenüber der Gesamtheit der Kommanditaktionäre sowie gegenüber Dritten, namentlich die Befugnis der persönlich haftenden Gesellschafter zur Geschäftsführung und zur Vertretung der Gesellschaft, bestimmt sich nach den Vorschriften des Handelsgesetzbuchs über die Kommanditgesellschaft.

(3) Im übrigen gelten für die Kommanditgesellschaft auf Aktien, soweit sich aus den folgenden Vorschriften oder aus dem Fehlen eines Vorstands nichts anderes ergibt, die Vorschriften des Ersten Buchs über die Aktiengesellschaft sinngemäß.

§ 291 Beherrschungsvertrag. Gewinnabführungsvertrag

(1) Unternehmensverträge sind Verträge, durch die eine Aktiengesellschaft oder Kommanditgesellschaft auf Aktien die Leitung ihrer Gesellschaft einem anderen Unternehmen unterstellt (Beherrschungsvertrag) oder sich verpflichtet, ihren ganzen Gewinn an ein anderes Unternehmen abzuführen (Gewinnabführungsvertrag). Als Vertrag über die Abführung des ganzen Gewinns gilt auch ein Vertrag, durch den eine Aktiengesellschaft oder Kommanditgesellschaft auf Aktien es übernimmt, ihr Unternehmen für Rechnung eines anderen Unternehmens zu führen.

(2) - (3) ...

§ 399 Falsche Angaben

(1) Mit Freiheitsstrafe bis zu drei Jahren oder mit Geldstrafe wird bestraft, wer

1. als Gründer oder als Mitglied des Vorstands oder des Aufsichtsrats zum Zweck der Eintragung der Gesellschaft über die Übernahme der Aktien, die Einzahlung auf Aktien, die Verwendung eingezahlter Beträge, den Ausgabebetrag der Aktien, über Sondervorteile, Gründungsaufwand, Sacheinlagen, Sachübernahmen und Sicherungen für nicht voll einbezahlte Geldeinlagen,

2. als Gründer oder als Mitglied des Vorstands oder des Aufsichtsrats im Gründungsbericht, im Nachgründungsbericht oder im Prüfungsbericht,
3. in der öffentlichen Ankündigung nach § 47 Nr. 3,
4. als Mitglied des Vorstands oder des Aufsichtsrats zum Zweck der Eintragung einer Erhöhung des Grundkapitals (§§ 182 bis 206) über die Einbringung des bisherigen, die Zeichnung oder Einbringung des neuen Kapitals, den Ausgabebetrag der Aktien, die Ausgabe der Bezugsaktien oder über Sacheinlagen,
5. als Abwickler zum Zweck der Eintragung der Fortsetzung der Gesellschaft in dem nach § 274 Abs. 3 zu führenden Nachweis oder
6. als Mitglied des Vorstands in der nach § 37 Abs. 2 S. 1 oder § 81 Abs. 3 S. 1 abzugebenden Versicherung oder als Abwickler in der nach § 366 Abs. 3 S. 1 abzugebenden Versicherung

falsche Angaben macht oder erhebliche Umstände verschweigt.

(2) Ebenso wird bestraft, wer als Mitglied des Vorstands oder des Aufsichtsrats zum Zweck der Eintragung einer Erhöhung des Grundkapitals die in § 210 Abs. 1 S. 2 vorgeschriebene Erklärung der Wahrheit zuwider abgibt.

§ 400 Unrichtige Darstellung

(1) Mit Freiheitsstrafe bis zu drei Jahren oder mit Geldstrafe wird bestraft, wer als Mitglied des Vorstands oder des Aufsichtsrats oder als Abwickler

1. die Verhältnisse der Gesellschaft einschließlich ihrer Beziehungen zu verbundenen Unternehmen in Darstellungen oder Übersichten über den Vermögensstand, in Vorträgen oder Auskünften in der Hauptversammlung unrichtig wiedergibt oder verschleiert, wenn die Tat nicht in § 331 Nr. 1 des Handelsgesetzbuchs mit Strafe bedroht ist oder
2. in Aufklärungen oder Nachweisen, die nach den Vorschriften dieses Gesetzes einem Prüfer der Gesellschaft oder eines verbundenen Unternehmens zu geben sind, falsche Angaben macht, oder die Verhältnisse der Gesellschaft unrichtig wiedergibt oder verschleiert, wenn die Tat nicht in § 331 Nr. 4 des Handelsgesetzbuchs mit Strafe bedroht ist.

(2) Ebenso wird bestraft, wer als Gründer oder Aktionär in Aufklärungen oder Nachweisen, die nach den Vorschriften dieses Gesetzes einem Gründungsprüfer oder sonstigen Prüfer zu geben sind, falsche Angaben macht oder erhebliche Umstände verschweigt.

§ 401 Pflichtverletzung bei Verlust, Überschuldung oder Zahlungsunfähigkeit

(1) Mit Freiheitsstrafe bis zu drei Jahren oder mit Geldstrafe wird bestraft, wer es

1. als Mitglied des Vorstands entgegen § 92 Abs. 1 unterläßt, bei einem Verlust in Höhe der Hälfte des Grundkapitals die Hauptversammlung einzuberufen und ihr dies anzuzeigen, oder
2. als Mitglied des Vorstands entgegen § 92 Abs. 2 oder als Abwickler entgegen § 268 Abs. 2 S. 1 unterläßt, bei Zahlungsunfähigkeit oder Überschuldung die Eröffnung des Insolvenzverfahrens zu beantragen.

(2) Handelt der Täter fahrlässig, so ist die Strafe Freiheitsstrafe bis zu einem Jahr oder Geldstrafe.

2.2 Einführungsgesetz zum Aktiengesetz

§ 1 Grundkapital

(1) ...

(2) Aktiengesellschaften, die vor dem 01. Januar 1999 in das Handelsregister eingetragen worden sind, dürfen die Nennbeträge ihres Grundkapitals und ihre Aktien weiter in Deutscher Mark bezeichnen. Bis zum 31. Dezember 2001 dürfen Aktiengesellschaften neu eingetragen werden, deren Grundkapital und Aktien auf Deutsche Mark lauten. Danach dürfen Aktiengesellschaften nur eingetragen werden, wenn die Nennbeträge von Grundkapital und Aktien in Euro bezeichnet sind; das gleiche gilt für Beschlüsse über die Änderung des Grundkapitals.

§ 2 Mindestnennbetrag des Grundkapitals

Für Aktiengesellschaften, die vor dem 01. Januar 1999 in das Handelsregister eingetragen oder zur Eintragung in das Handelsregister angemeldet worden sind, bleibt der bis dahin gültige Mindestbetrag des Grundkapitals maßgeblich, bis die Aktiennennbeträge an die seit diesem Zeitpunkt geltenden Beträge des § 8 AktG angepaßt werden. Für spätere Gründungen gilt der Mindestbetrag des Grundkapitals nach § 7 AktG in der ab dem 01. Januar 1999 geltenden Fassung, der bei Gründungen in Deutscher Mark zu dem vom Rat der Europäischen Union gem. Artikel 109l Abs. 4 S. 1 des EG-Vertrages unwiderruflich festgelegten Umrechnungskurs in Deutsche Mark umzurechnen ist.

§ 3 Mindestnennbetrag der Aktien

(1) ...

(2) Aktien einer Gesellschaft, die vor dem 01. Januar 1999 in das Handelsregister eingetragen oder zur Eintragung in das Handelsregister angemeldet und bis zum 31. Dezember 2001 eingetragen worden ist, dürfen weiterhin auf einen nach den bis dahin geltenden Vorschriften zulässigen Nennbetrag lauten, Aktien, die aufgrund eines Kapitalerhöhungsbeschlusses ausgegeben werden, jedoch nur, wenn dieser bis zum 31. Dezember 2001 in das Handelsregister eingetragen worden ist. Dies gilt nur einheitlich für sämtliche Aktien einer Gesellschaft. Die Nennbeträge können auch zu dem vom Rat der Europäischen Union gem. Artikel 109l Abs. 4 S. 1 des EG-Vertrages unwiderruflich festgelegten Umrechnungskurs in Euro ausgedrückt werden.

(3) Für Aktiengesellschaften, die aufgrund einer nach dem 31. Dezember 1998 erfolgten Anmeldung zum Handelsregister bis zum 31. Dezember 2001 eingetragen werden und deren Grundkapital und Aktien nach § 1 Abs. 2 S. 2 auf Deutsche Mark lauten, gelten die zu dem vom Rat der Europäischen Union gem. Artikel 109l Abs. 4 S. 1 des EG-Vertrages unwiderruflich festgelegten Umrechnungskurs in Deutsche Mark umzurechnenden Beträge nach § 8 AktG in der ab dem 01. Januar 1999 geltenden Fassung.

(4) Das Verhältnis der mit den Aktien verbundenen Rechte zueinander und das Verhältnis ihrer Nennbeträge zum Nennkapital wird durch Umrechnung zwischen Deutscher Mark und Euro nicht berührt. Nach Umrechnung gebrochene Aktiennennbeträge können auf mindestens zwei Stellen hinter dem Komma gerundet dargestellt werden; diese Rundung hat keine Rechtswirkung. Auf sie ist in Beschlüssen und Satzung hinzuweisen; der jeweilige Anteil der Aktie am Grundkapital soll erkennbar bleiben.

(5) Beschließt eine Gesellschaft, die die Nennbeträge ihrer Aktien nicht an § 8 AktG in der ab dem 01. Januar 1999 geltenden Fassung angepaßt hat, die Änderung ihres Grundkapitals, darf dieser Beschluß nach dem 31. Dezember 2001 in das Handelsregister nur eingetragen werden, wenn zugleich eine Satzungsänderung über die Anpassung der Aktiennennbeträge an § 8 AktG eingetragen wird.

§ 4 Verfahren der Umstellung auf den Euro

(1) Über die Umstellung des Grundkapitals und der Aktiennennbeträge sowie weiterer satzungsmäßiger Betragsangaben auf Euro zu dem gem. Artikel 109l Abs. 4 S. 1 des EG-Vertrages unwiderruflich festgelegten Umrechnungskurs beschließt die Hauptversammlung abweichend von § 179 Abs. 2 AktG mit der einfachen Mehrheit des bei der Beschlußfassung vertretenen Grundkapitals. Ab dem 01. Januar 2002 ist der Aufsichtsrat zu den entsprechenden Fassungsänderungen der Satzung ermächtigt. Auf die Anmeldung und Eintragung der Umstellung in das Handelsregister ist § 181 Abs. 1 S. 2 und 3 und Abs. 2 S. 2 des Aktiengesetzes nicht anzuwenden.

(2) - (6) ...

2.3 Abgabenordnung

§ 34 AO Pflichten der gesetzlichen Vertreter und der Vermögensverwalter

(1) Die gesetzlichen Vertreter natürlicher und juristischer Personen und die Geschäftsführer von nicht rechtsfähigen Personenvereinigungen und Vermögensmassen haben deren steuerliche Pflichten zu erfüllen. Sie haben insbesondere dafür zu sorgen, daß die Steuern aus den Mitteln entrichtet werden, die sie verwalten.

(2) - (3) ...

§ 69 Haftung der Vertreter

Die in den §§ 34 und 35 bezeichneten Personen haften, soweit Ansprüche aus dem Steuerschuldverhältnis (§ 37) infolge vorsätzlicher oder grob fahrlässiger Verletzung der ihnen auferlegten Pflichten nicht oder nicht rechtzeitig festgesetzt oder erfüllt oder soweit infolgedessen Steuervergütungen oder Steuererstattungen ohne rechtlichen Grund gezahlt werden. Die Haftung umfaßt auch die infolge der Pflichtverletzung zu zahlenden Säumniszuschläge.

§ 191 Haftungsbescheide, Duldungsbescheide

(1) Wer kraft Gesetzes für eine Steuer haftet (Haftungsschuldner), kann durch Haftungsbescheid, wer kraft Gesetzes verpflichtet ist, die Vollstreckung zu dulden, kann durch Duldungsbescheid in Anspruch genommen werden. Die Bescheide sind schriftlich zu erteilen.

(2) - (5) ...

2.4 Betriebsverfassungsgesetz 1952

§ 76 Arbeitnehmervertreter im Aufsichtsrat

(1) Der Aufsichtsrat einer Aktiengesellschaft oder einer Kommanditgesellschaft auf Aktien muß zu einem Drittel aus Vertretern der Arbeitnehmer bestehen.

(2) Die Vertreter der Arbeitnehmer werden in allgemeiner, geheimer, gleicher und unmittelbarer Wahl von allen nach § 6 wahlberechtigten Arbeitnehmern der Betriebe des Unternehmens für die Zeit gewählt, die im Gesetz oder in der Satzung für die von der Hauptversammlung zu wählenden Aufsichtsratsmitglieder bestimmt ist. Ist ein Vertreter der Arbeitnehmer zu wählen, so muß dieser in einem Betrieb des Unternehmens als Arbeitnehmer beschäftigt sein. ... Sind in den Betrieben des Unternehmens mehr als die Hälfte der Arbeitnehmer Frauen, so soll mindestens eine von ihnen Arbeitnehmervertreter im Aufsichtsrat sein. ...

(3) - (4) ...

(5) Die Bestellung eines Vertreters der Arbeitnehmer zum Aufsichtsratsmitglied kann vor Ablauf der Wahlzeit auf Antrag der Betriebsräte oder von mindestens einem Fünftel der wahlberechtigten Arbeitnehmer der Betriebe des Unternehmens durch Beschluß der wahlberechtigten Arbeitnehmer widerrufen werden. Der Beschluß bedarf einer Mehrheit, die mindestens drei Viertel der abgegebenen Stimmen umfaßt. Auf die Beschlußfassung finden die Vorschriften der Absätze 2 und 4 Anwendung.

(6) Auf Aktiengesellschaften, die weniger als 500 Arbeitnehmer beschäftigen, finden die Vorschriften für die Beteiligung der Arbeitnehmer im Aufsichtsrat keine Anwendung, für Aktiengesellschaften, die vor dem 10. August 1994 eingetragen worden sind, gilt dies nur, wenn sie Familiengesellschaften sind. Als Familiengesellschaften gelten solche Aktiengesellschaften, deren Aktionäre eine einzelne natürliche Person ist oder deren Aktionäre untereinander im Sinne von § 15 Abs. 1 Nr. 2 - 8, 8 Abs. 2 der Abgabenordnung verwandt oder verschwägert sind.

2.5 Handelsgesetzbuch

§ 238 Buchführungspflicht

(1) Jeder Kaufmann ist verpflichtet, Bücher zu führen und in diesen seine Handelsgeschäfte und die Lage seines Vermögens nach den Grundsätzen ordnungsmäßiger Buchführung ersichtlich zu machen. Die Buchführung muß so beschaffen sein, daß sie einem sachverständigen Dritten innerhalb angemessener Zeit einen Überblick über die Geschäftsvorfälle und über die Lage des Unternehmens vermitteln kann. ...

(2) ...

§ 242 Pflicht zur Aufstellung

(1) Der Kaufmann hat zu Beginn seines Handelsgewerbes und für den Schluß eines jeden Geschäftsjahrs einen das Verhältnis seines Vermögens und seiner Schulden darstellenden Abschluß (Eröffnungsbilanz, Bilanz) aufzustellen. ...

(2) Er hat für den Schluß eines jeden Geschäftsjahres eine Gegenüberstellung der Aufwendungen und Erträge des Geschäftsjahrs (Gewinn- und Verlustrechnung) aufzustellen.

(3) Die Bilanz und die Gewinn- und Verlustrechnung bilden den Jahresabschluß.

§ 243 Aufstellungsgrundsatz

(1) Der Jahresabschluß ist nach den Grundsätzen ordnungsmäßiger Buchführung aufzustellen.

(2) Er muß klar und übersichtlich sein.

(3) ...

§ 246 Vollständigkeit. Verrechnungsverbot

(1) Der Jahresabschluß hat sämtliche Vermögensgegenstände, Schulden, Rechnungsabgrenzungsposten, Aufwendungen und Erträge zu enthalten, soweit gesetzlich nichts anderes bestimmt ist. ...

(2) ...

§ 264 Pflicht zur Aufstellung

(1) Die gesetzlichen Vertreter einer Kapitalgesellschaft haben den Jahresabschluß (§ 242) um einen Anhang zu erweitern, der mit der Bilanz und der
Gewinn- und Verlustrechnung eine Einheit bildet, sowie einen Lagebericht
aufzustellen. ...

(2) Der Jahresabschluß der Kapitalgesellschaft hat unter Beachtung der
Grundsätze ordnungsmäßiger Buchführung ein den tatsächlichen Verhält-
nissen entsprechendes Bild der Vermögens-, Finanz- und Ertragslage der
Kapitalgesellschaft zu vermitteln. ...

§ 289 Lagebericht

(1) Im Lagebericht sind zumindest der Geschäftsverlauf und die Lage der Kapitalgesellschaft so darzustellen, daß ein den tatsächlichen Verhältnissen
entsprechendes Bild vermittelt wird; dabei ist auch auf die Risiken der
künftigen Entwicklung einzugehen.

(2) Der Lagebericht soll auch eingehen auf:

1. Vorgänge von besonderer Bedeutung, die nach dem Schluß des Geschäftsjahrs eingetreten sind;
2. die voraussichtliche Entwicklung der Kapitalgesellschaft;
3. den Bereich Forschung und Entwicklung;
4. bestehende Zweigniederlassungen der Gesellschaft.

§ 316 Pflicht zur Prüfung

(1) Der Jahresabschluß und der Lagebericht von Kapitalgesellschaften, die
nicht kleine im Sinne des § 267 Abs. 1 sind, sind durch einen Abschlußprüfer zu prüfen. Hat keine Prüfung stattgefunden, so kann der Jahresabschluß nicht festgestellt werden.

(2) - (3) ...

§ 317 Gegenstand und Umfang der Prüfung

(1) In die Prüfung des Jahresabschlusses ist die Buchführung einzubeziehen.
Die Prüfung des Jahresabschlusses und des Konzernabschlusses hat sich
darauf zu erstrecken, ob die gesetzlichen Vorschriften und sie ergänzende
Bestimmungen des Gesellschaftsvertrags oder der Satzung beachtet worden sind. Die Prüfung ist so anzulegen, daß Unrichtigkeiten und Verstöße

gegen die in Satz 2 aufgeführten Bestimmungen, die sich auf die Darstellung des sich nach § 264 Abs. 2 ergebenden Bildes der Vermögens-, Finanz- und Ertragslage des Unternehmens wesentlich auswirken, bei gewissenhafter Berufsausübung erkannt werden.

(2) - (3) ...

(4) Bei einer Aktiengesellschaft, die Aktien mit amtlicher Notierung ausgegeben hat, ist außerdem im Rahmen der Prüfung zu beurteilen, ob der Vorstand die ihm nach § 91 Abs. 2 des Aktiengesetzes obliegenden Maßnahmen in einer geeigneten Form getroffen hat und ob das danach einzurichtende Überwachungssystem seine Aufgaben erfüllen kann.

§ 325 Offenlegung

(1) Die gesetzlichen Vertreter von Kapitalgesellschaften haben den Jahresabschluß unverzüglich nach seiner Vorlage an die Gesellschafter, jedoch spätestens vor Ablauf des neunten Monats des dem Abschlußstichtag nachfolgenden Geschäftsjahrs, mit dem Bestätigungsvermerk oder dem Vermerk über dessen Versagung zum Handelsregister des Sitzes der Kapitalgesellschaft einzureichen; gleichzeitig sind der Lagebericht, der Bericht des Aufsichtsrats und, soweit sich der Vorschlag für die Verwendung des Ergebnisses und der Beschluß über seine Verwendung aus dem eingereichten Jahresabschluß nicht ergeben, der Vorschlag für die Verwendung des Ergebnisses und der Beschluß über seine Verwendung unter Angabe des Jahresüberschusses oder Jahresfehlbetrags einzureichen; ... Die gesetzlichen Vertreter haben unverzüglich nach der Einreichung der in Satz 1 bezeichneten Unterlagen im Bundesanzeiger bekanntzumachen, bei welchem Handelsregister und unter welcher Nummer diese Unterlagen eingereicht worden sind. ...

(2) Absatz 1 ist auf große Kapitalgesellschaften (§ 267 Abs. 3) mit der Maßgabe anzuwenden, daß die in Absatz 1 bezeichneten Unterlagen zunächst im Bundesanzeiger bekanntzumachen sind und die Bekanntmachung unter Beifügung der bezeichneten Unterlagen zum Handelsregister des Sitzes der Kapitalgesellschaft einzureichen ist; die Bekanntmachung nach Abs. 1 S. 2 entfällt. ...

(3) - (5) ...

2.6 Partnerschaftsgesellschaftsgesetz

§ 1 Voraussetzungen der Partnerschaft

(1) Die Partnerschaft ist eine Gesellschaft, in der sich Angehörige Freier Berufe zur Ausübung ihrer Berufe zusammenschließen. Sie übt kein Handelsgewerbe aus. Angehörige einer Partnerschaft können nur natürliche Personen sein.

(2) Die Freien Berufe haben im allgemeinen auf der Grundlage besonderer beruflicher Qualifikation oder schöpferischer Begabung die persönliche, eigenverantwortliche und fachlich unabhängige Erbringung von Dienstleistungen höherer Art im Interesse der Auftraggeber und der Allgemeinheit zum Inhalt. Ausübung eines Freien Berufs im Sinne dieses Gesetzes ist die selbständige Berufstätigkeit der Ärzte, Zahnärzte, Tierärzte, Heilpraktiker, Krankengymnasten, Hebammen, Heilmasseure, Diplom-Psychologen, Mitglieder der Rechtsanwaltskammern, Patentanwälte, Wirtschaftsprüfer, Steuerberater, Beratenden Volks- und Betriebswirte, Vereidigten Buchprüfer (Vereidigte Buchrevisoren), Steuerbevollmächtigten, Ingenieure, Architekten, Handelschemiker, Lotsen, hauptberuflichen Sachverständigen, Journalisten, Bildberichterstatter, Dolmetscher, Übersetzer und ähnlicher Berufe sowie der Wissenschaftler, Künstler, Schriftsteller, Lehrer und Erzieher.

(3) Die Berufsausübung in der Partnerschaft kann in Vorschriften über einzelne Berufe ausgeschlossen oder von weiteren Voraussetzungen abhängig gemacht werden.

(4) Auf die Partnerschaft finden, soweit in diesem Gesetz nichts anderes bestimmt ist, die Vorschriften des Bürgerlichen Gesetzbuches über die Gesellschaft Anwendung.

§ 2 Name der Partnerschaft

(1) Der Name der Partnerschaft muß den Namen mindestens eines Partners, den Zusatz "und Partner" oder "Partnerschaft" sowie die Berufsbezeichnung aller in der Partnerschaft vertretenen Berufe enthalten. Die Beifügung von Vornamen ist nicht erforderlich. Die Namen anderer Personen als der Partner dürfen nicht in den Namen der Partnerschaft aufgenommen werden.

(2) ...

§ 4 Anmeldung der Partnerschaft

(1) Auf die Anmeldung der Partnerschaft in das Partnerschaftsregister sind § 106 Abs. 1 und § 108 des Handelsgesetzbuchs entsprechend anzuwenden. ...

(2) ...

§ 11 Übergangsvorschrift

Den Zusatz "Partnerschaft" oder "und Partner" dürfen nur Partnerschaften nach diesem Gesetz führen. Gesellschaften, die eine solche Bezeichnung bei Inkrafttreten dieses Gesetzes in ihrem Namen führen, ohne Partnerschaft im Sinne dieses Gesetzes zu sein, dürfen diese Bezeichnung noch bis zum Ablauf von zwei Jahren nach Inkrafttreten dieses Gesetzes (01.07.1995) weiterverwenden. Nach Ablauf dieser Frist dürfen sie eine solche Bezeichnung nur noch weiterführen, wenn sie in ihrem Namen der Bezeichung "Partnerschaft" oder "und Partner" einen Hinweis auf die andere Rechtsform hinzufügen.

2.7 Strafgesetzbuch

§ 283b Verletzung der Buchführungspflicht

(1) Mit Freiheitsstrafe bis zu zwei Jahren oder mit Geldstrafe wird bestraft, wer

1. Handelsbücher, zu deren Führung er gesetzlich verpflichtet ist, zu führen unterläßt oder so führt oder verändert, daß die Übersicht über seinen Vermögensstand erschwert wird,
2. Handelsbücher oder sonstige Unterlagen, zu deren Aufbewahrung er nach Handelsrecht verpflichtet ist, vor Ablauf der gesetzlichen Aufbewahrungsfristen beiseite schafft, verheimlicht, zerstört oder beschädigt und dadurch die Übersicht über seinen Vermögensstand erschwert,
3. entgegen dem Handelsrecht
   a) Bilanzen so aufstellt, daß die Übersicht über seinen Vermögensstand erschwert wird, oder
   b) es unterläßt, die Bilanz seines Vermögens oder das Inventar in der vorgeschriebenen Zeit aufzustellen.

(2) Wer in den Fällen des Abs. 1 Nr. 1 oder 3 fahrlässig handelt, wird mit Freiheitsstrafe bis zu einem Jahr oder mit Geldstrafe bestraft.

(3) Die Tat ist nur dann strafbar, wenn der Täter seine Zahlungen eingestellt hat oder über sein Vermögen das Insolvenzverfahren eröffnet oder der Eröffnungsantrag mangels Masse abgewiesen worden ist.

2.8 Umwandlungsgesetz

§ 1 Arten der Umwandlung; gesetzliche Beschränkungen

(1) Rechtsträger mit Sitz im Inland können umgewandelt werden

    1. durch Verschmelzung;
    2. durch Spaltung (Aufspaltung, Abspaltung, Ausgliederung);
    3. durch Vermögensübertragung;
    4. durch Formwechsel.

(2) Eine Umwandlung im Sinne des Abs. 1 ist außer in den in diesem Gesetz geregelten Fällen nur möglich, wenn sie durch ein anderes Bundesgesetz oder ein Landesgesetz ausdrücklich vorgesehen ist.

(3) Von den Vorschriften dieses Gesetzes kann nur abgewichen werden, wenn dies ausdrücklich zugelassen ist. Ergänzende Bestimmungen in Verträgen, Satzungen, Statuten oder Willenserklärungen sind zulässig, es sei denn, daß dieses Gesetz eine abschließende Regelung enthält.

§ 190 (Formwechsel) Allgemeiner Anwendungsbereich

(1) Ein Rechtsträger kann durch Formwechsel eine andere Rechtsform erhalten.

(2) ...

§ 191 Einbezogene Rechtsträger

(1) Formwechselnde Rechtsträger können sein:

    1. Personenhandelsgesellschaften (§ 3 Abs. 1 Nr. 1) und Partnerschaftsgesellschaften;
    2. Kapitalgesellschaften (§ 3 Abs. 1 Nr. 2);
    3. eingetragene Genossenschaften;
    4. rechtsfähige Vereine;
    5. Versicherungsvereine auf Gegenseitigkeit;
    6. Körperschaften und Anstalten des öffentlichen Rechts.

(2) Rechtsträger neuer Rechtsform können sein:

    1. Gesellschaften des bürgerlichen Rechts;
    2. Personenhandelsgesellschaften und Partnerschaftsgesellschaften;

3. Kapitalgesellschaften;
4. eingetragene Genossenschaften.

(3) Der Formwechsel ist auch bei aufgelösten Rechtsträgern möglich, wenn ihre Fortsetzung in der bisherigen Rechtsform beschlossen werden könnte.

2.9 Wertpapierhandelsgesetz

§ 14 Verbot von Insidergeschäften

(1) Einem Insider ist es verboten

1. unter Ausnutzung seiner Kenntnis von einer Insidertatsache Insiderpapiere für eigene oder fremde Rechnung oder für einen anderen zu erwerben oder zu veräußern,
2. einem anderen eine Insidertatsache unbefugt mitzuteilen oder zugänglich zu machen,
3. einem anderen auf der Grundlage seiner Kenntnis von einer Insidertatsache den Erwerb oder die Veräußerung von Insiderpapieren zu empfehlen.

(2) Einem Dritten, der Kenntnis von einer Insidertatsache hat, ist es verboten, unter Ausnutzung dieser Kenntnis Insiderpapiere für eigene oder fremde Rechnung oder für einen anderen zu erwerben oder zu veräußern.

§ 15 Veröffentlichung und Mitteilung kursbeeinflussender Tatsachen

(1) Der Emittent von Wertpapieren, die zum Handel an einer inländischen Börse zugelassen sind, muß unverzüglich eine neue Tatsache veröffentlichen, die in seinem Tätigkeitsbereich eingetreten und nicht öffentlich bekannt ist, wenn sie wegen der Auswirkungen auf die Vermögens- oder Finanzlage oder auf den allgemeinen Geschäftsverlauf des Emittenten geeignet ist, den Börsenpreis der zugelassenen Wertpapiere erheblich zu beeinflussen, oder im Fall zugelassener Schuldverschreibungen die Fähigkeit des Emittenten, seinen Verpflichtungen nachzukommen, beeinträchtigen kann. Das Bundesaufsichtsamt kann den Emittenten auf Antrag von der Veröffentlichungspflicht befreien, wenn die Veröffentlichung der Tatsache geeignet ist, den berechtigten Interessen des Emittenten zu schaden.

(2) Der Emittent hat die nach Abs. 1 zu veröffentlichende Tatsache vor der Veröffentlichung

1. der Geschäftsführung der Börsen, an denen die Wertpapiere zum Handel zugelassen sind,
2. der Geschäftsführung der Börsen, an denen ausschließlich Derivate im Sinne des § 2 Abs. 2 gehandelt werden, sofern die Wertpapiere Gegenstand der Derivate sind, und
3. dem Bundesaufsichtsamt

mitzuteilen. Die Geschäftsführung darf die ihr nach S. 1 mitgeteilte Tatsache vor der Veröffentlichung nur zum Zwecke der Entscheidung verwenden, ob die Feststellung des Börsenpreises auszusetzen oder einzustellen ist. Das Bundesaufsichtsamt kann gestatten, daß Emittenten mit Sitz im Ausland die Mitteilung nach S. 1 gleichzeitig mit der Veröffentlichung vornehmen, wenn dadurch die Entscheidung der Geschäftsführung über die Aussetzung oder Einstellung der Feststellung des Börsenpreises nicht beeinträchtigt wird.

(3) - (5) ...

(6) Verstößt der Emittent gegen die Verpflichtung nach Abs. 1, 2 oder 3, so ist er einem anderen nicht zum Ersatz des daraus entstehenden Schadens verpflichtet. Schadensersatzansprüche, die auf anderen Rechtsgrundlagen beruhen, bleiben unberührt.

§ 16 Laufende Überwachung

(1) Das Bundesaufsichtsamt überwacht das börsliche und außerbörsliche Geschäft in Insiderpapieren, um Verstößen gegen die Verbote nach § 14 entgegenzuwirken.

(2) - (6) ...

§ 18 Strafverfahren bei Insidervergehen

Das Bundesaufsichtsamt hat Tatsachen, die den Verdacht einer Straftat nach § 38 begründen, der zuständigen Staatsanwaltschaft anzuzeigen. Es kann die personenbezogenen Daten der Betroffenen, gegen die sich der Verdacht richtet oder die als Zeugen in Betracht kommen, der Staatsanwaltschaft übermitteln.

Abkürzungsverzeichnis

Abs.	Absatz
Abschn.	Abschnitt
a.E.	am Ende
a.F.	alte Fassung
AG	Aktiengesellschaft; Amtsgericht; Die Aktiengesellschaft (Zeitschrift)
AktG	Aktiengesetz
AO	Abgabenordnung
ArbGG	Arbeitsgerichtsgesetz
Aufl.	Auflage
BB	Betriebs-Berater
BetrVG	Betriebsverfassungsgesetz
BewG	Bewertungsgesetz
BFH	Bundesfinanzhof
BGB	Bürgerliches Gesetzbuch
BGH	Bundesgerichtshof
BMF	Bundesminister der Finanzen
BörsG	Börsengesetz
BörsZulV	Börsenzulassungs-Verordnung
BStBl.	Bundessteuerblatt
ca.	cirka
DB	Der Betrieb
d. h.	das heißt
DM	Deutsche Mark
DStR	Deutsches Steuerrecht
ErbStG	Erbschaftsteuergesetz
EStG	Einkommensteuergesetz
Euro-EG	Euro-Einführungsgesetz
ff.	folgende
FGG	Gesetz über die Angelegenheiten der freiw. Gerichtsbarkeit
gem.	gemäß
GewO	Gewerbeordnung
GewStR	Gewerbesteuer-Richtlinien
ggf.	gegebenenfalls
GmbH	Gesellschaft mit beschränkter Haftung
GmbHR	GmbH-Rundschau
GrEStG	Grunderwerbsteuergesetz

HGB	Handelsgesetzbuch
HRefG	Handelsrechtsreformgesetz
Hrsg.	Herausgeber
InsO	Insolvenzordnung
i. V. m.	in Verbindung mit
Kap.	Kapitel
KESt	Kapitalertragsteuer
KG	Kommanditgesellschaft
KGaA	Kommanditgesellschaft auf Aktien
KonTraG	Gesetz zur Kontrolle und Transparenz im Unternehmensbereich
KöSt	Körperschaftsteuern
KStG	Körperschaftsteuergesetz
KWG	Kreditwesengesetz
m. E.	meines Erachtens
Mio.	Million(en)
MitbestG	Mitbestimmungsgesetz
NJW	Neue Juristische Wochenschrift
Nr.	Nummer
OHG	Offene Handelsgesellschaft
OLG	Oberlandesgericht
PartGG	Partnerschaftsgesellschaftsgesetz
Rz.	Randziffer
S.	Seite; Satz
SGB	Sozialgesetzbuch
sog.	sogenannte
StBerG	Steuerberatungsgesetz
StückAG	Stückaktiengesetz
Tz.	Textziffer
UmwG	Umwandlungsgesetz vom 28.10.1994
UmwG a.F.	Umwandlungsgesetz vom 06.11.1969
UmwStG	Umwandlungssteuergesetz
vgl.	vergleiche
Vorb.	Vorbemerkung
WG	Wechselgesetz
WiB	Wirtschaftsrechtliche Beratung
WM	Wertpapier-Mitteilungen
z.B.	zum Beispiel
ZIP	Zeitschrift für Wirtschaftsrecht
zit.	zitiert

Literaturverzeichnis

Balser/Bokelmann/Piorreck	Die Aktiengesellschaft, 3. Aufl., Freiburg 1997
Baumbach/Hueck	GmbHG, Kommentar, 16. Aufl., München 1996
Boruttau/Egly/Sigloch	Grunderwerbsteuergesetz, Kommentar, 14. Aufl., München 1997
Claussen, Carsten P.	Wie ändert das KonTraG das Aktiengesetz? DB 1998, S. 177 ff.
Dehmer, Hans	Umwandlungsgesetz Umwandlungssteuergesetz, Kommentar, 2. Aufl., München 1996
Dehmer, Hans	Die kleine Aktiengesellschaft, WiB 1994, S. 753 ff.
Dehmer, Hans	Die Einführung des Euro zum 1.1.1999 DStR 1998, S. 36 ff.
Geßler/Hefermehl/Eckardt/Kropff	Aktiengesetz, Kommentar, München 1973 ff.
Hahn, Jürgen	"Kleine Aktiengesellschaft" Wegweiser für die Praxis, Hrsg. Deutscher Industrie- und Handelstag, Bonn 1997
Happ, Wilhelm (Hrsg.)	Aktienrecht Handbuch-Muster-Kommentare, Köln 1995
Heider, Karsten	Einführung der nennwertlosen Aktie in Deutschland anläßlich der Umstellung des Gesellschaftsrechts auf den Euro, Die AG 1998, S. 1 ff.
Henn, Günter	Handbuch des Aktienrechtes, 6. Aufl., Heidelberg 1998
Hölters/Deilmann	Die "kleine" Aktiengesellschaft, München 1997
Hommelhoff/Mattheus	Corporate Governance nach dem KonTraG Die AG 1998, S. 249 ff.
Hüffer, Uwe	Aktiengesetz, Kommentar, 4. Aufl., München 1999
Kindler, Peter	Die Aktiengesellschaft für den Mittelstand, NJW 1994, S. 3041 ff.

Kolb/Pöller	Das Gesetz über die Zulassung von Stückaktien, DStR 1998, S. 855 ff.
Langenbucher/Blaum	Audit Committees - Ein Weg zur Überwindung der Überwachungskrise?, DB 1994, S. 2197 ff.
Lück, Wolfgang	Elemente eines Risiko-Managementsystems, DB 1998, S. 8 ff.
Lutter, Marcus (Hrsg.)	Umwandlungsgesetz, Kommentar, Köln 1996
Mutter, Stefan	Teilbarkeit von Grundstücksmietverträgen in der Unternehmensspaltung? ZIP 1997, S. 139 ff.
Palandt, Otto	Bürgerliches Gesetzbuch, Kommentar, 58. Auflage, München 1999
Picot/Land	Going Public - Typische Rechtsfragen des Ganges an die Börse, DB 1999, S. 570 ff.
Priester, Hans-Joachim	Die kleine Aktiengesellschaft - Ein neuer Star unter den Rechtsformen? BB 1996, S. 333 ff.
Schmidt, Karsten	Gesellschaftsrecht, 3. Aufl., Köln 1997
Schmidt, Karsten	Die Freiberufliche Partnerschaft, NJW 1995, S. 1 ff
Schmidt, Karsten	Das Handelsrechtsreformgesetz, NJW 1998, S. 2161 ff.
Schneider/Zander	Erfolgs- und Kapitalbeteiligung der Mitarbeiter in Klein- und Mittelbetrieben, 4. Aufl., Freiburg 1993
Schürmann/Körfgen	Familienunternehmen auf dem Weg zur Börse, 3. Aufl., München 1997
Schwedhelm, Rolf	Die Unternehmensumwandlung, 3. Aufl., Köln 1999
Seibert/Köster	Die kleine Aktiengesellschaft, 3. Aufl., Köln 1996
Steiner, Klaus	Die Hauptversammlung der Aktiengesellschaft, München 1995
Vogler/Gundert	Einführung von Risikomanagementsystemen, DB 1998, S. 2377 ff.
v. Werder	Grundsätze ordnungsmäßiger Unternehmensleitung in der Arbeit des Aufsichtsrats, DB 1999, S. 2221 ff.
Wieselhuber, Norbert (Hrsg.)	Börseneinführung mit Erfolg, Wiesbaden 1996

Stichwortverzeichnis

214

215

218

Die Autoren

Heinz-Peter Verspay
Rechtsanwalt, Fachanwalt für Steuerrecht, vereidigter Buchprüfer in Köln
Rechtsanwälte HECKER, WERNER & HIMMELREICH, Köln, Leipzig, Berlin
http://www.hwh-law.de

Andreas Sattler
Dipl.-Wirtsch.-Ing. (FH) Dipl.-Betr.-Päd.
Sattler & Partner AG, Schorndorf
http://www.sattlerundpartner.de